城市轨道交通车辆构造与检修

主　编　杜彩霞
副主编　张　丽　陈　虎
主　审　吴兴安　冷文华

重庆大学出版社

内容提要

本书针对城市轨道交通车辆检修岗位详细介绍了城市轨道交通车辆的结构、组成、各组成部分工作原理，车辆各部分主要故障及处理方法，车辆日常检查、定期检修等。

本书可作为中等职业学校城市轨道交通车辆运用与检修专业教材，也可供相关专业从业人员自学和参考。

图书在版编目(CIP)数据

城市轨道交通车辆构造与检修/杜彩霞主编.—重庆：重庆大学出版社，2015.1(2021.2重印)
中等职业教育城市轨道交通系列规划教材
ISBN 978-7-5624-8428-8

Ⅰ.①城… Ⅱ.①杜… Ⅲ.①城市铁路—铁路车辆—车体结构—中等专业学校—教材②城市铁路—铁路车辆—车辆检修—中等专业学校—教材 Ⅳ.①U239.5

中国版本图书馆 CIP 数据核字(2014)第170996号

城市轨道交通车辆构造与检修

主　编　杜彩霞
副主编　张　丽　陈　虎
主　审　吴兴安　冷文华
策划编辑：周　立

责任编辑：陈　力　　版式设计：周　立
责任校对：邹　忌　　责任印制：张　策

*

重庆大学出版社出版发行
出版人：饶帮华
社址：重庆市沙坪坝区大学城西路21号
邮编：401331
电话：(023) 88617190　88617185(中小学)
传真：(023) 88617186　88617166
网址：http://www.cqup.com.cn
邮箱：fxk@cqup.com.cn (营销中心)
全国新华书店经销
重庆升光电力印务有限公司印刷

*

开本：787mm×1092mm　1/16　印张：10.75　字数：268千
2015年1月第1版　　2021年2月第3次印刷
ISBN 978-7-5624-8428-8　定价：28.00元

中等职业教育城市轨道交通系列教材
编审委员会

（一）编写委员会领导成员

主任委员　郑建杭　肖贵斌

副主任委员　文　丽　刘东升　冷文华　刘　伟　吴新安

委　　员　孙　毅　黄玉兰　刘廷明　杜彩霞

（二）城市轨道交通运营技术分委会名单

主　　任　黄玉兰

委　　员　黄兰华　王　宏　余丹艳　李　琪　马　燕　朱晓玲
　　　　　陈　瑾

（三）城市轨道交通维保技术分委会名单

主　　任　杜彩霞

委　　员　张　琦　石　磊　邓书明　杨从伦　余　杨　曾明龙
　　　　　印晓燕　崔榕娜　杨　佳　李应龙　张　丽　陈　虎
　　　　　周钰凯

序 言 Preface

　　城市轨道交通的高速发展对于改善人们的出行条件、解决城市交通拥堵、减少环境污染、节约土地资源和推动城市经济增长起着巨大的作用。城市轨道交通事业的发展，又带来了对城市轨道交通各类专业人才的巨大需求。因此，目前国内开设城市轨道交通专业的中等职业院校越来越多，而适合中等职业院校学生学习的专业教材并不多，特别是针对中等职业学校培养高技能人才实用性强且分模块化的项目教材几乎没有。重庆铁路运输技师学院和重庆大学出版社根据国家大力发展职业教育的要求，为促进城市轨道交通专业职业教育教学的交流与推广，推动中等职业教育城市轨道交通专业教材建设，联合重庆轨道交通（集团）公司、北京地铁公司和成都地铁公司等企业成立了城市轨道交通专业中等职业教育系列教材编写指导委员会，下设城市轨道交通运营技术编委会和城市轨道交通维保技术编委会两个分委会。这些专家通过对企业岗位需求进行认真深入细致的调研，结合多年的教学实践经验，编写了《中等职业教育城市轨道交通专业系列规划教材》。

　　在编写该系列规划教材的编写过程中，我们非常注重理论和实际动手技能相结合，突破了以往教材编写重理论分析和推导的模式，按照项目教学法进行教学设计，分单元教学模块，采用任务驱动的方法，强调以学生为中心，循序渐进，突出中等职业教育高技能人才培养的特点，以企业岗位需求来培养学生的动手和参与能力。

编委会

前　言

　　城市轨道交通运输在我国已进入了全面飞速发展时期,各大城市为缓解城市公共交通的压力,都在大力发展城市轨道交通。因此,城市轨道交通的车辆技术也随之进入高速发展时期。

　　城市轨道交通车辆是城市轨道交通体系中的重要组成部分,它是集多个专业先进技术于一体的综合性机电产品。为确保城市轨道交通车辆的运营安全,车辆的各项性能指标须保持良好状态,故需配属车辆检修基地对车辆的技术状态进行维护检修。本书主要以北京、广州、上海、重庆等城市的轨道车辆为例,针对中等职业技术教育学生的特点,介绍了各城市典型轨道车辆的基本结构、组成、各部分工作原理、检修维护等内容,重点介绍了车辆各部分的主要故障类型、故障处理方法、日常检查维护、定期检修等。全书内容简洁,插图简单,符合中职学生的教育特点。

　　全书共分为8个单元,由重庆铁路运输技师学院杜彩霞任主编,重庆市轨道交通(集团)有限公司张丽、陈虎任副主编,由重庆市轨道交通(集团)有限公司高级工程师吴兴安、成都地铁有限责任公司高级工程师冷文华担任主审。参加本书编写工作的有:重庆铁路运输技师学院杜彩霞、崔榕娜、邓书明(单元2)、杜彩霞(单元3、单元5),曾明龙、印小燕(单元4),杜彩霞、金有琴、康琼(单元7),重庆市轨道交通(集团)有限公司周珏凯、张丽(单元1),陈虎(单元6),张丽(单元8)。本书的编写还得到了重庆市轨道交通(集团)有限公司车辆分公司的大力支持,提供技术资料及图纸在此表示衷心感谢。由于编者水平有限,书中难免有疏漏之处,恳请读者予以指正。本书还是国家级科研课题《城市轨道车辆运用与检修试点改革》攻关项目成果之一。

编　者

2014 年 8 月

目　录 Preface

1

单元 1　城市轨道交通车辆概述

任务 1　城市轨道交通车辆发展

【任务目标】

了解城市轨道交通车辆的种类及其发展。

【任务分析】

通过本任务学习,了解城市轨道交通的特点、类型及发展。

【知识链接】

城市轨道交通系统是指主要服务于城市客运交通,通常以电力为动力,以轮轨运动方式为特征的车辆与轨道等各种相关设施的总和。它具有运能大、速度快、安全准时、节约能源以及能缓解地面交通拥挤和有利于环境保护等优点。城市轨道交通系统已经形成多种类型并存发展的状态。

【知识描述】

一、城市轨道交通的发展

世界上第一条地下铁道于 1863 年 1 月 10 日在伦敦建成。开始是采用蒸汽机车牵引,经过 27 年的发展到 1890 年改为电力牵引。第二次世界大战后,伴随着各国城市的快速发展,地下铁道发展极为迅速。据日本地下铁道协会统计,截至 1999 年全世界已有 115 个城市建成了地下铁道,线路总长度超过了 7 000 km。其中英、美、法、德、日、西班牙以及俄罗斯等发达国家所属 20 个城市在第二次世界大战前开始了地铁建设,到 1999 年年末,总里程已达 2 840 km 左右,其中一半以上是战后所建。

我国修建的第一条地下铁道于 1969 年 10 月 1 日正式通车。近年来,我国城市轨道交通发展迅速,全国已有 35 个城市在建设轨道交通线路,建设线路 82 条 22 段,建设里程总计达 2 016 km,建设车站 1 388 座,估计完成总投资约 2 600 亿元。随着我国轨道里程的不断增加,轨道交通形式也由单一形式向多样化发展。

城市轨道交通经过 100 多年的发展,已形成一个大系统。它包括市郊铁路、地下铁道、轻轨交通、单轨(独轨)运输、新交通系统、线性电机牵引运输系统、有轨电车等子系统。

二、城市轨道交通的分类定义

针对国内外各种轨道交通方式的特点,根据城市轨道交通的界定范围,将那些技术成

1

熟、已经作为城市公共交通正式运营的轨道交通划分为 7 种类型,并定义如下。

1. 城市市郊快速铁道

城市市郊快速铁道是由电气或内燃牵引,轮轨导向,车辆编组运行在城市中心与市郊、市郊与市郊、市郊与新建城镇间,以地面专用线路为主的大运量快速轨道交通系统。

2. 地下铁道

地下铁道是由电气牵引、轮轨导向、车辆编组运行在全封闭的地下隧道内,或根据城市的具体条件,运行在地面或高架线路上的大容量快速轨道交通系统。

根据资料分析,为了降低工程费用,地铁系统中地面和高架线路所占的比重越来越大。在世界范围内,地下铁道地下部分约占 70% ,地面和高架部分约占 30% ,甚至有的城市地铁系统全部采用高架形式,只有部分城市地下铁道系统是完全在地下。地下铁道是历史遗留下来的一个专有名词,简称为地铁。

3. 轻轨交通

轻轨交通是在有轨电车基础上发展起来的电气牵引、轮轨导向、车辆编组运行在专用行车道上的中运量城市轨道交通系统。轻轨交通的运量在公共汽车和地下铁道之间,它可以根据城市的特点和具体情况,采用地下、地面及高架相结合的形式进行建设,可降低建设费用,具有很大的灵活性和适应性。轻轨交通还可以根据客流的需要采用不同车型,如单车和铰接车组成不同的编组方式。

4. 单轨交通

单轨交通是指由电气牵引、具有特殊导向和转折装置、列车编组运行在专用轨道梁上的中运量轨道交通系统。通常分为跨座式和悬垂式两种形式,车辆重心在运行轨面之上的称为跨座式单轨,在运行轨面之下的称为悬垂式单轨。

5. 新交通系统

所谓新交通系统,目前还没有统一和严格的定义。从广义上讲,凡是适应地区多样化的交通需求,使线路和车辆提供最高的运输效率和良好的服务质量的公共运输系统和设备都是新交通系统,是与现有运输模式不同的各种新交通方式的总称。狭义的新交通系统则定义为,由电气牵引,具有特殊导向、操纵和转折方式的胶轮车辆,单车或数辆编组运行在专用轨道梁上的中运量轨道运输系统。这种轨道运输系统多数设置在道路及公共建筑物的上部空间,具有中等运量,能自动行驶。新交通系统从系统运行特征上分析,也可以称为导轨式交通系统。

6. 线性电机牵引的轨道交通系统

线性电机牵引的轨道交通系统是由线性电机牵引,轮轨导向,车辆编组运行在小断面隧道、地面和高架专用线路上的中运量轨道交通系统。

之所以将线性电机牵引的轨道交通系统列为独立的系统,是因为该系统与地下铁道、市郊快速铁道、轻轨有明显的区别。它是利用线性电机在磁场相互作用下,直接产生牵引力,属于非粘着驱动,车轮只起到支承和导向作用。从运输能力上分析,因采用小型车辆,属于中运量系统,使用在地铁中可以称为小断面地铁,也可以用在高架线路上。

7. 有轨电车

有轨电车是由电气牵引、轮轨导向、单车或两辆编组运行在城市路面线路上的低运量轨道交通系统。

任务2　城市轨道交通车辆的基本知识

【任务目标】

1. 了解城市轨道交通车辆的类型及特点。
2. 掌握城市轨道交通车辆的编组形式。
3. 掌握城市轨道交通车辆的标识。
4. 掌握城市轨道交通车辆的组成及主要技术参数。

【任务分析】

通过本任务的学习,重点掌握城市轨道交通车辆的类型及其特点,城市轨道交通车辆的基本组成,城市轨道交通车辆的编组形式。难点是城市轨道交通车辆的技术参数。

【知识链接】

城市轨道车辆是城市轨道交通系统中运输旅客的工具,根据各城市的运输环境不同其形式也多样,不同类型的城市轨道车辆其组成基本相同,同时其编组运行形式也根据运行环境分为多种。

【知识描述】

一、城市轨道交通车辆类型

城市轨道交通车辆根据各城市的运输环境及要求分为多种类型。

根据其运行形式来分,常见的有钢轮钢轨式车辆、单轨车辆、直线电机车辆、磁悬浮车辆。常规钢轮钢轨制式车辆技术成熟可靠,应用最为广泛;直线电机车辆和磁悬浮车辆属于新型城市轨道交通工具,具有较好的发展前景。此外,城市轨道车辆还有单轨车辆,而单轨车辆又分为悬挂式独轨和跨座式独轨,其运行特点为爬坡能力强、转弯半径小、噪声低、景观性好、载客量适中、线路占地面积小。

按有无动力装置分类,城市轨道交通车辆可分为动车和拖车两类。动车是指转向架上装有牵引电动机等牵引动力装置的车辆,拖车是指不带动力装置的车辆。从有无司机室和是否带有受电弓分类,可分为带司机室拖车、带司机室动车、无司机室带受电弓动车和无司机室不带受电弓动车类型。

按车体宽度的不同和我国各城市对城轨车辆选型的不同要求和城轨车辆的发展现状提出了 A、B、C 型车的概念,其主要技术规格见表1.1。

表1.1　各类车型主要技术规格

项目名称	A 型车	B 型车	C 型车	D 型车	L_b 型车	单轨车
车辆驱动特征	钢轮/钢轨					胶轮—跨座单轨
	旋转电机			直线电机		

续表

项目名称		A 型车	B 型车	C 型车	D 型车	L_b 型车	单轨车
车轴数		四轴	四轴	4、6、8 轴—铰接车		四轴	四轴
车辆轴重/t		≤16	≤14	≤11		≤13	≤11
车厢基本长度/m	单司机室车厢	23.6(24.4)	19(19.55)	—	—	17.2	14.6(15.5)
	无司机室车厢	22.0(22.8)	19(19.55)	—	—	16.84	13.9(14.6)
车辆基本宽度/m		3.0	2.8	2.6	2.6	2.8	2.9(车门踏板处2.98)
车辆高度/m	受流器车 有空调	3.8	3.8	3.7	3.7	≤3.625	车辆总高≤5.53 轨面以上高3.84
	受流器车 无空调	3.6	3.6	—	—	—	
	受电弓车（落弓高度）	3.81	3.81	3.7	3.7	3.560	
	受电弓工作高度	3.9~5.6	3.9~5.6	3.9~5.6	3.9~5.6	—	
车内净高/m		2.10~2.15		≥2.1	≥2.1	≥2.1	2.2
地板面高/m(车门处)		1.13	1.10	0.95	0.35	0.93	1.13
转向架中心距/m		15.7	12.6	11.0	10.70	11.14	9.6
固定轴距/m		2.2~2.5	2.2~2.3	1.8~1.9	1.7~1.8	1.9~2.0	走行轮1.5 导向轮2.5
车轮直径/mm		φ840		φ760 或 φ660	φ660	φ660~φ730	走行轮 φ1006 导向轮、稳定轮 φ730
车门数(每侧)/个		5	4	—	4	3	2
车门宽度/m		≥1.3~1.4		1.3~1.4	1.3~1.4	1.4	1.3
车门高度/m		≥1.8		≥1.8	≥1.8	1.86	1.82
定员	单司机室车厢	310(超员432)	230(超员327)	—	双司机室238	217	151(211)
	其中:座席	56	36	—	66	28	32
定员	无司机室车厢	310(超员432)	250(超员352)	—	—	242	165(230)
	其中:座席	56	46	—	—	32	36
车辆最高速度/(km·h⁻¹)		80~100	80~100	80	80	90	80
启动平均加速度/(m·s⁻²)(0~35 km/h)		0.83~1.0		0.85	0.85	0.95~1.0	≥0.833

续表

项目名称		A 型车	B 型车	C 型车	D 型车	L_b 型车	单轨车
常用制动减速度 /(m·s⁻²)		1.0		1.1	1.1	≥1.0	≥1.1
紧急制动减速度 /(m·s⁻²)		1.2		1.5	1.5	≥1.3	≥1.25
等效噪声 [dB(A)]	司机室内	≤80		≤75	≤75	—	≤70
	客室内	≤83		≤75	≤75	75	≤75
	车外	80~85		≤80	≤80	80	≤75

注:①车辆基本长度无司机室的为标准车辆长度。

②有司机室的车辆加长长度部分,应满足标准车的曲线地段限界。

③( )内的数字为车辆两端车钩连接中心点之间的距离。

④C 型车为低地板车,D 型车为高地板车,均分为 4、6、8 轴的铰接车。应符合《城市轨道交通铰接车辆通用技术条件》的规定。

⑤双铰六轴 70% 为低地板车辆,全长 28.76 m。

图 1.1　地铁车辆

图 1.2　磁悬浮列车

图1.3 单轨车辆

二、城市轨道交通列车编组

城市轨道交通车辆是带有动力牵引装置的电动列车,兼有牵引和载客两大功能。车辆在运营时一般采用动拖结合,固定编组,形成电动列车组。动车和拖车通过车钩连接成一个相对固定的编组称为一个(动力)单元,一列车可以由一个或几个单元编组而成。

我国城市轨道交通列车编组主要形式为六辆编组和四辆编组。六辆编组动拖比为"三动三拖""四动二拖";四辆编组动拖比为"二动二拖""三动一拖"。例如:

广州地铁1号线每一列车由6节车辆组成,采用"四动二拖"形式,6节车有A、B、C三类车各两辆(此处A、B、C不是按车体尺寸分类),编组为: − A＊B＊C ＝ C＊B＊A − 。A车为拖车,一端设有驾驶室,车顶上装有受电弓,车下装有一套空气压缩机组。B车和C车均为动车,结构基本相同。其中," − "表示全自动车钩;" ＝ "表示半自动车钩;" ＊ "表示半永久车钩。

重庆市轨道交通1号线和6号线均采用地铁车辆,六辆编组,动拖比为"四动二拖",编组形式为: ＝ Tc＊Mp＊M ＝ M＊Mp＊Tc ＝ 。其中," Tc"表示带司机室的拖车;"Mp"表示带受电弓的动车;"M"表示不带受电弓的动车;" ＝ "表示半自动车钩;" ＊ "表示半永久车钩。

重庆市轨道交通2号线采用跨座式单轨车辆,有四辆编组和六辆编组两种形式列车,其中每列车动力转向架占转向架总数的"3/4",具体编组形式为:"×Mc ＋ M ＋ M ＋ Mc ×"和"×Mc ＋ M ＋ M ＋ M′ ＋ M ＋ Mc ×"。其中,"Mc"表示带司机室动车(带有1个非动力转向架及1个动力转向架);"M"表示带动车(带有2个动力转向架);" M′"表示不带司机室的动车(带有1个动力转向架和一个非动力转向架);"×"表示密接式车钩;" ＋ "棒状式车钩。

三、城市轨道交通车辆的标识

一般每节城轨车辆都有属于自己的固定编号,但各城轨车辆制造商或运营商的编号方式不一样。以上海地铁车辆为例,上海地铁1号、2号线车辆的编号由5位数组成,采用YYCCT形式,其中YY为车辆出厂的年份,CC为出厂时这一年的同类型车辆的生产顺序号,T为车辆类型代号,其中"1"表示自身无动力,依靠有动力的车辆推动或拖动的拖车,"2"表示转向架上装有牵引电动机,无司机室,车顶装有受电弓的动车,"3"表示转向架车。

例如: 重庆市轨道交通地铁和单轨车辆编号由6位数组成,编号前两位数字为线路编号,第3、4、5位数字代表列车编号,末位数字代表车厢号。060016表示为6号线第1列车第6车厢。

1.车端、车侧的标识定义

（1）车辆的车端、车侧的定义

①车端。每辆车的1位端按如下定义：A车1位端是带有全自动车钩的一端；B车1位端是与A车连接的一端；C车1位端是连接半永久牵引杆的一端。另一端就是2位端，如图1.4所示。

②车侧。人立于车辆的2位端，面向1位端，则人的右侧就称为该车辆的右侧，人的左侧也称为该车辆的左侧，如图1.4所示。

（2）列车的车侧定义

列车的车侧定义与车辆的车侧定义是不同的。它是以司机为主体，司机坐于列车驾驶端座位上，司机的右侧即为列车的右侧，左侧为列车的左侧。换句话说，是按列车的行驶方向来定义的，这与公路上汽车按行驶方向定义左右侧是相同的，如图1.4所示。

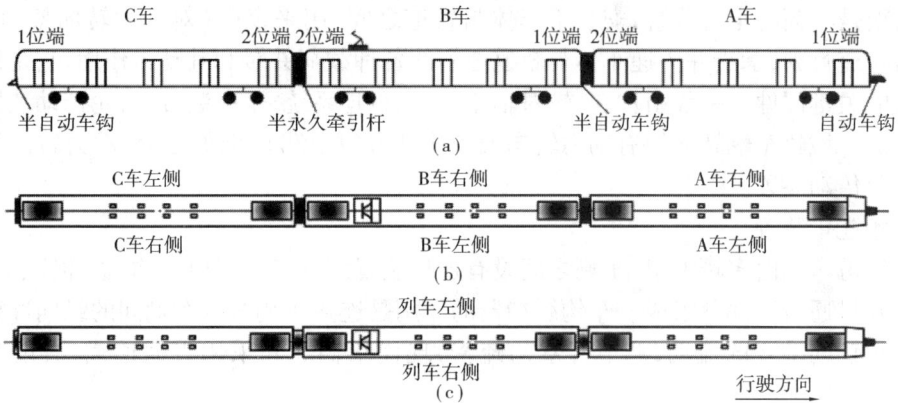

图1.4　车端、车侧的标识定义

2.车门、座椅的编号

（1）车门编号

门页的编号：自1位端到2位端，沿着每辆车的左侧为由小到大的连续奇数，即1，3，5，7，9，11，…，17，19；右侧为由小到大的连续偶数，即2，4，6，8，10，12，…，18，20。车门的编号则由该车门两个门页的号码合并而成：自1位端到2位端，左侧车门的编号为1/3，5/7，9/11，…，17/19，而右侧车门的编号为2/4，6/8，10/12，…，18/20，如图1.5所示。

（2）座椅编号

座椅编号的方式与车门类同，每辆车有8个座椅纵向排列在车辆内部的两侧。自1位端到2位端，这些座椅的编号是从1到8，左侧是奇数，右侧是偶数，如图1.5所示。

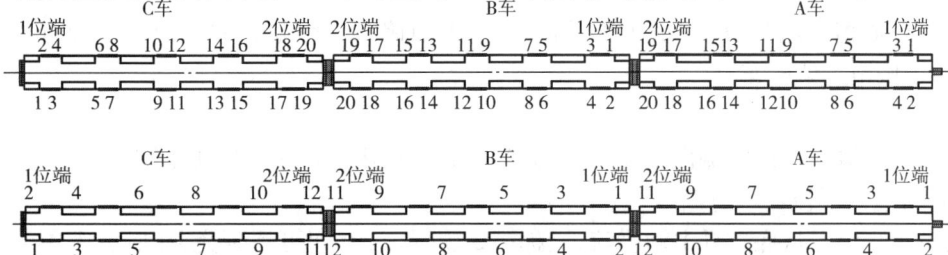

图1.5　车门、座椅的编号

四、城市轨道交通车辆组成

城市轨道车辆根据城市轨道车辆的用途及特点由以下几个部分组成：车体、转向架、车端连接装置、制动装置、风源系统、通风空调系统、内装及车辆设备、受流装置、车辆电气牵引系统和辅助电源系统、列车监视控制系统和列车控制系统等部分组成。

1. 车体

车体分为有司机室车体和无司机室车体两种，坐落在转向架上。除了载客之外，还是其他设备的安装基础，几乎所有的机械、电气、电子等设备都安装在车体的上部、下部及内部，驾驶室也设置在车体内。近代城轨车辆车体均采用整体承载的钢结构或轻金属结构，以期达到满足强度、刚度要求的同时最大限度地减轻自重。车体一般由底架、侧墙、车顶、前端、后端、车门等组成。

2. 转向架

转向架是车辆的走行装置，安装于车体与轨道之间，用来牵引（对动力转向架而言）和引导车辆沿轨道行驶，承受并传递车体与轨道之间的各种载荷并缓和其动力作用，它是保证车辆运行品质的关键部件。一般由构架、轮对轴箱装置、悬挂系统、牵引装置、齿轮传动装置和制动装置等组成。城轨车辆转向架有动力转向架和非动力（拖车）转向架之分，动力转向架还装有牵引电机及传动装置。

3. 车辆连接装置

城市轨道车辆由多辆编组，车辆之间设有连接装置。连接装置由车钩、缓冲器、电气联接、气路联接及贯通道等部分组成。车钩缓冲器的作用是连接车辆减少车辆间的纵向冲撞。为了便于相邻车辆间乘客的流动，调节客室的疏密，现代车辆之间采用贯通道式，故设有风挡及渡板。

4. 制动装置

制动装置是保证列车运行安全所必不可少的装置。不管是动车还是拖车都设有制动装置，它可以保证运行中的列车按需要减速或在规定的距离内停车。城轨车辆制动装置除常规的空气制动装置外，还有再生制动、电阻制动和磁轨制动等先进的装置。

5. 受流装置

从接触导线（接触网）或导电轨（第3轨）将电流引入动车的装置称为受流装置或受流器。受流装置按其受流方式可分为以下5种形式：

（1）杆形受流器

杆形受流器外形为两根平行杆，上部有两个受电轨（导线），广泛用于城市无轨电车。

（2）弓形受流器

弓形受流器形状如"∏"，属上部受流，弓可升可降，其接触有一根导线，下面有导轨构成电路，用于城市有轨电车。

（3）侧面受流器

侧面受流器在车顶的侧面受流，又称为"旁弓"，多用于矿山的电力机车上。

（4）轨道式受流器

轨道式受流器从底部导电轨受流，又称第3轨受流，空间可得到充分利用，多用于速度较高的隧道列车运行。北京地铁及目前欧美大部分地铁均采用这种受流方式。

（5）受电弓受流器

受电弓受流器属上部受流，形状如"▽"，弓可升可降，适用于列车速度较高的干线电力机车。上海、广州等地铁多采用这种方式。

在受电制式上，目前世界上地铁发展较早的城市大都采用直流 750 V，个别有采用 600 V 的。北京地铁为直流 750 V，上海、广州、深圳地铁均采用直流 1 500 V，直流 1 500 V 与 750 V 比较，有以下优点：可提高牵引电网供电质量，降低迷流数值，增加牵引供电距离，从而可减少牵引变电所数量；便于地铁线路实现地下、地面和高架的连接。

6. 内装及车辆设备

内部装饰及设备是城市轨道交通车辆必不可少的。其要求是美观、舒适、实用、隔音、减震、坚固、防火。内部装饰包括客室内部的墙板、顶板、地板及司机室布置等。设备包括照明、车窗、车门及机构、左翼、扶手、吊环以及乘客信息显示等。

7. 通风空调系统

城市轨道交通车辆因乘客拥挤、空气污浊，必须设有通风装置，一般采用机械通风。为改善乘客的舒适度，现代城市轨道交通车辆一般都设有空调装置等。

8. 车辆电气牵引系统和辅助电源系统

车辆电气包括车辆上的各种电气设备及其控制电路。按其作用和功能可分为主电路系统、辅助电路系统和监视与控制电路系统等。

9. 列车监视控制系统和列车控制系统

城市轨道交通车辆采用计算机进行自动控制，具有自我监控和诊断功能，信息采集、记录和显示功能，能够对列车主要设备的运行状态自动进行故障诊断。

五、城市轨道交通车辆的主要技术参数

为了全面掌握城市轨道车辆技术特点，对车辆技术规格的某些指标进行概括地介绍，从总体上表征车辆性能及结构的一些参数称为车辆技术参数，一般可分为性能参数与主要尺寸两大类。

（一）车辆性能参数

1. 自重、载重

自重指车辆在整备状态下的本身结构及设备组成的全部质量；载重指正常情况下车辆允许的最大装载质量。以吨（t）为单位。

2. 构造速度

构造速度是指车辆设计时按照安全及结构强度等条件所决定的车辆最高行驶速度。车辆实际运行速度一般不允许超过构造速度。

3. 轴重

轴重是指按车轴型式及在某个运行速度范围内，车轴允许负担（包括轮对自身的质量）的最大质量。轴重的选择与线路、桥梁及车辆走行部的设计有关。

4. 通过最小曲线半径

通过最小曲线半径是指配用某种型式转向架的车辆在正线运行或厂、段内调车时所能安全通过的最小曲线半径。当车辆在此曲线区段上行驶时不得出现脱轨、倾覆等危及行车安全的事故，也不允许转向架与车体底架或车下其他悬挂物相碰撞。

5. 最大爬坡能力

最大爬坡能力是指配用某种型式转向架的车辆在正线运行或厂、段内调车时所能正常运行的最大坡度。

6. 启动加速度

定员情况下,在平直干燥轨道上,车轮为半磨耗状态,额定供电电压时,对列车启动时平均加速度的要求。如无特殊要求,一般为:列车从 0 加速到 40 km/h,不低于 0.83 m/s²;列车从 0 加速到 100 km/h 不低于 0.6 m/s²。

7. 制动减速度

定员情况下,在平直干燥轨道上,车轮为半磨耗状态,对列车从最高运行速度到停车的制动平均减速度的要求。如无特殊要求,一般为:常用制动平均减速度不低于 1.0 m/s²;紧急制动平均减速度不低于 1.2 m/s²。

8. 车辆安全性能指标

车辆安全性能指标包括列车纵向冲击率不应大于 1.0 m/s²;列车运行平稳性指标应小于 2.5;车辆的脱轨系数应小于 0.8;车辆的轮重减载率应小于 0.6。

(二)车辆的主要尺寸

1. 车辆长度

车辆长度是指车辆处于自由状态,车钩呈锁闭状态时,两端车钩连接面之间的距离。应区别于车体长度的概念,车体长度是指不包含牵引缓冲装置或折棚的车体结构的长度。

2. 车辆最大宽度

车辆最大宽度是指车体横断面上最宽部分的尺寸。

3. 最大高度

最大高度是指车辆顶部最高点与钢轨顶面之间的距离。通常须说明与最高点相关的结构,如有无空调,受电弓的状态等。

4. 车辆定距

车辆定距是指同一车辆的两转向架回转中心之间的距离。

5. 固定轴距

固定轴距是指同一转向架的两车轴中心线之间的距离。

6. 车钩中心线距离钢轨面高度

车钩中心线距离钢轨面高度简称车钩高,以 H_0^{+10} 表示,它是指车钩连接面中点(铁路车钩是指钩舌外侧面的中心线)至轨面的高度。取新造或修竣后空车的数值。

7. 地板面高度

地板面高度是指车辆地板面与钢轨顶面之间的距离。地板面高度与车钩高一样,指新造或修竣后空车的数值。

【知识扩展】

城市轨道交通限界

一、设置限界的意义及制订限界的原则

限界是限定车辆运行及轨道周围构筑物超越的轮廓线。限界分车辆限界、设备限界和建

筑限界 3 种,是工程建设、管线和设备安装位置等必须遵守的依据。规定限界的目的,主要是防止车辆在直线或曲线上运行时与各种建筑物及设备发生接触,以保证车辆安全通行。在设计城轨车辆时,其横断面的形状和尺寸要与隧道或线路所留出的空间相适应,为此对车辆横断面轮廓尺寸必须有一限制。车辆限界就是一个限制车辆横断面最大允许尺寸的轮廓图形。无论空车或重车在直线地段运行时,所有突出和悬挂部分都应容纳在限界之内,因此车辆限界是车辆在正常运行状态下形成的最大动态包络线。

建筑限界和设备限界是建筑物或设备距轨道中心和轨面所允许的最小尺寸所形成的轮廓。车辆限界与建筑和设备限界之间,必须留出一定的、为确保行车安全所需的空间,这个空间考虑了以下因素:

①车辆制造公差引起的上下、左右方向的偏移或倾斜。

②车辆在名义载荷作用下弹簧受压引起的下沉,以及弹簧由于性能上的误差可能引起的超量偏移或倾斜。

③由于各部分磨耗或永久变形而造成的车辆下沉,特别是左右侧不均匀磨耗或变形而引起的车辆倾斜与偏转。

④由于轮轨之间以及车辆自身各部分存在的横向间隙而造成车辆与线路间可能形成的偏移。

⑤车辆在走行过程中因运动中力的作用而造成车辆相对线路的偏移。它包括曲线区段运行时实际速度与线路超高所要求的运行速度不一致而引起的车体倾斜;以及车辆在振动中也会产生上下、左右各个方向的位移。

⑥线路在列车反复作用下可能产生的变形,包括轨道产生的随机不平顺现象等。

有关限界的名词术语如下。

1. 基准坐标系

基准坐标系是与线路的纵向中心线相垂直的平面内的一个二维直角坐标,该坐标的第一坐标轴与两根钢轨在名义位置且无磨耗时的顶面相切,第二坐标轴垂直于前者,并与左右两根钢轨的名义位置等距离。

2. 偏移及偏移量

在基准坐标系内,车辆横断面上各点因车辆本身原因或线路原因,在运行中离开原来在基准坐标系中所定义的设计位置称为偏移,偏移以 mm 为单位称为偏移量。在第一坐标方向的偏移称为横向偏移,在第二坐标方向的偏移称为竖向偏移。

3. 曲线几何偏移量

车辆在曲线上运行时,线路中心线是曲线,车辆纵向中心线是直线,两者不可能完全重合。车辆纵向中心线上各点在水平投影图上偏移线路中心线的距离称为曲线几何偏移,简称曲线偏移。其中,车辆定距以内的车辆纵向中心线上各点向曲线的内侧偏离称为内侧偏移;车辆定距以外的车辆纵向中心线上各点,向曲线的外侧偏离称为外侧偏移。据此,车辆在竖曲线上产生的曲线偏移也称为竖曲线偏移。

4. 计算车辆

认定具有某一横断面轮廓尺寸和水平投影轮廓尺寸及认定结构的车辆在地铁及轻轨线路上运行,并使用该车辆作为确定车辆限界及设备限界尺寸的依据,该车辆称为计算车辆。在地

铁及轻轨线路上实际运行的新车和旧车只要符合车辆限界及其纳入限界的校核,就能通行无阻,不必与计算车辆取得一致。

二、地铁限界

1. 地铁车辆限界

地铁车辆限界是基准坐标系中的一个轮廓线,是车辆在正常运行状态下形成的最大动态包络线。车辆及轨道线路各尺寸在具有最不利公差及磨耗时(包括两次维修期间所发生的尺寸偏差)、车辆在运动中处于最不利位置、涉及了由各要素引起的车辆各部位的统计最大偏移后均应容纳在轮廓内。《地铁设计规范》规定了钢轨钢轮、标准轨距系列的地铁限界,包括车辆限界。直线地段车辆限界分为隧道内车辆限界和高架或地面线车辆限界,后者应在前者的基础上,另加上当地最大风荷载引起的横向和竖向偏移量。受电弓或受流器限界是车辆限界的组成部分。

2. 地铁设备限界

地铁设备限界是基准坐标系中位于车辆限界外的一个轮廓线,是用以限制设备安装的控制线。除另有规定外,建筑物及地面固定设备的任一部分,即使涉及了它们的刚性和柔性运动在内,均不得向内侵入此限界,接触轨限界属于设备限界的辅助限界。A型车隧道内直线地段设备限界如图1.6所示,对应设备坐标见表1.2。

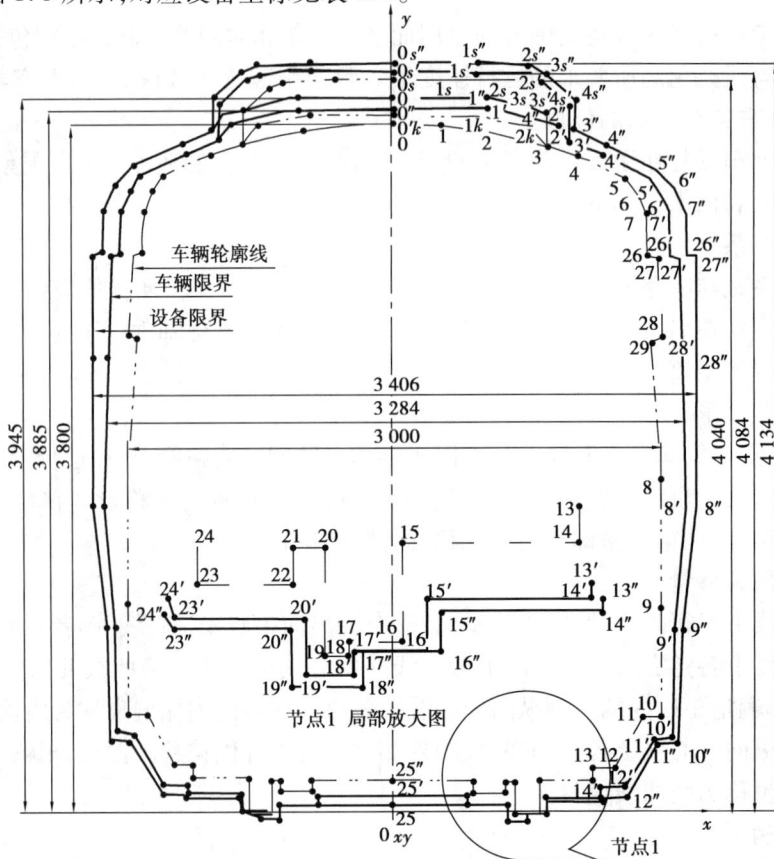

图1.6 A型车隧道内直线地段车辆限界与设备限界

表 1.2　A 型车隧道内直线地段设备限界坐标值

点号	0″	1″	2″	3″	4″	5″	6″	7″	8″
X	0	531	952	1 016	1 193	1 477	1 570	1 644	1 703
Y	3 938	3 945	3 848	3 758	3 686	3 551	3 452	3 309	1 677
点号	9″	10″	11″	12″	13″	14″	15″	16″	17″
X	1 622	1 593	1 482	1 308	1 170	1 170	859	856	753
Y	1 007	368	371	71	74	50	52	−18	−18
点号	18″	19″	20″	23″	24″	25″	26″	27″	28″
X	753	633	629	408	405	0	1 645	1 700	1 700
Y	−69	−69	30	30	43	45	3 074	3 058	2 498
点号	0s″	1s″	2s″	3s″	4s″				
X	0	465	765	851	1 016				
Y	4 134	4 134	4 115	4 079	3 938				

注:第 0s″,1s″,2s″,3s″,4s″点为隧道内受电弓设备限界坐标值

设备限界和车辆限界之间留有一定的间隙,这个间隙主要作为未涉及因素的安全留量,按照限界制订时的规定,将某些偏移量计入此间隙。计算车辆曲线上和竖曲线上的曲线偏移也计入这个间隙内,因此,设备限界在水平曲线上需要加宽,在竖曲线上需要加高。

3.地铁建筑限界

地铁建筑限界是基准坐标系中位于设备限界以外的一个轮廓线,是在设备限界基础上,考虑了设备和管线安装尺寸之后的最小有效断面。它规定了地下铁道隧道的形状、尺寸、位置,地下车站及站台位置以及地面建筑物(包括接触网支柱、声屏障和站台屏蔽门等)的位置,涉及施工误差、测量误差及结构永久变形在内,任何永久性建筑物均不得向内侵入此限界。建筑限界和设备限界之间的空间应能安排各种电缆线、消防水管及消防栓、动力箱、信号箱及信号灯、照明灯、扩音器、通风管、架空线及其固定设备。地铁建筑限界应理解为建筑物的最小尺寸,比地铁建筑限界大的隧道、高架桥等建筑应认为是符合地铁建筑限界的。A 型车隧道内直线地段建筑限界,如图 1.7 所示。

三、单轨车辆限界

跨座式单轨交通的限界分为车辆限界和建筑限界。

1.车辆限界

车辆限界是单轨车辆正位停置在直线轨道上,单轨车辆的走行轮胎磨耗达到规定的最大值、走行轮胎挠度达到规定的最大值、制造组装公差达到规定最大值并考虑了适当的安全余量时的最大轮廓尺寸。

2.建筑限界

建筑限界是为确保单轨车辆运行安全的一切建筑物、设备在任何情况下均不得侵入的最小断面尺寸。建筑限界中不含测量误差、施工误差、结构沉降、位移变形等因素。

跨座式单轨交通的限界如图 1.8 所示,坐标值见表 1.3。

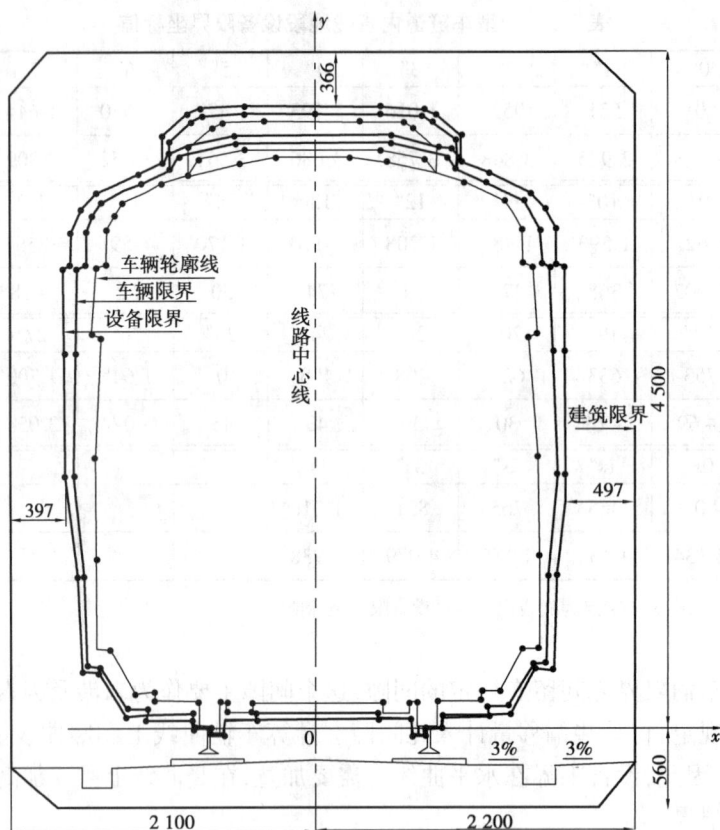

图 1.7 A 型车隧道内直线地段建筑限界

表 1.3 车辆轮廓坐标值

点号	0	1	2	3	20	23	21	22	25	26	27
X	0	800	1 435	1 450	1 465	1 488	1 488	1 450	1 450	1 488	1 488
Y	3 840	3 840	3 305	3 245	3 235	3 178	2 958	2 958	2 460	2 460	1 260

点号	28	29	30	31	32	4	5	6	7	8	9
X	1 450	1 450	1 490	1 490	1 450	1 450	1 268	1 188	603	603	425
Y	1 260	1 140	1 140	1 090	1 090	− 430	− 1 392	− 1 460	− 1 460	− 1 363	− 1 363

点号	10	11	12	13	14	15	16	17	18	19	—
X	425	448	448	700	700	448	448	425	425	0	—
Y	− 1 141	− 1 141	− 1 055	− 1 020	− 432	− 350	− 264	− 264	0	0	—

注:①不含集电装置、接地装置轮廓。

② 点 3、20、21、22 为侧门逃生支架控制点;点 23、21、22 为车侧灯控制点;点 25～28 为司机门扶手控制点;点 29～32 为客室车门踏板控制点。

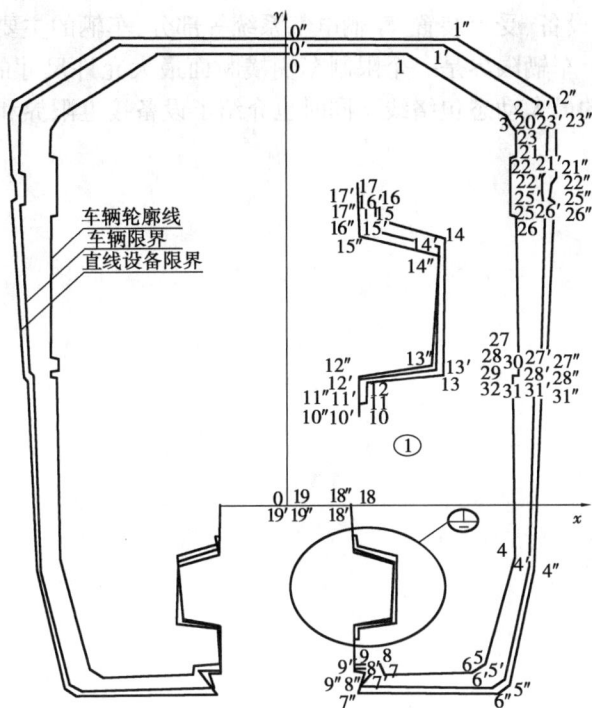

图 1.8　高架线及地面线车辆轮廓线、车辆限界、直线地段设备限界图

实践与训练：

工作项目	城市轨道交通车辆概述
任　　务	熟悉轨道交通车辆的发展及基本类型；掌握城市轨道交通车辆标识、编组特点；了解城市轨道交通车辆限界的概念
【知识认知】	
(1)描述城市轨道交通车辆的类型及组成 (2)城市轨道交通车辆限界是如何确定的	
【技能操作】	
根据本章所学的知识,制作关于我国城市轨道交通车辆发展的 PPT 并给同学们演示	

单元小结

　　本单元主要对城市轨道交通车辆进行了基本概述,分别介绍了城市轨道交通车辆的发展,城市轨道交通车辆的类型;介绍了城市轨道交通车辆的基本知识,即车辆的编组,车辆的标识等;城市轨道交通车辆的主要组成包括车体、转向架、车端连接装置、制动装置、风源系统、通风

空调系统、内装及车辆设备、受流装置、车辆电气系统等部分；车辆的主要技术参数分为性能参数与主要尺寸两大类。车辆限界是一个限制车辆横断面最大允许尺寸的轮廓图形，是车辆在正常运行状态下形成的最大动态包络线。同时也介绍了设备接近限界和建筑限界。

单元 2　城市轨道交通车辆车体结构与检修

任务 1　城市轨道交通车辆车体结构

【任务目标】

1. 车体的制造材料种类。
2. 掌握车体的结构特点。

【任务分析】

车体是城市轨道车辆的重要组成部分,是车辆结构的主体,通过本任务的学习重点掌握车体的基本结构特征以及车体主要材料。

【知识链接】

车体坐落在转向架上,是容纳旅客和车辆设备的安装基础,驾驶室也设置在车体中,车体由底架、侧墙、端墙、车顶、车门、车窗及车内设施等组成。车体的强度、刚度要符合安全要求,同时车体材料也要具备防腐、耐腐蚀能力。

【知识描述】

一、车体的类型及结构特征

(一)车体的类型

车体按照制造材质可分为钢木混合结构和全钢结构。全钢结构的车体有普通钢和合金钢两种。钢结构车体在制造工艺上分为铆接结构和焊接结构。现代车辆车体结构基本上采用全钢焊接结构。车体按照其承载特点可分为底架承载结构、底架侧墙共同承载结构和整体承载结构 3 种。按照车体结构有无司机室可分为带司机室车体和无司机室车体两种。

(二)车体的基本特征

①城市轨道交通车辆一般为电动车组,有单节、双节、三节式等;有头车(即带有驾驶室的车辆)和中间车,以及动车与拖车之分,其车体结构也就有其多样性。

②由于城市轨道交通车辆是服务于城市内的公共交通,乘客数量多,旅行时间短,上下车频繁,因此车内设置的座位数量少、车门数量多而且开度大,服务于乘客的车内设备简单。

③对车辆的质量限制较为严格,特别是高架轻轨,要求列车质量轻、轴重小,以降低线路设施的工程投资。

④为减轻列车自重,车辆必须轻量化,对于车体承载结构一般采用大型中空截面挤压铝型

材、高强度复合材料或不锈钢等,采用整体承载筒形车体结构,车辆的其他辅助设施也尽量采用轻型材料和轻量化结构。

⑤城市轨道交通车辆一般运营于城市人口稠密地区,并用于乘载旅客,所以对车辆的防火要求严格,特别是地铁车辆。

⑥对车辆的隔音和降噪有严格要求,以最大限度地降低噪声对乘客和沿线居民的影响。

⑦城市轨道交通车辆主要用于城市内交通,所以车辆外观造型和色彩必须考虑城市文化、环境美化,并与城市景观相协调。

(三)车体的结构特征

城市轨道车辆车体为整体承载结构,如图2.1所示,其特点是在板梁式侧墙、端墙上固接由金属板、梁组焊而成的车顶,使车体的底架、侧墙、端墙、车顶连接成一个整体,成为开口或闭口箱形结构,此时车体各部分结构均参与承受载荷。

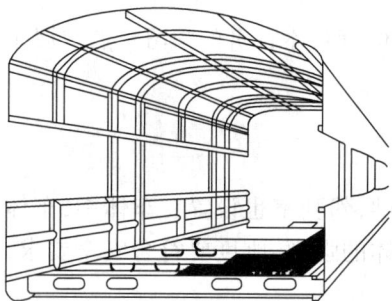

图2.1 车体整体承载结构

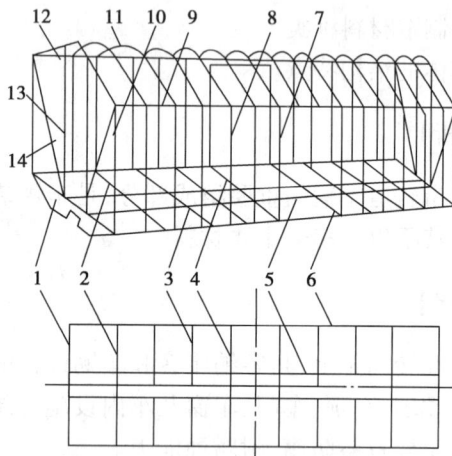

图2.2 车体的一般结构形式

1—缓冲梁(端梁);2—枕梁;3—小横梁;4—大横梁;
5—中梁;6—倒梁;7—门柱;8—侧立柱;9—上侧梁;10—角柱;
11—车顶弯梁;12—顶端弯梁;13—端立柱;14—端斜撑

城市轨道车辆整体承载结构车体是由若干纵向、横向梁和立柱组成的钢骨架(也称钢结构),再安装内饰板、外蒙皮、地板、顶板及隔热、隔音材料、车窗、车门及采光设施等组成。一般包括:底架、端墙、侧墙、车顶、车窗、车门、贯通道和车内设施等部分,如图2.2所示。

1.底架

由于底架是车体结构和设施的安装基础,主要作用是承受车体上部载荷并传递给整个车体,承受各种原因而引起的横向力和走行部传来的各种振动和冲击,因此底架必须具有足够的强度和刚度,是检修作业的重点。车底架通常由大型铝合金蜂窝状挤压型材焊接而成,底架中部断面较大并沿其纵向中心线贯通全车的梁称为中梁,它是底架的骨干。底架两侧边沿的纵向梁称为侧梁,侧墙固定其上。底架两端部的横向梁称为缓冲梁(或称为端梁),端墙固定其上。在转向架的支承处设有枕梁,为横向梁中断面最大的梁。在两枕梁之间设有两根以上的大横梁。在上述梁件中,中梁和枕梁承担载荷最大,因而尤为重要。底架上还设有各种吊梁、吊卡、线槽、安装座,用以安装车钩缓冲装置、机电设备、制动装置等设备。底架上部还铺设有地板,一般的地板主要由金属地板、地板布、支撑梁、隔音隔热材料和阻尼浆等组成。

2. 侧墙

侧墙由杆件、墙板和门窗组成。杆件包括立柱、上弦梁、横梁和其他辅助杆件,它们与底架的侧梁构成一体。墙板有蒙皮和内饰板,蒙皮是用钢板、不锈钢板或铝合金板制成,内饰板具有车内装饰的功能,且经过阻燃处理。侧墙主要用于安装客室玻璃、客室车门、座椅等部件。

3. 端墙

车辆端部为简单的焊接或铆接结构,过渡设备用框架固定。端墙结构与侧墙基本相同,除端梁外,还设有角柱、端立柱、上端梁和墙板等。端墙主要用于贯通道、空调单元、司机室的连接。

4. 车顶

车顶由波纹顶板、车顶弯梁、车顶边梁、侧顶板、空调机组平台等几部分组成。车顶采用波纹顶板无纵向梁结构,顶板间搭接缝焊连接,与车顶弯梁点焊在一起,机组平台由纵梁、弯梁、顶板点焊组成部件,再与车顶通过点焊与塞焊组成一体。

5. 车窗

在客室侧门之间的车体侧墙上设有车窗,车窗根据其结构形式的不同可分为单层玻璃和双层玻璃结构;有框窗和无框窗结构;还有连续车窗和非连续车窗。

二、车体材料

(一)碳素钢、耐候钢车体

早期的城轨车辆车体材料基本上是碳素钢,其自重大,腐蚀严重,在使用中不仅强度随腐蚀而降低,而且增加了维修工作量与维修费用。为了提高车体的耐腐蚀性,减轻自重,延长车体使用寿命,从20世纪80年代开始,采用09CuPbCrNi这种铜或镍铬等金属元素的耐大气腐蚀的低合金钢系列,可使车体钢结构自重减轻;在工艺上采取了一些防腐措施后,使车体寿命有所延长,但仍不能彻底满足减轻自重和防腐蚀的需要。

(二)不锈钢车体

为了提高车辆的抗腐蚀性能,减轻自重,早在1934年美国就制作了不锈钢车辆。不锈钢车与普通碳钢车相比,具有质量轻、耐腐蚀性强、不用修补、使用寿命长等优点。日本从1958年开始制造半不锈钢车,所用不锈钢材料为SUS304。最初不锈钢车体结构是将钢制车体结构的简单置换,后来发展到采用板梁组合整体承载全焊接结构。在制造中为了降低成本而大量采用将薄板轧压或补强型材与外板点焊连接形成空腔结构,借以提高外板的刚度、强度。由于不锈钢导热系数低,热膨胀率大,为了减少变形,不降低板材强度,应尽量采用点焊。特别是对强度级别较高的材料不允许采用电弧焊。梁柱之间采用平面或立体接头点焊。板的拼接采用搭接结构,由于不锈钢的纵向弹性模量只有钢的85%,因而不锈钢车体要比同样结构的耐候钢车体刚度要低,因而在设计不锈钢车体时注意提高其刚度。由于不锈钢一般不涂漆,但为了提高其装饰性,往往在板材上制出花纹。为降低制造成本,在不易腐蚀部位,如牵引梁、枕梁、侧门立柱的下部等,可采用普通钢板代替。

(三)铝合金车体

为了尽可能地降低车辆的自重,一般均采用全铝合金结构,并广泛采用大型中空截面挤压型材,以保证车体在具有足够强度和刚度的前提下,使材料得到充分的利用。使用铝合金作为车体结构材料的最大优点是轻量化,铝合金材料质轻且柔软,强度好,耐腐蚀性以及加工性能好,易于再生,所以采用铝合金材料作为车体制造材料,可以制作出大型中空型材,不仅刚度可以与钢制车体一样,质量也可大大减轻,并且具有很好的耐腐蚀性能。

与钢相比,铝合金焊接的施工难度较大。但是,随着近年来的铝合金挤压型材的大型化和轻薄化,车体结构能够由大型轻薄的挤压型材的组合构成,纵向可以大幅度采用自动焊接,以提高质量和生产率,所以,以高速车辆为主的车辆越来越多地采用了铝合金制车体结构。

铝合金整体承载筒形结构的车体断面结构形式通常如图2.3所示。组成车体的底架、侧墙和车顶采用大型空心截面的挤压铝型材拼焊而成。底架地板由上下翼板、斜筋板和腹板组成的中空挤压型材,长度可达车体全长。下侧梁、侧墙板、车顶板也采用形状各异的中空截面挤压铝型材。这样在制造车体时仅留下少数几条长焊缝,制造工艺大为简化,焊接变形也易于控制,个体的制造精度也大为提高。

图2.3 铝合金车体结构

任务2 城市轨道车辆车体的检修

【任务目标】

1. 掌握车体的主要损伤形式及原因。
2. 掌握车体检修的主要内容。

【任务分析】

城市轨道交通车辆车体在运用过程中会受到磨损,承受各种载荷及作用力,如各种冲击力、风力、加在车体上的载荷。在这些力的作用下,车体会产生各种损伤及故障,为保证行车安全,需要对车体进行检查维护,以确保其安全运行,本任务重点解决车体损伤的判断以及检查维修内容的确定。

【知识链接】

车体坐落在转向架上,是容纳旅客和车辆设备的安装基础,驾驶室也设置在车体中,车体由底架、侧墙、端墙、车顶、车门、车窗及车内设施等组成。车体的强度、刚度要符合安全要求,同时车体材料也要具备防腐、耐腐蚀能力。

【知识描述】

一、车体损伤的主要形式及原因

城市轨道车辆车体的损伤有两种形式,即无碍车体外形或设备功能的车体永久变形和妨碍车体外形或设备功能的车体永久变形。

无碍车体外形的车体永久性变形是指对车辆的动态限界无影响;无碍设备功能的车体永久性变形是指对车辆的正常运营不影响。这种损坏只需对车体采用挖补、截换等方法焊修,修后表面平整,外观恢复原状,并补涂同色油漆即可。

妨碍车体外形的车体永久性变形是指对车辆的动态限界有影响;妨碍设备功能的车体永久性变形是指对车辆的正常运营产生影响。这种损坏应和车体供货商进行联系,应由供货商或对铝合金焊接有经验的厂商进行处理。

二、车体结构检修

1. 底架及地板检修

底架中的枕梁、牵引梁在运行中承受的载荷较大,在检查中主要以外观为主,应检查其腐蚀情况以及是否存在裂纹为主。

客室地板的底层是铝合金中空型材,在铝型材表面粘接2.5 mm厚的PVC塑料地板(直流电动列车的PVC塑料地板下是经过防火处理的木板),其具有耐磨、阻燃和防滑的性能。在检查车辆时,应检查地板的覆盖层与地板粘接是否牢固,无鼓包、破损和明显划痕。全车允许鼓包、破损处直径小于150 mm一处,直径小于80 mm两处,否则应按原整块揭掉后重新粘接。

2. 顶板检修

顶板的检修工作如下所示。

①清洁空调通风口和灯罩的格栅。

②更换照明灯灯具。

③检查客室顶板,应安装牢固,无破损,无严重变形。

④检查弧形盖板及其锁的安装状态和功能,盖板及盖板锁应安装牢固,开闭作用良好。

3. 客室侧墙、端墙检修

客室内壁的侧墙、端墙都应为阻燃的密胺树脂胶合板。由于在组装焊接的侧墙、端墙的铝合金型材的内侧涂抹有隔声阻尼浆并敷贴保温材料,所以侧墙、端墙具有良好的隔声和隔热效果。

检查客室各侧墙、顶板、装饰条的外观,无破损,无严重变形,油漆良好,安装牢固。

4. 车窗的安装与检修

(1)车窗的安装

车窗安装时先把车窗从车内推入窗口,调整位置,保证车窗玻璃与车体钢结构四周之间的10 mm间隙均匀,通过调整垫使外侧玻璃与侧墙外表面平齐。找准位置后用M6螺栓紧固,最后在周围10 mm间隙处施以玻璃幕墙胶密封,胶的高度与玻璃平齐。

车窗安装后能够承受所有的内部和外部的压力差,包括会车和通过隧道,车窗及玻璃能够承受4 500 Pa气压。

（2）车窗玻璃更换

当玻璃受到损伤或损害需要更换时,应首先敲碎玻璃,清除玻璃幕墙胶和铝框上的胶,清除必须干净彻底;再用原来粘接玻璃时使用的结构胶将新的中空安全玻璃固定在铝型材框架上。粘接时必须保证四周 10 mm 的间隙均匀,外侧玻璃与侧墙外表面平齐。待结构胶固化好后,最后施以玻璃幕墙胶密封。

从车体外侧即可更换车窗玻璃,不需拆掉内墙板。

三、车体油漆

1.油漆前处理

①打磨和清除原漆层局部的龟裂、老化和破损处。

②用腻子灰将车体外表面或底架下箱体外表的局部表面凹凸不平处涂刮找平并用砂纸打磨平整。

③对露出的金属表面处,需将金属表面的锈垢清除干净,并涂金属底漆。

2.遮蔽

用纸和不干胶等将车体外非油漆部位进行遮蔽。

3.油漆

①用打磨机打磨车体外侧油漆部位,按原有面漆用腻子找平。

②用高压风吹扫车体外表面各打磨区域表面。

③用干净湿抹布清洁油漆粉尘并自然晾干。

④喷涂中涂层。

⑤打磨中涂层,用干净湿抹布清洁油漆粉尘,并自然晾干。

⑥测定中涂层的厚度和光泽度,应符合相关技术要求。

⑦喷涂面漆,依照不同部位的油漆色标选择面漆并进行喷涂。

⑧测定面漆的厚度和光泽度,应符合相关技术要求。

⑨按上述工艺打磨和清洁喷涂色带以及各种标记部位的局部面漆,喷涂色带和各种标记。

4.整理

喷漆结束后,揭除遮蔽纸和胶带等,将车体外表整理干净。

5.测试和试验

对油漆质量进行以下抽检试验。

①中涂层面漆附着力试验。用 3 m 胶带纸粘贴油漆表面,用 2 mm 划格仪检测,检测结果应不大于 1 级标准,或参照道格拉斯工艺标准执行。

②湿热、烟雾试验。240 h,检测方法按 GB 1733 标准执行。

③人工老化试验。2 500 h,检测方法按 GB 1766 标准执行。

④油漆阻燃性试验:在 1 000 ℃环境温度下,喷涂的油漆应不燃烧起火,只起壳、剥离。

任务3　城市轨道车辆车门系统结构

【任务目标】

1.熟悉车门的应用以及基本要求。

2.掌握车门的主要类型。

3.掌握车门的主要结构特点。

【任务分析】

车门是城市轨道车辆车体的重要组成部分,是车体结构的主体,通过本任务的学习重点掌握车门的基本种类,车门的使用要求,难点在于根据车门的结构特点选择适当的应用方法。

【知识链接】

城市轨道交通车辆车门包括客室车门、司机室侧门以及司机室与客室之间的通道门。为保证在紧急情况下,能够安全地疏散乘客,在司机室的前端还设有紧急下车的安全疏散斜梯,即安全门。司机室的侧门、通道门及安全门的结构相对比较简单,本章重点介绍客室车门的类型、结构特点以及不同类型车门的工作原理。

【知识描述】

一、车门的特点

根据城市轨道交通运输由于载客流量大,乘客上下车频繁,城市轨道车辆的车门应方便乘客,一般车体每侧车门开度较大,数量也较多,如图2.4所示。一般具有以下几个特点。

①要有足够的有效宽度。

②车门要均匀分布,以方便乘客上、下车。

③要有足够数量的车门,可使乘客上、下车时间满足地铁列车运行密度的要求。

④车门附近要有足够的空间,方便乘客上、下车时周转。

⑤要确保乘客的安全。

⑥要具有较高的可靠性。

二、车门的类型

(一)车门形式

车门形式一般采用以压缩空气为动力的风动门,也有采用电气驱动的车门,城市轨道车辆车门主要有以下几种。

图 2.4　城市轨道交通车辆车门

1.按驱动方式的不同进行区分

(1)电控风动门

电控风动门由压缩空气驱动传动汽缸,再通过机械传动系统和电气控制系统完成车门的开关动作。机械传动系统的作用将使传动汽缸活塞杆运动传递至车门,使车门动作。电气控制系统包括气动门控制、再开门控制、车门动作监视和列车控制电路联锁等内容。其作用是为了保证车门动作可靠和行车安全。

车门的电气控制系统一般采用电子控制技术,可根据乘客和司机的不同要求编制程序修改操作过程,自动监控装置具有全方位监控车门的系统、自动故障报警和记录等功能。为了防止车门夹伤乘客,现代自动车门还具有防夹功能,根据欧洲标准规定在关门时的最大挤夹力应小于 250 N。

（2）电传动门

电气驱动车门由电动机、传动装置（轴、磁性离合器、皮带轮和齿形皮带）、控制器、闭锁装置和紧急开门装置组成。齿形皮带与两个门翼相固定，闭锁和解锁所需的扭矩由电动机提供。另一种电气驱动装置为电动机通过1根左右同步的螺杆和球面支承螺母驱动滚珠摆动导向件以及与其固定的门翼。

2. 按其开启方式的不同进行区分

（1）内藏钳入式对开侧移门

内藏钳入式对开侧移门，如图2.5所示。开关车门时门翼在车辆侧墙的外墙与内护板之间的夹层内移动，传动装置设于车厢内侧车门的顶部，装有导轮的门翼可在导轨上移动并与传动装置的钢丝绳或皮带相连接，借助汽缸或电动机驱动传动机构，从而使钢丝绳或皮带带动门翼动作。车门机械装置如图2.5所示，它的主要的特点是：汽缸的尾部是铰接连接，而活塞杆的头部是球铰连接，因此整个汽缸是处于浮动状态，不会因车体变形而产生活塞在汽缸内卡死现象。每扇门叶的顶部装有4个尼龙轮，吊嵌在C字形的导轨内，只要准确地调整好尼龙轮与导轨的间隙，就可以使门叶平稳地灵活滑动。尼龙轮（上轮）与导轨的间隙一般在车两端车门的0.3 mm，而在中间的车门为0.5 mm。若门叶在运动时有跳动则可适当减少其间隙，但要保证车体在承受最大载荷时，即车体有一定挠度时，车门也能正常地开关。

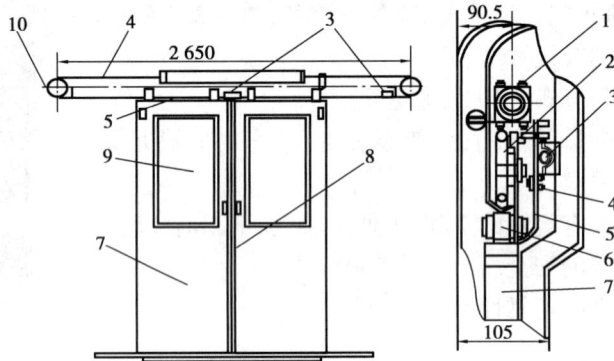

图2.5　内藏钳入式对开侧移门

1—汽缸；2—滚轮；3—行程开关；4—钢丝绳；5—导轨；
6—小滚轮；7—门页；8—橡胶密封条；9—车门玻璃；10—定滑轮

（2）外侧移门

外侧移门如图2.6所示，与上述内藏钳入式对开侧移门区别仅在于开关车门时，门翼均处于侧墙的外侧，车门驱动机构工作原理与内藏钳入式对开侧移门相同。

（3）塞拉门

塞拉门借助于车门上端的传动机构和导轨，车门开启状态时门翼贴靠在侧墙的外侧，车门在关闭状态时，门翼外表面与车体外墙成一平面，这不仅使外表美观，而且也有利于在高速行驶时减少空气阻力，如图2.7所示。车门不会因空气产生涡流产生噪声，也便于自动洗车装置对车体的清洗。在车门的上方设有门翼导轨，汽缸（或螺杆）带动连杆机构使门翼沿着导轨滑移。

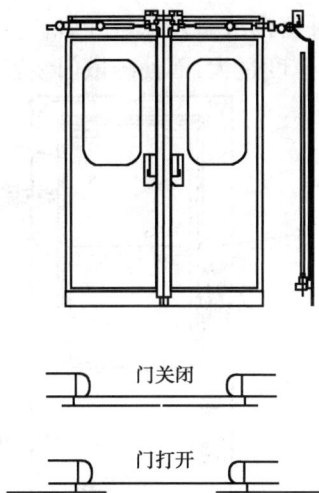

图 2.6　外侧移门

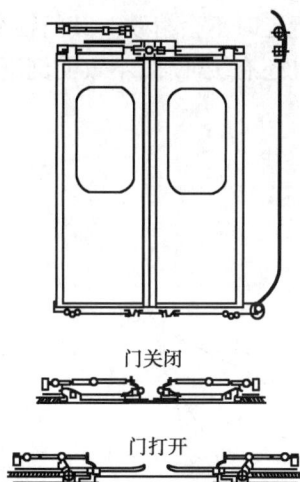

图 2.7　塞拉门

（4）外摆式车门

外摆式车门在开门时通过转轴和摆杆使车门向外摆出并贴靠在车体外墙板上，门关闭后门翼外表面与车体外墙成一平面，如图 2.8 所示。这种车门的结构特点是在开门时具有较大的门翼摆动空间。

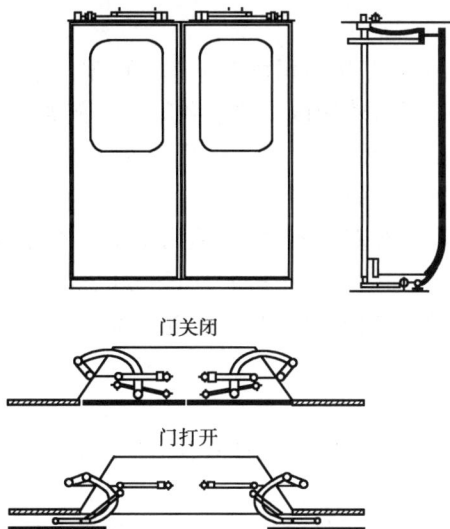

图 2.8　外摆式车门

3. 按其用途不同进行区分

按其用途的不同，车门除了客室车门以外，还有紧急疏散门和司机室车门等。

（1）紧急疏散门

列车在隧道内运行一旦发生火灾或其他险性事故时，必须疏散车上的乘客。这时司机可打开设在前后 A 车端墙中间的紧急疏散门，如图 2.9 所示，引导乘客通过紧急疏散门走向路基中央，然后向两端的车站疏散。

紧急疏散门为可伸缩的套节式踏级板，两侧设有扶手栏杆，中间铝合金踏板上涂有防滑

25

漆,故乘客在上面行走时不会滑跌。其门锁在驾驶室内或室外都可开启,一旦门锁开启车门能自动倒向路基,并且还有缓冲器,不致使倒下的加速度过大,而使疏散门装置损坏。

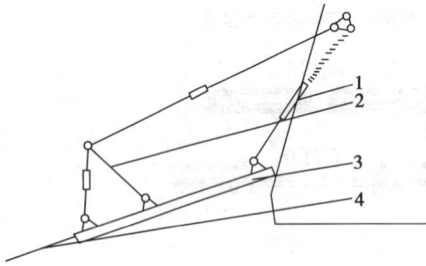

图 2.9　紧急疏散门

1—弹簧杆;2—连杆;

3—安全疏散梯;4—伸缩杆

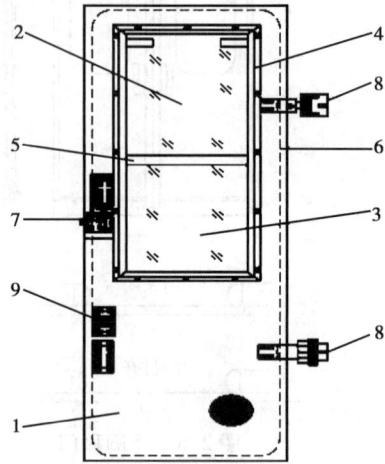

图 2.10　司机室车门

1—铝制门板;2—上部玻璃窗;3—下部玻璃窗;

4—门窗橡胶条;5—防水橡胶条;6—门框密封

橡胶条;7—门锁装置;8—上下铰链;9—手动锁

(2)司机室车门

在司机室两侧墙上各有一扇门,用于司机上下车。可采用手动塞拉门、手动折页门或内藏式滑动移门,门玻璃为活动式,门口外侧设有扶手和脚蹬。例如,单叶的内藏式滑动移门,其结构与客室车门类似,只是没有气动装置,采用人工开关,以供司机上下车,其结构组成如图2.10所示。

在司机室背墙中间有一通往客室的通道门,是司机走入客室的通道。它在客室一侧没有开门把手,乘客是不能开启这扇门的。但在其上方有一红色紧急拉手,其用途是当乘客发现司机遇突发情况时,可用紧急手柄开启通道门对司机进行抢救。

二、车门结构及系统功能

(一)车门的基本组成

对于不同类型的车门,其组成略有不同,但都包括车门悬挂及导向机构、车门驱动装置、左右门页、紧急解锁装置、乘务员钥匙开关(或称为紧急入口装置)、一套安装在车体上的密封型材等机械部件,以及电子门控单元(或气动控制单元)、电气连接、负责监测的各类行程开关、指示灯等电气或气动部件。电动塞拉门车门的结构组成如图2.11所示。

(1)门叶和定位销

门页由铝合金门板、密封橡胶条、玻璃窗、滚轮组成。每扇门叶是由两块铝合金板对折覆盖在一块铝合金挤压型材的框架上组成。框架采用焊接,面板之间用铝蜂窝粘接。每扇门页的上部设有中空玻璃门窗,玻璃四周与门板采用优质胶进行粘接,外表面与门板平齐。每个门叶的两侧都装有一个密封橡胶条,以防止水、灰尘、噪声等的进入。两门叶之间装有防夹橡胶条,以保护关门时被夹住的障碍物。

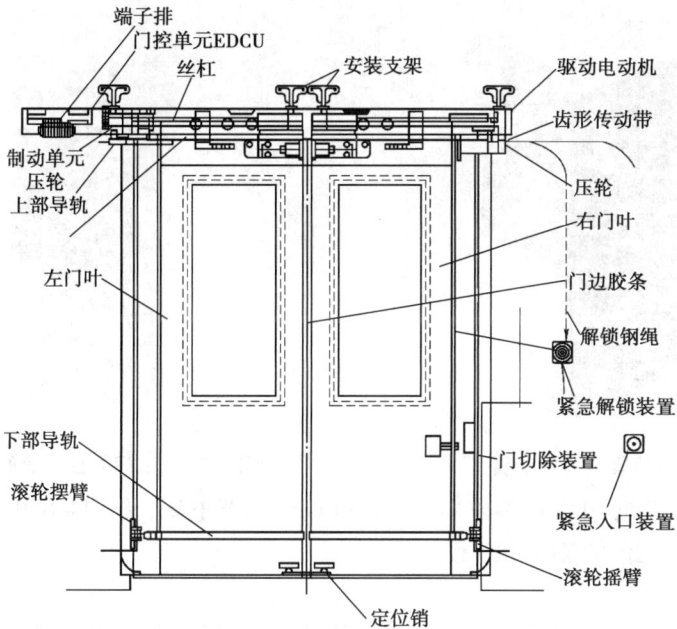

图2.11 电动塞拉门车门组成

（2）支承杆

支承杆通过一个能承载整个门机构质量的底板固定到车体上。

（3）滑车/托架

滑车可以通过滚珠轴承在导杆上滑行，同时也将来自门机械装置的力传给门叶，反之亦然。

（4）驱动电动机

门的移动主要由一个带齿轮的电动机驱动。

（5）制动单元

一个由自由轮和离合器组成的车门制动单元通过法兰连接在丝杠上。

（6）紧急解锁装置和外部紧急解锁装置

为了在紧急情况下打开客室车门，在客室内每辆车内每侧两个车门的右侧内墙上装有一个内部紧急解锁装置，如图2.12所示。每辆车每侧外部有一个车门紧急解锁装置，如图2.13所示。

（7）门切除装置

在每一对门的一扇门叶上安装有门切除装置，可以机械地切除车门，在出现故障时，工作人员可以在车内或车外通过方孔钥匙切除车门。

（8）上、下导轨

上部导轨被安装在门头机构上，托架上的滚柱沿导轨滚动。

（二）车门系统功能

1.开关门功能

车速为零速（一般低于5 km/h），当操作开门按钮时开关门信号才能接通门机构上的开关门转换继电器，从而接通开门电磁阀，给汽缸通气打开车门。

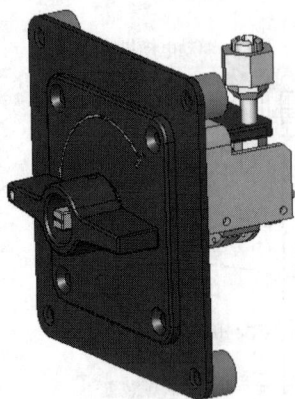

图 2.12　内部紧急解锁装置

图 2.13　车门外部紧急解锁装置

当操作关门按钮,断开开门继电器和开门辅助继电器电源,从而断开开关门转换继电器电源,接通关门电磁阀,给汽缸通气关闭车门。

2.再开闭功能

在发出关门指令后,发现车门没有完全关闭,则可通过按下再开闭按钮,使没有关到位的车门重新关闭,此时若遇到障碍物,则激活关门障碍检测功能。此时,关到位的车门不动作。

3.开关车门的缓冲功能

通过调节车门上方驱动结构中的缓冲调节节流阀可实现列车车门的开关门速度大小的调节。

4.故障隔离功能

操作门机上方的隔离锁(四角钥匙操作),在机械隔离的同时触发隔离开关,断开本车门电源,从而使开门电磁阀和关门电磁阀断电。这时电控开关门信号失效,该单个车门被隔离,车门故障隔离开关如图 2.14 所示。

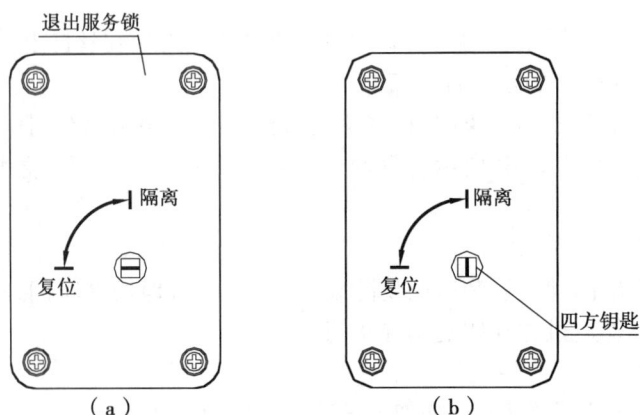

图 2.14　车门故障隔离开关
(a)解锁状态;(b)锁闭状态

5.内部及外部紧急解锁功能

当操作门机上方的紧急解锁手柄时,机械锁打开,紧急解锁开关被触发,接通紧急解锁继电器,断开关门电磁阀电源,此时就可以用手将车门打开。该功能的具体实施过程各城市地铁公司有所不同,图 2.15 所示为重庆轨道交通 1 号、6 号线地铁车辆车门内部紧急解锁装置工作状态。

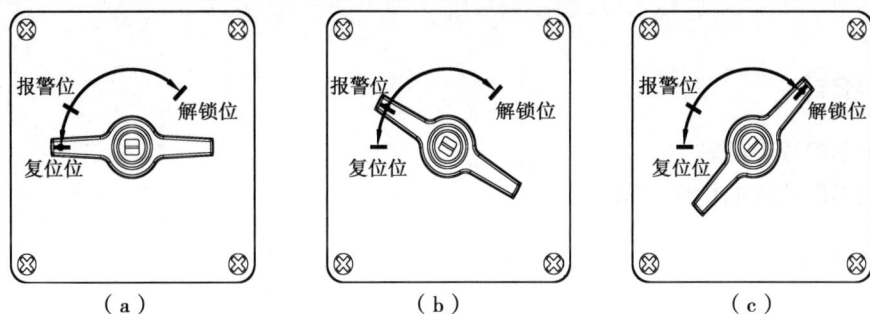

图 2.15 车门内部紧急解锁
(a)正常状态;(b)报警状态;(c)解锁状态

6.安全机械锁闭机构

门机上方设有机械锁钩,当车门关好后,机械锁钩将两扇车门锁紧。在车门打开过程中,机械锁钩先打开,松开两扇门,驱动汽缸才能将两扇车门打开。

7.零速保护功能

车门控制电路中接有零速信号,确保列车只在在零速度(车速在 5 km/h 以下)及相关条件允许时才能接通开门电路。

该零速信号在 ATO 驾驶及有 ATP 防护的人工手动驾驶时,由 ATC 车载设备提供;在无 ATP 防护的人工手动驾驶时,一般由列车牵引系统提供零速信号。

8.障碍探测功能

如果车门在关闭过程中碰到障碍物,车门可在障碍物位置自动打开,再重新关闭。如果障碍物仍然存在,则车门可循环打开再关闭。循环次数各地铁公司可根据实际运营情况进行调整,一般在 2～3 次后,障碍物仍未消除,则车门在障碍物位置上打开后保持不动。此时,司机可在清除障碍物后,操作再开闭按钮进行关门动作。

9.声音提示

开门和关门时蜂鸣器分别以不同频率鸣叫,提醒乘客车门正在开启或关闭。

10.指示灯显示

(1)车侧灯

每个车门的关门到位开关提供一组常闭触点,触点一端接电源 DC110 V,然后将本车同一侧两个车门的此触点并联后接车侧灯。当两个车门都关好时,触点都处于断开状态,侧灯熄灭;只要有一个车门未关好,侧灯点亮。

(2)门关指示灯及绿色环线

每个车门的关门到位开关提供一组常开触点,紧锁开关提供一组常闭触点串联后和隔离开关一组常开触点并联组成绿色环线。将一组车所有车门的绿色环线串联在一起组成安全回路,安全回路一端接电源 DC110 V,另一端接安全继电器,安全继电器提供一组常开触点接门关好指示灯。当所有车门都关好时,安全回路接通,安全继电器吸合点亮门关好指示灯。只要有一个车门没有关好,安全回路都无法使安全继电器吸合点亮门关好指示灯。

任务4　车门系统检修

【任务目标】

1. 了解车门故障的种类。
2. 掌握车门故障的检修方法。

【任务分析】

本任务重点是车门系统的故障原因及检修方法,难点在于查找车门系统的故障。

【知识链接】

车门系统是铁路车辆系统中使用频繁的零部件之一,在大量的使用过程中,车门系统也是较容易出现问题的地方,如何快速有效地查找车门故障并及时给予修理就显得尤为重要。

【知识描述】

车门的故障表现复杂繁多,其中既有车门气路系统、机械传动方面的问题,也有车门电气控制及信息检测系统的故障。

一、车门故障的主要因素

①从车门结构方面分析,限位开关、继电器、门槛条、护指橡胶条、开/关门按钮、橡胶止挡、驱动汽缸/电机、解锁汽缸、S 钩门锁、钢丝绳是造成车门故障的主要因素。

②从车门控制软件方面分析,EDCU 的控制系统软件是车门故障的主要因素。

③从环境方面分析,车体振动或局部变形、乘客挤靠车门、车门运行环境是造成车门故障的次要因素。

④从人为因素分析,司机误操作,乘客擅自随意启用紧急设施,检修人员水平的制约等是造成车门故障的客观因素。

二、客室车门的主要故障类型

1. 车门机械系统故障

车门机械故障主要分为两种:一种是零部件损坏故障;另一种是因机械尺寸变化而引起的故障。

零部件损坏通常可以通过更换新件解决,但如果同一类零部件损坏率较大,则应当检查是否存在系统设计问题或调整上的失误。在客流量大且集中时,由于车体挠度等因素的影响,造成车门相关部件与车体等部位干涉,从而引起车门故障,出现此类故障时应检查车门的尺寸调整是否在规定的范围之内。

2. 车门电路故障

车门电路故障主要有继电器卡滞、烧损,行程开关内部弹簧老化造成触头接触不到位等。这类故障均可通过相关车门电路分析查出并处理。

3.车门气路故障

车门气路故障主要表现在气动元件调节功能失效、漏气等,可以通过用新件替换查找故障。

三、车门典型故障分析

1.门驱动电机电路断路

故障原因及分析:门驱动电机启动,但没有检测到相符的电流值。

故障处理方法:检查电机电路、接线、EDCU输出电路和电机。

2.门锁到位开关故障

故障原因及分析:门驱动电机启动,门位置传感器检测到门移动,门锁闭开关仍指示门关到位且锁到位。

故障处理方法:调节门锁闭开关安装位置;更换门锁闭开关;检查EDCU的输入电路和接线端子排线头是否脱落。

3.门关到位开关故障

故障原因及分析:当门驱动电机触发,且门位置传感器检测到门运动,门关闭开关仍指示门关到位。

故障处理方法:调节门关闭开关安装位置;更换门关闭开关;检查EDCU的输入电路和接线端子排线头是否脱落。

4.门3秒内没有解锁

故障原因及分析:门驱动电机启动(开门方向),当在3 s后,锁闭开关依然指明门锁闭,且门位置传感器检测不到门运动。

故障处理方法:检查门驱动机构的自由运动、门的调节、安全继电器的功能和EDCU的输出电路。

5.关门障碍故障

故障原因及分析:在关门进程中连续启动预先设定次数的障碍检测,门仍没有达到关到位位置。

故障处理方法:检查门关到位、锁到位开关是否正常触发;检查车门关闭过程中有无异物阻碍。

四、车门系统的故障诊断方法

车门的故障表现复杂繁多,其中既有车门气路系统、机械传动方面的问题,也有车门电气控制及信息检测系统的故障。可通过以下3点来判断车门故障:

①通过TMS显示,司机门灯显示。

②通过客室门侧墙灯显示。

③通过动态试门。

五、城市轨道交通车辆车门的维护检修

(一)客室门检查检修

①客室门各装配部件的螺钉应紧固良好、无松动,防松线标记明显。如果螺钉松动,那么必须拆除、清洁,再涂上乐泰胶进行紧固,并重新补划防松线。

②上下导轨清洁无异物、无变形。丝杠螺母、导柱与轴承间配合良好。

③门叶外观整洁,玻璃无破损,密封良好,门叶胶条无异常磨损。门叶无变形,损伤。

④检查车门电路部分以及地线接线牢固,应无松动、无虚接。电线表面无破损。

⑤检查门控器各插头是否安插到位,通信插头紧固螺栓是否松动。连接控制线是否紧固良好,无松动。

⑥使用手动润滑枪,用3#锂基脂对下列部位进行润滑。

a. 润滑导柱和2个携门架中的直线轴承。用量:每个直线轴承及导柱用 $4\sim6$ g 润滑油。

b. 对整个丝杠和3个短导柱进行润滑:将润滑脂均匀地涂抹在丝杠和短导柱的表面上,完成后需手动开关门 $2\sim3$ 次。

c. 对上滑道圆弧处、下滑道内侧、平衡压轮周边进行润滑。

d. 用甲基硅油对门周边胶条进行润滑,在润滑后,需用一块干净的布擦干护指胶条。

注意:在涂任何新润滑剂前,必须擦干净部件上原有的润滑剂和灰尘。

⑦客室车门的测试与调整。

a. 检查测量客室车门的净开度。

b. 检查车门的"V"形情况。在门全关闭后,即两页门叶下部紧密接触,两门扇上部存在 $2\sim5$ mm 的间隙。若出现 V 形,需松开两个下滑道,保证门叶没有被滚轮摆臂组件夹持着,通过转动每个携门架安装板上的偏心轮进行调整。

c. 操作各门的紧急解锁装置后,确认制动装置的齿间间隙满足 $1.5\sim2$ mm。

d. 检查铰链板上挡卡(开口销)应装配正确,无脱落,调节锁紧螺母无松动。

e. 检查紧急解锁钢丝绳和套管、夹头等情况应正常,无损坏。若更换,则要求钢丝绳每个拐角处的半径满足 $R\geqslant200$ mm。

f. 将门槛下挡销槽清理干净,避免在关门时,影响下挡销的进出。在门关闭且锁紧后,检查门板下部挡销与门槛位置:底部间隙应为 $2\sim3$ mm,侧面间隙应为 $0.5\sim1$ mm,并且在门开关过程中,挡销不应该与门槛上的挡块碰撞,最后分别将下挡销及挡销固定螺栓打上防松线。检查挡块及门槛的安装固定情况,如果出现松动,需重新涂上乐泰胶,然后再将其紧固。

g. 将所有客室门下摆臂滚轮拆下,然后重新涂上乐泰胶,将其紧固。将所有下摆臂滚轮的防松线进行重新标记。

h. 检查及调整门到位开关位置。

• 当门处于关闭位置时,该开关处于松开的状态,测量门处于关闭位置时左右携门架组件中运动小车之间的距离为 X。手动开门,再手动慢慢地使门板位于关闭位置,关门限位开关应在距尺寸"X"还有 $(3.5+0)$ mm 时动作,若不能满足上述要求,需通过调整限位开关组件安装板的位置来完成。在门关闭后,手动门到位开关可以移动。

• 手动将门叶打开,将门到位开关用力扳到最大行程位置,检查其是否能平滑地复位,是否有卡滞现象,如果出现卡滞时需对门到位开关进行更换。

⑨检查平衡压轮。检查压轮轴的台阶与门扇上压轮槽的台阶之间的间隙满足 $1\sim2$ mm,并且门关闭后,门板相互平行,滚轮接触压板,很难转动。

⑩障碍检测功能。关门时,用截面 30 mm×60 mm 长方体或直径 30 mm 的圆柱体测试物进行检查,出现3次防挤压后,门处于完全打开状态。

⑪检查隔离锁功能。通过方形钥匙操作门右下角隔离锁,门隔离指示灯亮,并且手动可以开门。

⑫手动开关门时,检查门机构是否有卡滞现象,是否有异响;电动开关门时,门机构是否有异响。如有需对门机构进行调整。

⑬检查客室门下部门槛固定螺栓是否有松动,如有松动,需重新涂上乐泰胶,然后将其紧固。

(二)驾驶室门检查检修

①车内用旋钮开锁,并用把手将门打开,车内手动将门关上同时锁叉应处于二级啮合位置,动作正常。

②车外用保险锁钥匙打开保险,并用四方钥匙开锁,通过把手开门,车外手动将门关上,同时检查锁叉应处于二级啮合位置,一切正常。

③打开手把的罩板。

a.检查内部固定螺钉应紧固良好。

b.检查活动机构的磨耗情况。如果磨耗严重,影响正常的开关门,需对磨耗件进行更换。

c.将内锁体下端调整螺母拆下,涂上螺纹锁固胶。在调整完毕后,将调整螺母进行紧固,然后打上防松线。注:螺母调整位置为能正常的开关门即可。

d.将把手复位弹簧全部进行更换。

e.检查把手应无开焊、裂纹。

④检查玻璃是否有划伤,检查门扇胶条、玻璃胶条是否有撕裂破损现象。

⑤检查上下滑道位置以及安装固定情况是否正常;滑道应无变形,润滑情况良好。

⑥检查平衡压轮与车门的压紧情况(滚轮接触压板且很难转动)。压轮轴的台阶与门扇上压轮槽的台阶之间的间隙为 1~2 mm。检查平衡压轮的定位螺栓是否调整到位,调整后需将其紧固,并打上防松线。

⑦在门关闭且锁紧后,检查门板下部挡销与门槛位置:底部间隙为 2~3 mm,侧面间隙为 0.5~1 mm,并且在门开关过程中,挡销不应该与门槛上的挡块碰撞。检查挡块在门槛上的安装固定情况,紧固松动螺钉,最后分别将下挡销及挡销固定螺栓打上防松线。

⑧用 3#锂基脂润滑驱动机构的长圆导柱、上滑道、下滑道内侧、锁叉与锁挡的啮合面、平衡压轮周边。

⑨检查门到位行程开关及撞块的固定螺栓应紧固良好,如果出现松动,需将其紧固,并打上防松线。

⑩将驾驶室门下摆臂滚轮拆下,涂上乐泰胶,然后将其紧固,并打上防松线。下摆臂装置安装固定良好,滚轮状态正常,无异常磨损。

⑪检查驾驶室门锁挡、锁舌,应无裂纹,无卡滞,活动正常,安装良好;锁挡无开焊、无松动、无异扣现象,在关门时锁挡与锁舌啮合良好,无卡滞,轻微或用力关门时,驾驶室门都应该能够正常锁闭。

⑫将驾驶室门锁挡、锁舌进行润滑。润滑油脂用 3#锂基润滑脂。

⑬检查车门与门槛间的贴合紧密性是否良好:关门时,在门扇和门框密封胶条间夹入宽 70 mm、厚 0.3 mm 的纸条(可用两层报纸代替)应不易抽出。

⑭清洗所有车门胶条(清洗液的 pH 值为 5~9),并对胶条进行润滑(甲基硅油)。

⑮对驾驶室门进行淋雨试验,检查是否有漏雨现象。

(三)紧急逃生门的检查检修

①门外观情况良好、清洁、无损坏。

②逃生标识、操作指示清晰可见,无损坏。

③门关闭时,密封良好、胶条无损坏。

④对紧急逃生门进行淋雨试验,检查是否有漏雨现象。

实践与训练:

工作项目	城市轨道交通车辆车体结构与维修
任　　务	了解城市轨道交通车辆车门的形式、结构及功能;掌握城市轨道交通车辆车门各组成部分的典型故障种类及维修
【知识认知】	
1.简述城市轨道交通车辆客室车门的不同分类 2.简述城市轨道交通车辆电动塞拉门的结构组成 3.简述城市轨道交通车辆车门的主要故障类型及典型故障处理方法	
【技能训练】	
按照塞拉门的结构示意图,归纳出电动塞拉门的检修项目和故障处理方法 	

单元小结

城市轨道交通车辆车门根据驱动方式的不同分为电控风动门和电传动门,根据开启方式的不同分为:内藏钳入式对开侧移门、外侧移门、塞拉门、外摆式车门等;按其用途的不同,除了客室车门以外,还有紧急疏散门和司机室车门等。对于不同类型的车门,其组成略有不同,但都包括车门悬挂及导向机构、车门驱动装置、左右门页、紧急解锁装置、乘务员钥匙开关(或称为紧急入口装置)、一套安装在车体上的密封型材等机械部件,以及电子门控单元(或气动控制单元)、电气连接、负责监测的各类行程开关、指示灯等电气或气动部件。

车门的故障根据结构的不同种类比较多,也较为复杂,总的来说可分为机械系统故障,电气系统故障及气路故障等。车门的检修主要按照车门的结构和技术要求对重点部位进行检查、检测,以恢复车门的功能。

单元3　城市轨道交通车辆转向架结构与检修

任务1　城市轨道交通车辆转向架概述

【任务目标】

1. 掌握城市轨道车辆转向架的作用及组成。
2. 掌握城市轨道车辆的分类。

【任务分析】

通过本任务的学习,了解转向架的主要作用及其技术要求,重点掌握转向架的作用及组成,难点在于掌握转向架的不同分类方式。

【知识链接】

车辆转向架在车辆运行中起着非常重要的作用,其不仅承受了车体的载荷,而且传递纵向力、垂向力和横向力。转向架是支承车体并担负车辆沿着轨道走行的支承走行装置。我国城市轨道车辆根据各城市要求的不同,采用了不同类型的转向架。

【知识描述】

一、转向架的作用及特点

转向架(图3.1)作为一个独立的走行装置,它具有支承车体、承受车辆的全部质量(转向架除外)及作用在车辆上的其他方向的作用力(如横向风力、离心力、纵向车辆牵引力和列车冲击力等),并引导车辆在线路上运行的作用。

图3.1　转向架

转向架的固定轴距较小,通过车体和转向架间的配合和相对转动,能使车辆顺利地通过半径较小的曲线,大大减小了运行阻力。

转向架可以提高车辆运行的平稳性。这是因为当车辆运行在不平线路时,转向架可使车体的垂直位移量减小,使车辆运行比较平稳。同时,在转向架上可装设弹簧减震装置,以缓和或减小垂直和水平方向的振动,从而进一步提高车辆运行的平稳性。

转向架是一个独立结构,易于从车底架下推进、推出。转向架也便于检修,有利于劳动条件的改善和检修质量的提高。

转向架可保证必要的粘着,并把轮轨接触处产生的轮周牵引力传递给车体、车钩,牵引车列前进。

转向架可产生必要的制动力,以使车辆在规定的制动距离内停车。

二、转向架的组成

转向架主要由轮对、轴箱、构架、弹簧悬挂装置、中央牵引装置、驱动装置和基础制动装置等部分组成,如图 3.2 所示。

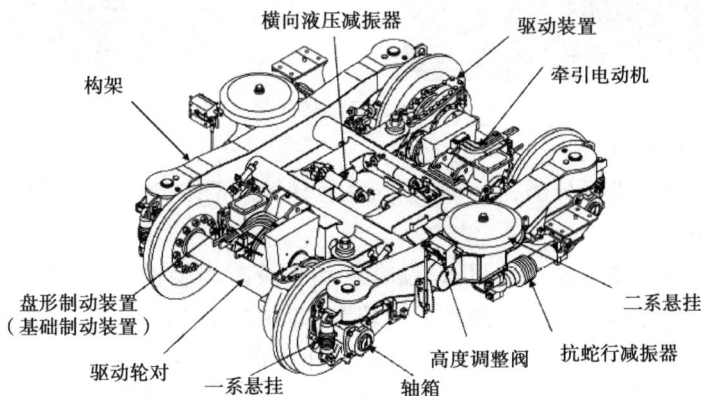

图 3.2　转向架组成

(1)轮对

轮对直接向钢轨传递车辆质量,通过轮轨间的粘着产生牵引力或制动力,并通过轮对的回转实现车辆在钢轨上的运行。

(2)轴箱

联系构架和轮对的活动关节,它除了保证轮对进行回转运动外,还能使轮对适应线路等条件,相对于构架上下、左右和前后活动。

(3)构架

转向架的骨架,承受和传递垂向力及水平力。

(4)弹簧悬挂装置

用来保证一定的轴重分配,缓和线路不平顺对车辆的冲击并保证车辆的运行平稳性。分为一系悬挂和二系悬挂。

(5)中央牵引装置

传递车体与转向架间的作用,并支撑车体实现转向架与车体之间的回转。

(6)驱动机构

将牵引装置的动力传递给轮对,从而驱动列车运行。

(7)基础制动装置

将制动缸传来的力增大若干倍后传给执行机构进行制动。

三、转向架的种类

转向架的形式很多种,一般可按下列几种方法分类。

1. 按轴数分类

按轴数进行分类,有二轴转向架、三轴转向架和四轴转向架。目前城市轨道交通车辆转向架都采用二轴转向架,如图 3.3 所示。

图 3.3　二轴转向架

2. 按弹簧装置形式分类

按弹簧装置的形式进行分类,有一系和二系悬挂转向架之分。前者适用于低速车辆,后者适用于中高速车辆。

一系弹簧悬挂在车体与轮对之间,只设有一系弹簧减震装置,如图 3.4(a)所示。二系弹簧悬挂在车体与轮对之间设有二系弹簧减震装置,即在车体与构架间设弹簧减震装置,在构架与轮对间设轴箱弹簧减震装置,两者相互串联,使车体的振动经历两次弹簧减震地衰减,如图 3.4(b)所示。目前城市轨道交通车辆转向架大都采用二系悬挂结构。一系悬挂装置 100 km/h 及以下车辆一般采用圆锥叠层橡胶弹簧,100 km/h 以上一般采用圆弹簧。二系悬挂装置主要由空气弹簧、高度调整装置和安全钢索 3 个部分组成,各部分配合共同完成转向架的二系悬挂功能。

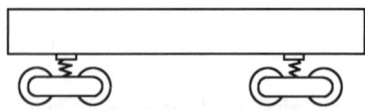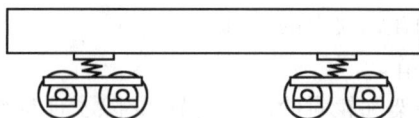

（a） （b）

图 3.4　弹簧悬挂

（a）一系悬挂;（b）二系悬挂

3. 按轴箱定位形式分类

所谓轴箱定位装置是指轴承在内侧定位轴箱,轴箱与其所安装的轴弹簧转向架的侧梁进行上下运动,同时在前后和左右方向上固定定位转向架构架的装置。

4. 按车体与转向架的连接装置形式分类

按车体与转向架的连接装置形式进行分类,可分为心盘集中承载、非心盘承载和心盘部分承载转向架。

（1）心盘集中承载

车体的全部质量通过前后两个上心盘分别传递给前后转向架的两个下心盘,如图3.5(a)所示。

（2）非心盘承载

非心盘承载如图 3.5(b)所示。

（3）心盘部分承载

车体上部质量按一定比例分配,分别传递给心盘和旁承,使它们共同承载,如图 3.5(c)所示。

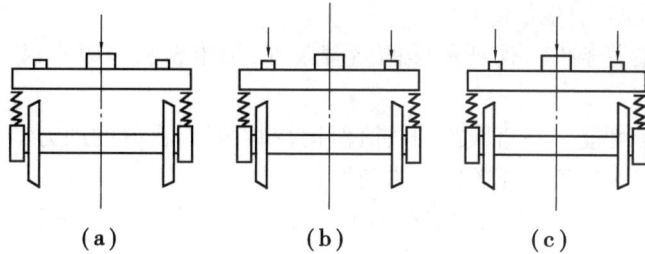

图 3.5　按车体与转向架的连接装置形式分类

（a）心盘集中承载;（b）非心盘承载;（c）心盘部分承载

5. 按有无动力装置分类

按有无动力装置进行分类,转向架分为动车转向架,如图 3.6 所示,即转向架安装有牵引电机及驱动装置,没有动力装置的转向架称为拖车转向架,如图 3.7 所示。

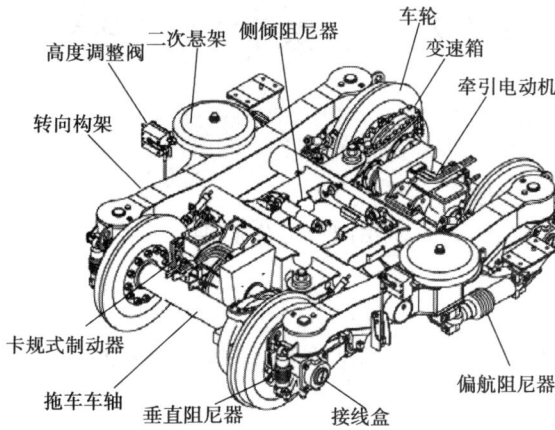

图 3.6　动车转向架

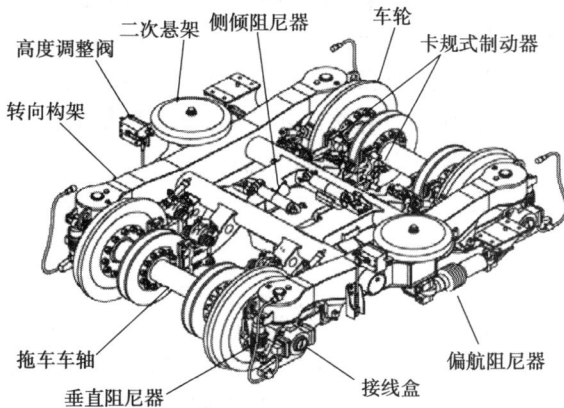

图 3.7　拖车转向架

四、转向架主要技术要求

转向架是车辆的主要组成部分之一。它用来传递各种载荷,并利用轮轨间的粘着保证牵引力的产生。转向架结构性能的好坏,直接影响车辆的牵引能力、运行品质、轮轨的磨耗和列车的安全。转向架应具有的技术要求是:

①保证最佳的粘着条件。保证最佳的粘着条件,轴重转移尽量小,以满足提高牵引力的要求。

②良好的动力学性能。在直线或曲线区段运行时,具有良好的动力学性能,尽可能减小对线路的动作用力和减少轨道及车轮的应力与磨耗。

③自重轻,工艺简易。转向架构架在满足强度和刚度要求的前提下,尽可能减轻自重,制造工艺简易,各梁之间不允许用螺栓连接。

④良好的可接近性。要求转向架各部分具有良好的可接近性,在保证运用可靠的前提下,结构简单,采用无磨耗及不需维修的结构形式,以减少维修工作量及延长两次维修间的走行里程数。

⑤零部件材质统一。在设计转向架时,要求各零部件结构和材质尽可能统一化。

任务 2　转向架基本结构与原理

【任务目标】

1. 掌握转向架的结构组成。
2. 掌握转向架各组成部分的主要作用及工作原理。

【任务分析】

本任务重点在于掌握转向架的基本结构组成,难点在于各部分工作原理的掌握。

【知识链接】

为了便于通过曲线,在车体和转向架之间设有心盘或回转轴,转向架可以绕心盘或回转轴相对车体转动。由于车辆在线路上运行时通过道岔、弯道及车辆加速、减速等原因会产生各种冲击和振动,为了改善车辆的运行品质和满足运行要求,在转向架上设有弹簧减震装置和制动装置。对于动车,转向架上还装有牵引电动机和减速机构,将牵引电动机的转矩通过齿轮转动传递给轮对,转化为列车前进的牵引力,以驱动车辆运行。

【知识描述】

一、构架

构架是转向架的基础,如图 3.8 所示,它把转向架的零部件组成一个整体。故它不仅承受、传递载荷及作用力,而且它的结构、形状和尺寸都应满足零部件组装的要求。

构架分为动车转向架构架和拖车转向架构架,它们主要结构相同,区别主要在于所安装的设备的不同而有所差别,如动车构架带有电机吊座、齿轮箱吊台等。图 3.8 所示为南京地铁动车转向架构架,钢板焊接结构的箱形侧梁及横梁,其上焊接有转向架各附件的安装座。

二、轮对轴箱装置

轮对轴箱装置主要包含车轮、车轴、轴箱组成、轴箱弹簧等,又可分为轮对组成、轴箱组成和一系悬挂装置 3 个部分,如图 3.9 所示。

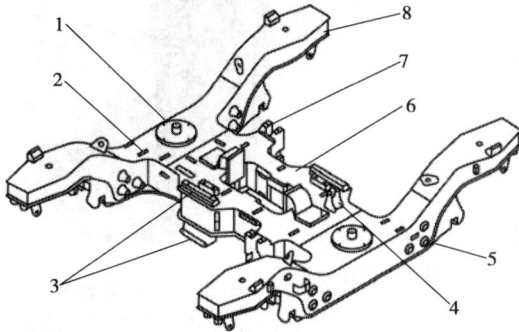

图 3.8 动车转向架构架

1—空气簧接口;2—管道支架;3—电动机连接件;
4—横向缓冲器托架;5—制动装置连接;
6—横向构件;7—扭接连杆托架;8—侧构架

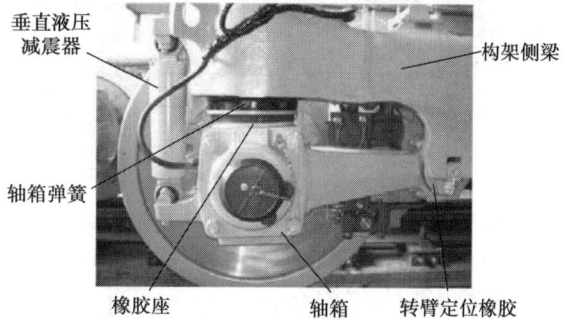

图 3.9 轮对轴箱装置

(一)轮对的组成及作用

轮对是转向架中重要的部件之一。它的功用是最终承受车辆的自重与载重(轮对本身质量除外),并以其在钢轨上滚动完成车辆的运行。轮对由 1 根车轴和 2 个车轮组成,如图 3.10 所示。在轮轴接合部位采用过盈配合,使两者牢固地结合在一起,为保证安全,绝不允许有任何松动现象发生。

轮对分为动车转向架用和拖车转向架用。动车转向架用轮对由车轴、车轮(带有制动盘,简称轮盘)、齿轮装置及轴承构成。拖车转向架用轮对由车轴、车轮(也带有制动盘,简称轮盘或带有轴制动盘,简称轴盘)及轴承构成。轮盘以外的车轮、大齿轮、轴盘及轴承等为确保安全性和可靠性采用冷压法压装到车轴上。

图 3.10 轮对

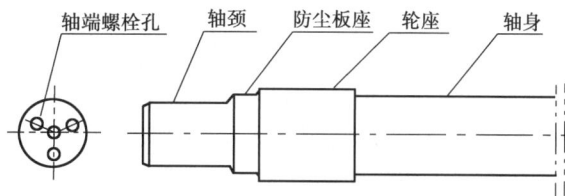

图 3.11 车轴各部分名称

1. 车轴

车轴是轮对的主要部件,它除与车轮组成轮对外,两端还要与轴箱油润装置配合,保证车辆安全运行,车轴各组成部分如图 3.11 所示。按其使用轴承的不同,车轴分为滑动轴承车轴和滚动轴承车轴。目前,我国城市轨道车辆轮对全部采用滚动轴承及滚动轴承车轴。

(1)轴端螺栓孔

安装轴承前盖或压板,防止滚动轴承外移窜出。

（2）轴颈

安放轴承，承受垂直载荷。

（3）防尘挡圈座

安装防尘挡圈并限制滚动轴承后移。

（4）轮座

固定车轮，是车轴的最大受力部分。

（5）轴身

车轴中间连接部分。

2. 车轮

车轮是车辆最终受力配件，其形状如图 3.12 所示。它把车辆的载荷传给钢轨，并在钢轨上转动，完成车辆的运行。其性能的好坏将直接影响行车安全。

我国轨道交通车辆主要采用的是辗钢整体车轮，简称辗钢轮，车轮轮径为 840 mm。

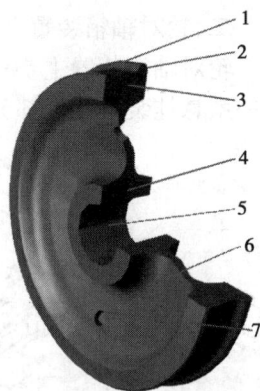

图 3.12 车轮形状

1—踏面；2—轮缘；3—轮辋；

4—轮毂；5—轮毂孔；

6—辐板；7—辐板孔

（1）踏面

车轮与钢轨面相接触的外圆周面，具有一定的斜度，如图 3.13 所示。踏面与轨面在一定的摩擦力下完成滚动运行。车轮踏面需要做成一定的斜度，踏面呈锥形，踏面做成锥形的原因如下。

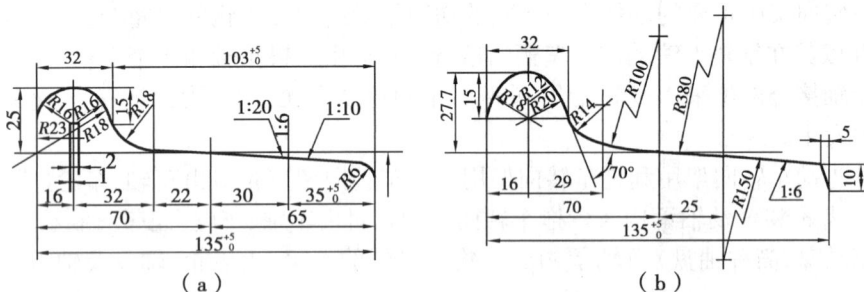

图 3.13 车轮踏面结构

（a）锥形踏面；（b）磨耗形踏面

①便于通过曲线。车辆在曲线上运行，由于离心力作用，轮对偏向外轨，由于踏面锥形的存在，外轨上滚动的车轮滚动圆直径较大，而沿内轨滚动的车轮滚动圆直径较小，这正好和曲线区间线路外轨长，内轨短相适应，使轮对顺利通过曲线，减少车轮在钢轨上的滑行。

②在直线上运行时轮对能自动调中。车轮在直线线路上运行时，如果车辆中心线与轨道中心线不一致，则轮对在滚动过程中能自动纠正偏离位置。

③使磨耗踏面更为均匀。由于踏面与钢轨接触面的滚动直径在不断变化，致使轮轨的接触点也在不断地变换位置，从而使踏面磨耗沿宽度方向比较均匀。

城市轨道交通车辆踏面多采用磨耗形踏面，磨耗形踏面是在锥形踏面的基础上，一开始就把车轮踏面做成类似磨耗后的稳定形状，即磨耗形踏面。磨耗形踏面相比锥形踏面在相同的行走里程下，可明显减少踏面的磨耗量，延长了轮对的使用寿命，减少了换轮、选轮的工作。同时，磨耗形踏面可减小轮轨接触应力，提高车辆运行的横向稳定性和抗脱轨安全性。

（2）轮缘

车轮内侧面的径向圆周突起部分称为轮缘。其作用是防止轮对脱轨，保证车辆在直线和曲线上安全运行。

（3）轮辋

车轮具有完整踏面的径向厚度部分，以保证踏面内具有足够的强度同时也便于加修踏面。

（4）轮毂

车轮中心圆周部分，固定在车轴轮座上，是车轮整个结构的主干与支承。

（5）轮毂孔

用于安装车轴，该孔与车轴轮座部分直接固结在一起。

（6）轮辐板

连接轮辋与轮毂的部分，呈板状者称为辐板，辐板呈曲面状，使车轮具有某些弹性，则力在传递时较为缓和。

（7）辐板孔

为了便于加工和吊装轮对而设，每个车轮上有两个。现在由于用途不大且易在其周围产生裂纹，同时还影响车轮的平衡性能，故在 S 形辐板车轮上已取消。

（二）轴箱装置

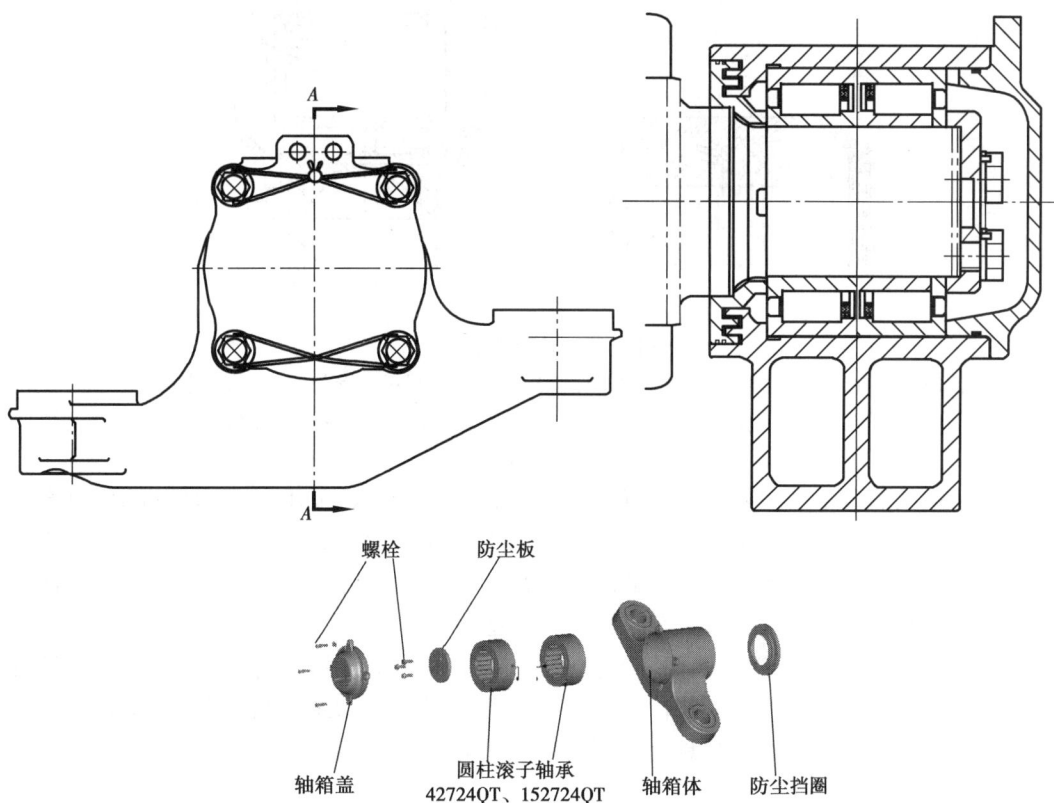

图 3.14 滚动轴承轴箱

1. 轴箱装置的作用

轴箱装置装在车轴两端的轴颈上，由轴箱和轮对轴承组成。其作用是将轮对和构架联系在一起，使轮对沿钢轨的滚动转化为车体沿轨道的直线运动，并将全部簧上载荷传给车轴，将

来自轮对的牵引力或制动力传到构架上去。此外,它还传递轮对与构架间的横向和纵向作用力。

轴箱对构架是个活动关节。轴箱与构架的连接方式对车辆的运行品质有很大影响,这一连接通常称为轴箱定位。轴箱定位应保证轴箱能够相对于转向架构架在弹簧振动时作垂向运动,在车辆通过曲线时还能进行少量横移。

2.轴箱装置的组成

轴箱装置有滚动轴承轴箱和滑动轴承轴箱之分。由于滚动轴承具有启动阻力小、游隙小、维护方便、节油和节省有色金属等一系列优点,所以现代车辆上都采用滚动轴承轴箱,如图3.14所示。

滚动轴承轴箱按滚动体形状分类主要有圆柱滚动轴承、圆锥滚动轴承、球面滚动轴承等几种。由于轴承在车辆运行中承受着巨大的静、动载荷的作用,因此,要求轴承的承载能力大、强度高、耐振、耐冲击、寿命长等。一般城轨车辆都采用了圆柱滚动轴承或圆锥滚动轴承,如图3.15所示。

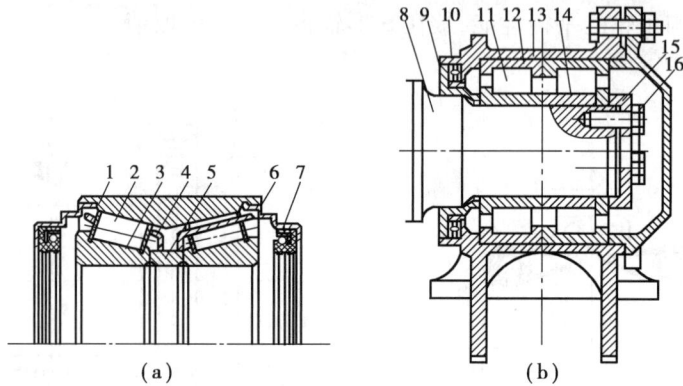

图 3.15　轴箱轴承

1,12—外圈;2—滚子;3,14—内圈;4—保持架;5—中隔圈;6—密封圈;7,10—密封;
8—车轴;9—防尘挡圈;11—滚柱;13—轴箱;15—内圈压板;16—轴箱盖
(a)圆锥滚动形轴承;(b)圆柱滚动轴承

圆柱滚动轴承的滚子是圆柱形的,一般属于双列分体式轴承,采用聚合物保持架,用迷宫环对润滑脂非接触式密封。轴承滚子既能承受径向力,又能承受轴向力。圆柱滚子轴承的轴向力主要靠滚子断面和挡边承受,滚子端面与挡边之间的摩擦是滑动摩擦,摩擦力较大,容易导致轴温升高,降低润滑脂使用寿命,轴承使用寿命也会受到影响。

圆锥滚动轴承采用圆锥滚子,一般为整体式轴承,也采用聚合物保持架,其主要轴向载荷由滚道承受。一般采用传统的接触式橡胶密封,即卡紧式密封件,因而提高了润滑脂对污染的防护能力,延长了油脂寿命,并承受具有更好的性能和更长的寿命。

3.轴承装置横向力传递顺序

右端:车轴→防尘挡圈→轴承内圈→滚子→轴承外圈→轴箱→转向架→车体。

左端:车轴→螺栓→内圈压板→轴承内圈→滚子→轴承外圈→轴箱后盖→螺栓→轴箱→转向架→车体。

4.轴承游隙

轴承径向游隙对轴承工作性能有着重要的影响,每一种轴承在一定的作用条件下,都有最佳的径向游隙,使轴承寿命高,摩擦阻力小,磨损小。

径向游隙分为原始游隙、配合游隙和工作游隙。原始游隙是未装配的轴承内外圈间的径向游隙;轴承装配后,内圈胀大,径向游隙减少;轴承工作后,随着温度的升高,润滑油膜形成,径向游隙还要进一步减少。游隙过小,会使轴承工作温度升高,不利于润滑,影响力的正常传递,甚至会使滚子卡死;游隙过大,使轴承压力面积减少,压强增大,使轴承寿命减少,振动与噪声增大。所以,选择合适的径向游隙是重要的。一般载荷大的轴承要求游隙较大,圆柱滚子轴承原始径向游隙一般为 0.11 ~ 0.19 mm。

轴承轴向游隙的作用是避免滚子端部与内外圈挡边经常接触,所以轴向游隙也不宜过小,一般在成对圆柱轴承轴向游隙为 0.8 ~ 1.4 mm。

5. 滚动轴承润滑脂

润滑油性能直接影响轴承性能和使用寿命。润滑性能良好,可以减少轴承磨耗,降低车辆运行阻力,防止燃轴。列车检修时要注意检查润滑脂状态,如有结块、明显融化、发臭等现象,应拆下轴承检查并更换润滑脂。在更换润滑脂时要注意其填充量,通常润滑脂填充量为轴承内自由空间的30% ~ 50%。若填充过多,在高速情况下,特别容易引起轴承温度升高,油脂融化并可能导致燃轴。

6. 轴向定位装置

所谓轴向定位装置是指轴承在内侧定位轴箱,轴箱与其所安装的轴弹簧转向架的侧梁进行上下运动,同时在前后和左右方向上固定定位转向架构架的装置。它对转向架的横向动力性能、抑制蛇行运动具有决定性作用。轴向定位装置在纵向和横向具有适当的弹性定位刚度值,从而可避免车辆在运行速度范围内蛇行运动失稳,保证在曲线运行时具有良好的导向性能,减轻轮缘与钢轨的磨耗和噪声,确保运行安全和平稳性。

常见的定位装置的结构形式有以下几种。

(1)拉板式定位

用特种弹簧钢材制成的薄片形定位拉板,其一端与轴箱连接,另一端通过橡胶节点与构架相连。利用拉板在纵、横向的不同刚度来约束构架与轴箱的相对运动,以实现弹性定位。拉板上下弯曲刚度小,对轴箱与构架上下方向的相对位移约束很小,其结构如图 3.16(a)所示。

(2)拉杆式定位

拉杆的两端分别与构架和轴箱销接,拉杆两端的橡胶垫、套分别限制轴箱与构架之间的横向与纵向的相对位移,实现弹性定位。拉杆允许轴箱与构架在上下方向有较大的相对位移。其结构如图 3.16(b)所示。

(3)转臂式定位

转臂式定位又称弹性铰定位,定位转臂的一端与圆筒形轴箱体固接,另一端以橡胶弹性节点与构架上的安装座相连接。弹性节点允许轴箱与构架在上下方向有较大的位移,弹性节点内的橡胶件设计成使轴箱在纵向和横向具有适宜的不同的定位刚度的要求,如图 3.17(a)所示。

(4)层叠式橡胶弹簧定位

在构架与轴箱之间装设压剪型层叠式橡胶弹簧,其垂向刚度较小,使轴箱相对构架有较大的上、下方向位移,而它的纵、横向有适宜的刚度,以实现良好的弹性定位,如图 3.17(b)所示。

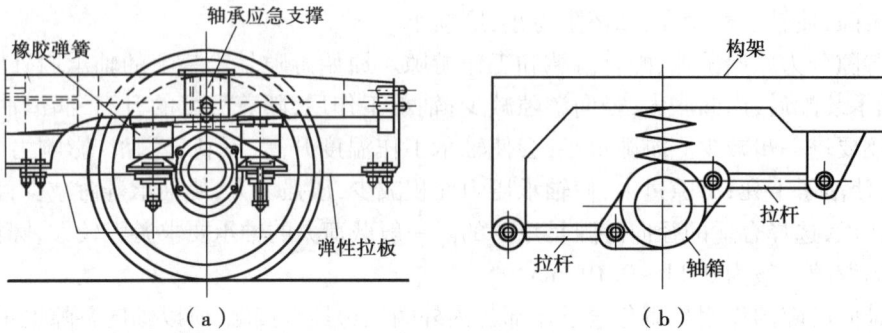

图 3.16　拉板式和拉杆式轴箱定位

(a)拉板式轴箱定位;(b)拉杆式轴箱定位

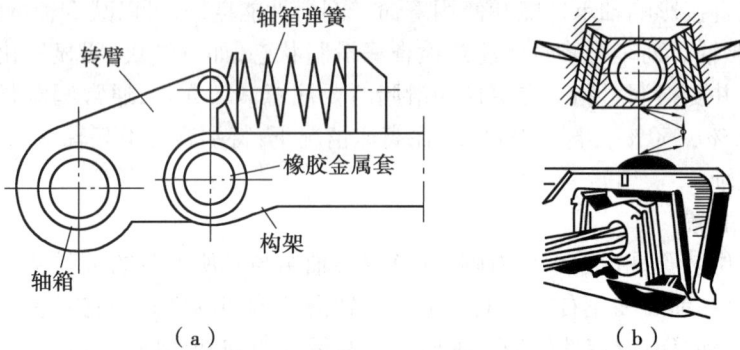

图 3.17　转臂式轴箱定位和层叠式橡胶弹簧定位

(a)转臂式轴箱定位;(b)层叠式橡胶弹簧定位

(5)导柱定位

安装在构架上的导柱及坐落在轴箱弹簧托盘上的支持环均装有磨耗套,导柱插入支持环,当构架与轴箱之间发生上、下运动时,两磨耗套产生干摩擦,它的定位作用是通过导柱与支持环传递纵向力和横向力,再通过轴箱橡胶垫产生不同方向的剪切变形,实现弹性定位作用,如图 3.18 所示。

以上所述的定位方式,其中前 4 种均为无磨耗的轴箱弹性定位装置,通过对橡胶金属弹性铰或弹性节点的设计,可以实现轴箱纵、横向不同定位刚度的要求,达到较为理想的定位性能。我国新型城轨车辆较多采用层叠式橡胶弹簧轴箱定位。

轴箱装置是日常检查的重点内容之一,其主要破坏形式是:轴承烧损、轴箱弹簧裂纹(橡胶弹簧的老化、龟裂等)、轴箱体裂纹及轴箱定位破坏等。

三、弹性悬挂装置

弹性悬挂装置按作用分为缓冲装置(中央弹簧、轴箱弹簧)、减震装置(垂向、横向、纵向和抗蛇行减震器)和定位装置(轴箱定位、中央定位、抗侧滚扭杆)。按安装位置分:一系悬挂[一系悬挂(Primary suspension)也称轴箱弹簧装置,主要包括轴箱弹簧、垂向液压减震器和转臂定位橡胶套等]、二系悬挂装置[主要包括空气弹簧系统、中心牵引销及牵引拉杆、横向弹性止挡、横向和纵向液压减震器(即抗蛇行减震器)和高度调整装置等]。

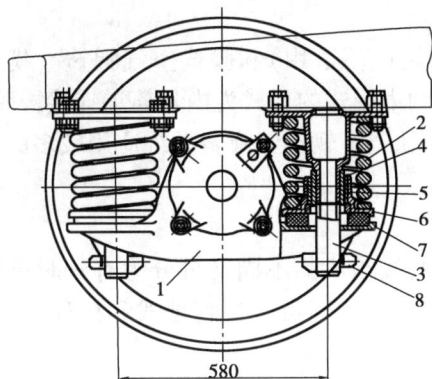

图 3.18　导柱定位

图 3.19　轴箱圆弹簧

1—轴箱;2——系弹簧;3—弹簧支柱;4—内定位套;
5—外定位套;6—支持环;7—橡胶缓冲垫;8—扁销

(一)轴箱弹簧装置

轴箱弹簧装置如图 3.18 所示,被安装在轴箱和转向构架之间。轴箱弹簧装置在将车体质量分配给各车轮的同时缓冲车轮/轴箱的各种振动,该弹簧参数是经过优化选定的,主要是为了改善车体的乘坐舒适度。

轴弹簧装置包括一个圆簧组(由内、外弹簧组成)、弹簧座(上、下)、橡胶座、绝缘座、转臂定位橡胶套和处于每个车轮位置处的垂向减震器。圆簧组如图 3.19 所示传递垂直方向的力,应通过调整垫片调整圆簧组以使每个车轮的载荷均匀。圆簧采用冷轧钢制成并经过喷丸处理以使韧性更强。轴箱弹簧组由内、外两圈圆弹簧组成,但内、外弹簧的旋向相反。

圆柱压缩螺旋弹簧两端各有 3/4 圈的支撑圈。其主要参数包括:簧条直径 d,弹簧平均直径 D,有效圈数 n,总圈数 N,弹簧全压缩高度 H_{min},弹簧自由高度 H_0,弹簧指数 $m = D/d$,垂向静挠度 f_v 和垂向刚度 K_v 等。

(二)空气弹簧系统

1.空气弹簧系统组成

空气弹簧系统由空气弹簧本体、高度控制阀、差压阀、附加气室、滤清器等组成,如图 3.20 所示。

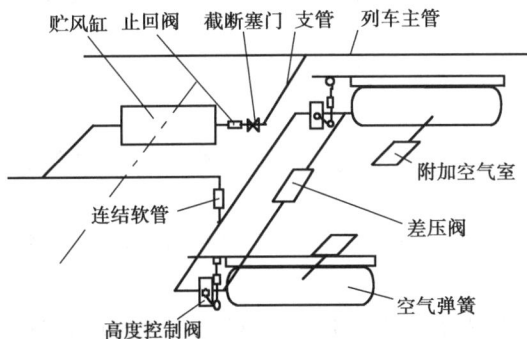

图 3.20　空气弹簧系统组成

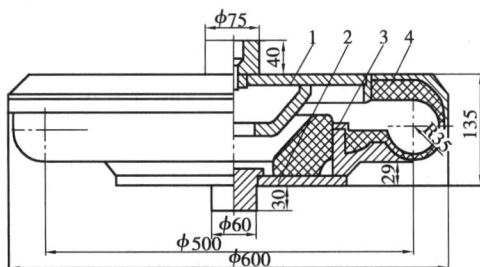

图 3.21　自由膜式空气弹簧

1—上盖板;2—下盖板;3—碗形橡胶垫;4—橡胶囊

（1）空气弹簧本体

空气弹簧本体分为囊式空气弹簧（现在车辆已不适用）和膜式空气弹簧。膜式空气弹簧又分为约束膜式和自由膜式，如图 3.21 所示，约束膜式的形式为内外筒加连接橡胶囊；自由膜式的形式为上、下盖板加连接橡胶囊，目前城市轨道车辆空气弹簧系统应用较多的是自由膜式空气弹簧。

（2）高度控制阀

高度控制阀一般分为机械式和电磁式两种；按组成的不同又可分为有延时机构和无延时机构；按引起高度控制阀产生进、排气作用的传动方式还可分为直顶式和杠杆式等，其组成如图 3.22 所示。

高度控制阀的工作原理：由于车体载荷增加（或减少），空气弹簧被压缩（或伸长）使空气弹簧降低（或增高）。随之，车体距轨面高度发生改变，高度控制机构使进、排气机构工作，向空气弹簧充气（或排气），当空气弹簧的内压与所承受的静载荷相平衡时，空气弹簧恢复到原来的高度，高度控制机构停止工作，进、排气机构处于关闭状态，充气（或排气）停止。

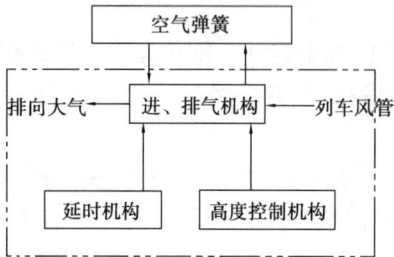

图 3.22 高度控制阀组成

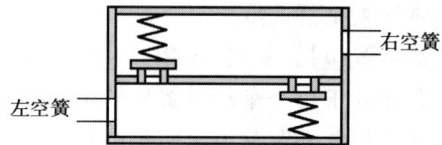

图 3.23 差压阀工作原理

（3）差压阀

差压阀是保证一个转向架两侧空气弹簧的内压之差，不能超过为保证行车安全规定的某一定值，若超出时，则差压阀自动沟通左右两侧的空气弹簧，使压差维持在该定值以下。差压阀在空气弹簧悬挂系统装置中起安全保证作用。

2. 空气弹簧系统工作原理

空气弹簧系统能够实现以下几项功能。

①压力空气缓冲。由压力空气实现。列车管→空气弹簧风缸→空气弹簧主管→空气弹簧连接管→高度控制阀→空气弹簧本体和附加气室。

②变压力、变刚度、等高度。由高度控制阀实现。2 条通路，3 个位置。

A. 保压：正常载荷时，$R=A$，进排气通路均关闭，保压。

B. 充气：增载时，车体下沉，$A<R$，进气阀打开，充气增压使车体上浮至 $A=R$，进气阀关闭。

C. 放气：减载时，车体上浮，$A>R$，排气阀打开，放气减压使车体下沉至 $A=R$，排气阀关闭。

③压差控制防倾覆。由差压阀实现。差压阀连通左右两空气弹簧，一侧空气弹簧爆裂时，另一侧空气弹簧自动放气，以防车体倾覆。

④节流减震。由气嘴实现。气嘴节流减震代替垂向减震器。

初次启动列车时,二系悬挂空气弹簧气囊不充气。高度调整阀将运行以压缩空气可从 AS 流动进入气囊并使气囊膨胀。一旦达到了合适的地板高度,高度调整阀使压缩空气停止流入气囊从而将地板高度保持在稳定值。如果列车上乘客减少或位置移动而气囊过分膨胀,高度调整阀将运行以降低气囊内空气压力直到达到正常的地板高度。每只转向架的两只气囊(即左右横梁)都通过差动阀相连。如果气囊突然破裂或毁坏,差动阀将运行使转向架的两只气囊压力保持平衡。这可防止客车由于一只气囊充气而另一只气囊没有充气而向一边严重倾斜。

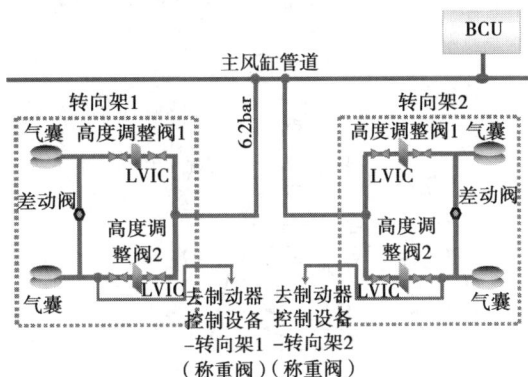

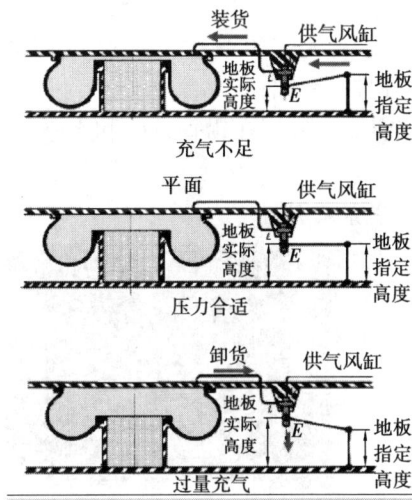

图 3.24 空气弹簧系统工作原理图

(三)橡胶弹簧

弹簧悬挂装置的好坏,在很大程度上决定了走行性能的优劣。在现代车辆上,橡胶元件在车辆上得到了越来越广泛的应用,常常用于转向架弹簧减震装置和轴箱定位装置、钢弹簧支承面上的橡胶缓冲垫以及各种衬套、止挡等。橡胶弹簧之所以得到了广泛的应用,是由于橡胶具有以下特性。

①橡胶弹簧的优点。能衰减震动,隔离噪声。橡胶是通过内摩擦起衰减作用的,特别具有吸收高频振动的优异特性。质量轻,比重仅为钢的1/3。与钢弹簧相比,它的单位质量所吸收的变形能较大。

②橡胶弹簧的缺点。制造工艺复杂,小量生产时成本较高;性能误差大,工作温度大于600 ℃会逐渐老化,温度过低又会变硬脆化。某些合成橡胶对天然橡胶的耐高温、耐油性能的不足能给予改善。

(四)扭杆弹簧

扭杆弹簧是一根弹性杆,它只阻止车体侧滚,不妨碍其垂向振动。其工作原理为:两端装于构架上的轴套内,中间与簧上部分/铰接。车体侧滚时:扭杆的转臂反向运动产生复原力矩,从而阻止车体侧滚;正常时:扭杆转臂同向运动,扭杆自由转动。

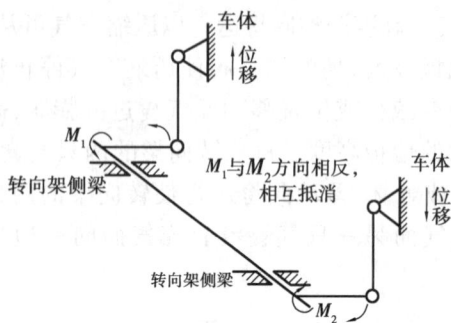

图 3.25　扭杆弹簧工作原理

（五）减震元件

减震器一般用在铅垂方向和水平方向（横向或纵向）。减震器有摩擦减震器和液压减震器两种。

1. 摩擦减震器

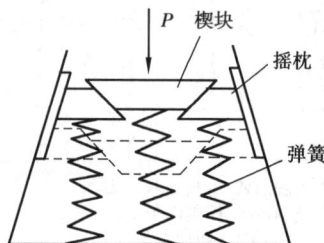

图 3.26　摩擦减震器

摩擦减震器是借摩擦面的相对滑动产生阻尼的减震器。摩擦减震器结构简单，成本低，制造维修比较方便。缺点是摩擦力随表面状态的改变而变化。由于摩擦力与振动速度基本上无关，所以可能出现这样的情况：不是低速时表现为阻尼过大，影响弹簧的灵敏度，就是在较高速度下表现为阻尼不足，振幅过大。

2. 液压减震器

液压减震器主要是利用液体黏滞阻力做负功来吸收振动能量。一般液压减震器的阻尼特性为线性，即阻力与振动速度一次方成比例。液压减震器的优点在于它的阻力是振动速度的函数，因此它有较好的减震性能，得到广泛应用。液压减震器一般主要由活塞、进油阀、缸端密封、上下联结、油缸、储油筒及防尘罩等部分组成，其结构如图 3.27 所示。

活塞部分是产生阻力的主要部分。进油阀部分装在油缸的下端，是补充和排出油液的一个通道。油缸端部有专门的密封结构，一方面在活塞上下运动时起导向作用，使活塞中心和油缸中心线路始终保持一致；另一方面，防止油液流出和灰尘流入减震器内，影响减震器正常工作。上下联结是油压减震器上下两端与转向架的摇枕和弹簧托板上的安装座相联结的部分。

液压减震器工作原理如图 3.28 所示，活塞把油缸分成上下两个部分，当车体振动时，活塞杆随车体运动，与油缸之间产生上下方向的相对位移。当活塞杆向上运动时（即减震器为拉伸状态），油缸上部油液的压力增大，这样，上下两部分油液的压差迫使上部部分油液经过心阀的节流孔流入缸下部。油液通过节流孔时产生阻力，该阻力的大小与油液的流速、节流孔的形状和孔径的大小有关。当活塞杆向下运动时（即减震器为压缩状态），受到活塞压力的下部

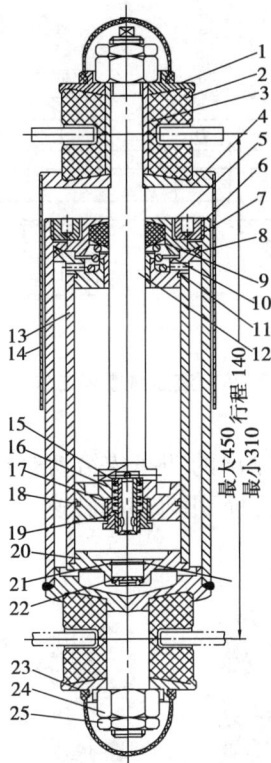

图 3.27　油压减震器的组成

1—压板;2—橡胶垫;3—套;4—防尘罩;5,8—密封圈;6—螺盖;7—密封盖;9—密封托垫;
10—密封弹簧;11—缸端盖;12—活塞杆;13—缸体;14—储油筒;15—芯阀;16—芯阀弹簧;
17—阀座;18—涨圈;19—阀套;20—进油阀体;21—锁环;22—阀瓣;23—防锈帽;24,25—螺母

油液通过心阀的节流孔流入油缸上部,也产生阻力。因此,在车辆振动时液压减震器起了减震作用。

以上讨论的情况只有在活塞杆不占据油缸体积的条件下才是合适的,但实际上活塞杆具有一定的体积,当活塞上下运动时,使得油缸上部和下部体积的变化是不相等的。

设油缸直径为 D,活塞杆直径为 d,若活塞杆从初始位置Ⅰ向下移动距离 s 后达到位置Ⅱ。这样,油缸下部体积缩小 $\frac{1}{4}\pi D^2 s$,而上部体积增大 $\frac{1}{4}(D^2-d^2)\pi s$,上下两部分体积之差为 $\frac{1}{4}\pi d^2 s$,下部排出的油液多于上部所需补充的量。为保证减震器的正常工作,在油缸外增加一储油筒,在油缸底部设有进油阀,当活塞杆由Ⅰ向Ⅱ位置运动时,油缸下部油液压力增大,迫使阀瓣紧紧扣在进油阀体上,同时,多余的油液通过阀瓣中间的节流孔流入储油筒,使减震器正常工作。反之,活塞杆向上运动,则上部因体积缩小而排出的油液量将填充下部因体积增大而需要的油量,所欠油量从储油筒经进油阀(阀瓣处于抬起状态)进入油缸下部,使减震器正常工作。

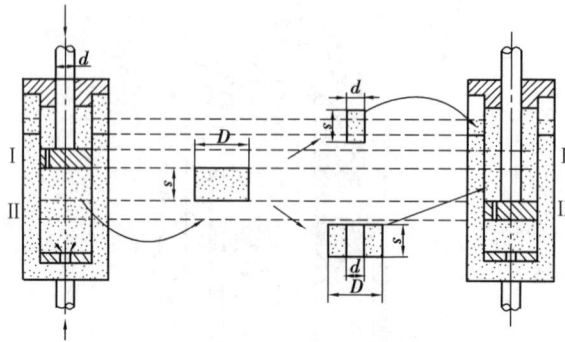

图 3.28　液压减震器工作原理

四、驱动装置

驱动机构的作用是将传动装置输出的功率传给动轮对转向架驱动装置如图 3.29 所示。电传动车辆的驱动机构是一种减速装置，用来使高转速、小扭矩的牵引电动机驱动阻力矩较大的动轴。

（a）　　　　　　　　　　　（b）

图 3.29　转向架驱动装置
（a）驱动电机；（b）齿轮减速箱

电传动车辆对驱动机构的要求为：驱动机构应保证能使牵引电动机功率得到发挥；电枢轴应尽量与车轴布置在同一高度上，以减小线路不平对齿轮的动作用力；电动机在安装上有减震的能力；驱动机构应不妨碍小直径动轮的使用；驱动机构本身应简单可靠，具有最少量的磨耗件；当牵引电动机或驱动机构发生损坏时，易于拆卸。

根据牵引电动机和减速箱在转向架上的安装方式的不同，驱动机构主要有轴悬式（或称半悬挂式）、架悬式（或称全悬挂式）和体悬式 3 种，而轴悬式又有刚性及弹性之分。

（一）刚性轴悬式驱动机构

刚性轴悬式驱动机构如图 3.30 所示，牵引电动机的一端由两个抱轴轴承刚性地支承在车轴的抱轴颈上；另一端弹性地悬挂在转向架构架上。轴悬式驱动机构结构简单、检修容易、拆装方便，在不起吊车体的情况下，牵引电动机可以在落轮坑内卸下，各轮对的牵引电动机可以互换安装。减速齿轮箱是剖分式，用三

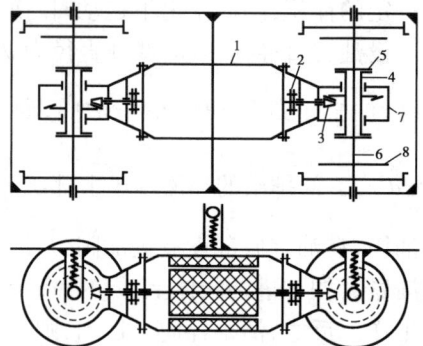

图 3.30　轴悬式驱动机构
1—牵引电动机；2—联轴器；3—驱动锥齿轮；4—空心轴；5—橡胶联轴器；6—轮轴；7—减速箱；8—制动盘

点固定在电动机的外壳上。箱下部盛放齿轮油,采用飞溅润滑。齿轮一般为单侧驱动。由于齿轮强度、小齿轮最小齿数以及限界等的限制,齿轮传动比小于 5。

(二)弹性轴悬式驱动机构

刚性轴悬式驱动机构的最大缺点是电动机的部分质量是死质量,它增大了对线路的动作用力。如采用弹性轴悬式,如图 3.31 所示,就可在这方面得到改善。

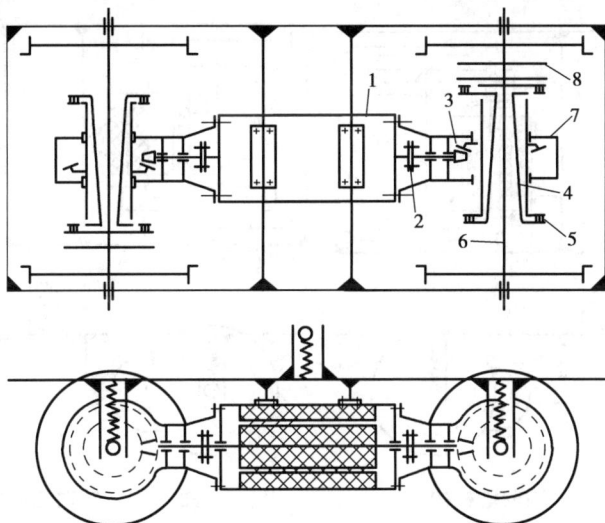

图 3.31　弹性轴悬式驱动机构
1—牵引电动机;2,5—联轴器;3—驱动锥齿轮;
4—万向接头空心轴;6—轮轴;7—减速箱;8—制动盘

弹性轴悬式驱动机构的结构是电动机一端经弹性吊架悬挂于构架上;另一端经弹性装置支承于轮心上。大齿轮刚性固结于空心轴上,并通过驱动盘来带动固定于轮心上的装有橡胶元件的盒来驱动轮对。这种装置可使橡胶元件得到良好的通风,避免橡胶因过热而过早老化。

由上可见,弹性轴悬式与刚性轴悬式的区别在于前者的电动机是弹性支悬在轮对上的。

(三)架悬式驱动机构

牵引电动机架悬式驱动机构广泛应用于世界各国的客运车辆和动车上,也用于重型货运车辆上。其主要特点是将牵引电动机固装在转向架构架上,因而牵引电动机属于簧上部分。牵引电动机与轮对之间需用能适应各个方向相对运动的弹性联轴器作为中间联结装置并传递扭矩。联轴器在结构上可以采用弹性元件(弹簧或橡胶块),也可以采用具有橡胶金属衬套的连杆关节机构。

1.电机空心轴驱动机构

电机空心轴驱动机构如图 3.33 所示,该装置

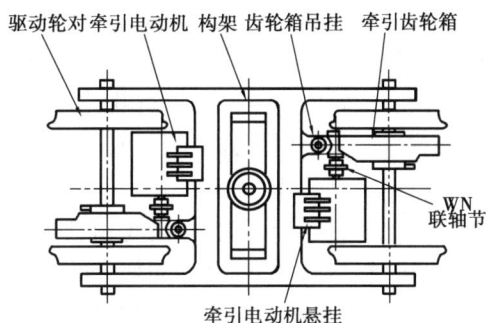

图 3.32　架悬式驱动机构

的特点是牵引电动机悬挂在转向架构架上,而牵引齿轮箱支承在车轴上。弹性联轴器布置在空心电枢轴与小齿轮之间。电枢轴做成空心,目的是增加扭轴的长度,以适应电动机与轮对间

各个方向的位移。电动机的扭矩经空心电枢轴上的齿形联结器、扭轴、弹性联轴器到小齿轮、大齿轮带动轮对转动。

电机空心轴架悬式驱动机构有布置紧凑,尺寸小,质量轻,工作可靠等优点。其缺点是簧下质量较大,特别由于齿轮箱也是承载部件,比较重,而且要设计新的具有空心电枢轴的牵引电动机。

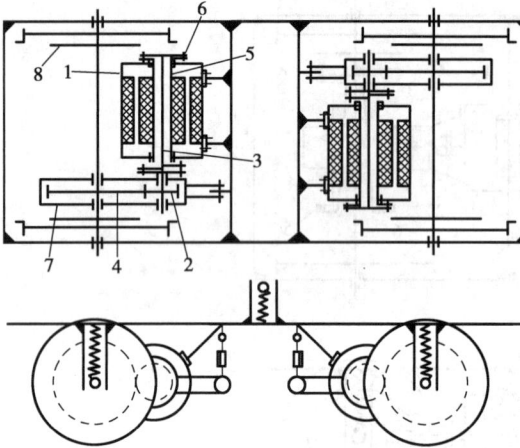

图3.33　电动机空心轴驱动机构
1—牵引电动机;2—小齿轮;3—驱动轴;
4—大齿轮;5—空心轴;6—联轴器;
7—减速齿轮箱;8—制动盘

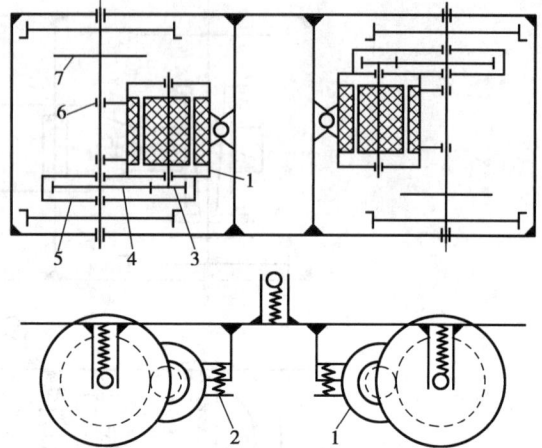

图3.34　轮对空心轴驱动机构
1—牵引电动机;2—电动机弹性悬挂;
3—驱动小齿轮;4—车轴上大齿轮;
5—减速齿轮箱;6—爪形轴承;7—制动盘

2. 轮对空心轴驱动机构

轮对空心轴驱动机构如图3.34所示,该装置的特点是大齿轮由滚动轴承支承在空心轴套上,而空心轴套紧固在电动机机体上。在空心轴套内又贯穿一根空心轴,而车轴置于空心轴中。空心轴的一端通过连接盘、弹性元件与大齿轮相连,另一端也通过连接盘、弹性元件与轮对相连。电动机的扭矩由大齿轮经弹性元件、空心轴,再经另一端的弹性元件传递给轮对。这种驱动机构的型式,称为两级弹性和双空心轴的架悬式驱动装置。

轮对空心轴两级弹性驱动机构的优点是簧下质量轻,轮对与电动机得到两级弹性隔离,因此有较好的动力学性能;两级弹性六连杆机构具有径向刚度大的特点,因此能保证空心轴相对轮对同心旋转,避免弹性元件(即空心轴)与车轴产生偏心而造成的离心力形成轮对的轮重变化和弹性元件中的附加应力。其缺点是结构复杂。

(四)体悬式驱动装置

驱动装置由牵引电机、齿轮箱、连杆轴、传动支撑等组成。其特点是牵引电机安装在车体上,电机通过连杆轴驱动转向架上的齿轮箱。

五、车体与转向架的连接装置

车体与转向架的连接装置(例如心盘及旁承)的作用是:保证车辆的质量、纵向力(牵引力及制动力)、横向力的正常传递,轴重的均匀分配和车体在转向架上的安定;容许转向架进出曲线时相对于车体进行回转运动。因此,它既是承载装置,又是活动关节。这种连接装置的性能好坏,直接影响车辆的动力学性能,特别是横向动力学性能。此外,它还影响车辆的黏着质

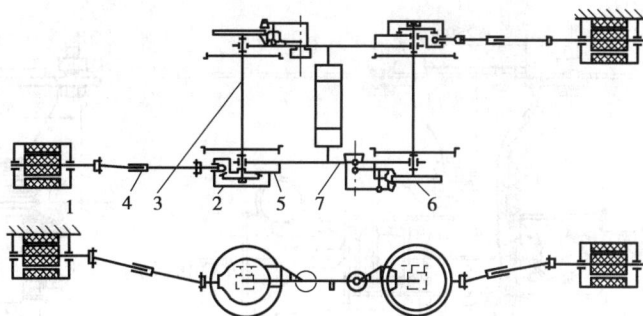

图 3.35　体悬式驱动机构

1—牵引电机;2—齿轮传动装置;3—轮轴;4—连杆轴;

5—传动支撑;6—制动盘;7—制动装置

量利用率(即牵引力作用下的轴重转移)。

车体与转向架之间的连接装置有很多形式。下面介绍两类:一类是心盘(或牵引销)和旁承的结构;另一类是牵引杆装置和旁承的结构。

1.心盘(或牵引销)和旁承的连接装置

一般在这种形式的连接装置中,心盘销(或牵引销)只传递纵向力和横向力,车体质量由心盘、心盘与旁承或中央弹簧传递。旁承可以是弹性的,也可以是刚性的。根据设计要求的不同,一个转向架上可能是 2 个旁承,也可能设置 4 个旁承。

2.牵引杆连接装置

为了传递牵引力、降低牵引点和使转向架能相对于车体转动和横动,以及在转向架中部空间被其他部件占用的时候,多采用杆件系统来取代心盘,此种装置称为中央牵引装置,如图3.36所示。

城市轨道交通车辆采用中央牵引装置来传递纵向的驱动力和制动力,同时允许二系弹簧在垂向和横向柔软地动作,纵向具有适当的弹性,以缓和由于转向架点头、车轮不平衡质量等引起的纵向振动。结构上也便于车体与转向架的分离和连接。由于取消了摇枕,需安装横向油压减震器、横向缓冲橡胶、空气弹簧异常上升止挡等,部件的安装和拆卸不增加车体与转向架分离作业的工时。

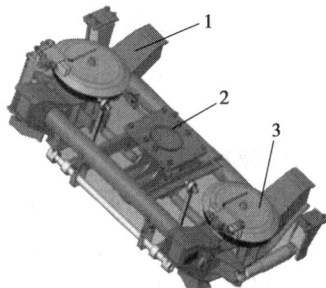

图 3.36　中央牵引装置系统图

1—构架;2—中央牵引装置;

3—空气弹簧系统

图 3.37 所示为中央牵引装置,其结构是中心销上端用螺栓固定在车体枕梁上,下部插在能够传递纵向力的牵引梁孔中,能够自如地垂向运动和回转。牵引梁与构架横梁之间设有牵引叠层橡胶,它的特性是纵向较硬、横向柔软,所以既能有效地传递纵向力,又能随空气弹簧做横向运动。每台转向架设 4 组牵引叠层橡胶,安装时能使其在纵向倾斜,以便牵引梁对准转向架中心。可按隔离纵向振动的要求选定牵引叠层橡胶的纵向刚度值,同时要保证纵向无滑动部位和间隙存在。中心销下部连有空气弹簧异常上升止挡,当空气弹簧因故过充时可以限制车体不断上升,保证安全;在起吊车体时,可使转向架同车体一起被吊起。

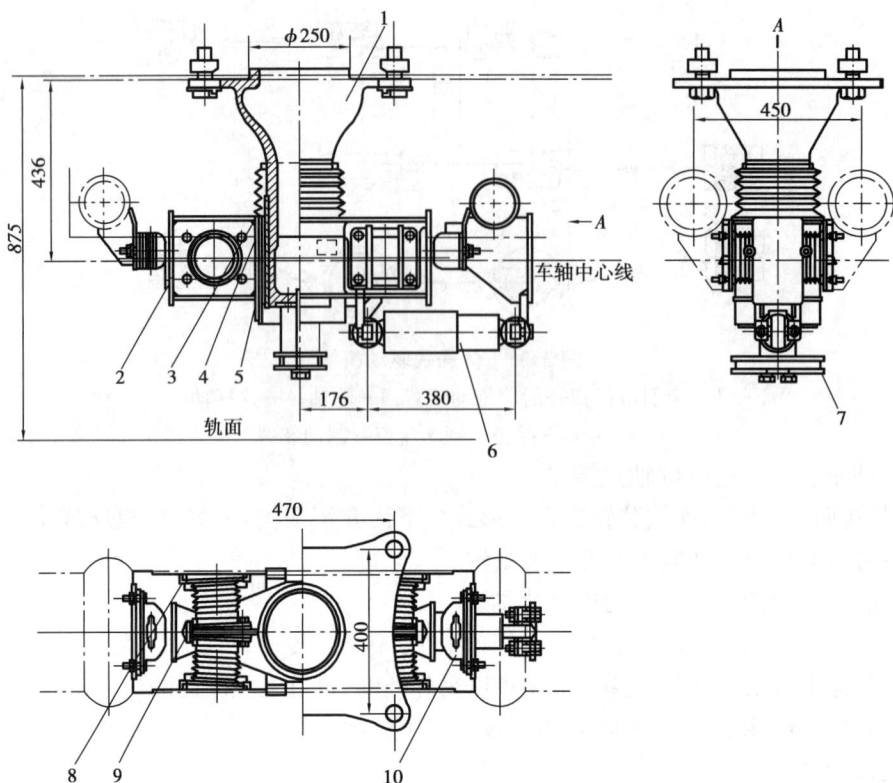

图 3.37　中央牵引装置结构图

1—中心销;2—牵引梁;3—防尘罩;4—衬套;5—中心销套;6—横向油压减震器;
7—空气弹簧异常上升止挡;8—安装板;9—牵引叠层橡胶;10—横向缓冲橡胶

六、基础制动装置

为对运行中的列车进行调速或使其在规定的距离内停车,必须安装制动装置,其基础制动装置吊挂于构架上,它的作用是使制动缸的空气压力转化为闸瓦压向车轮的力,从而产生制动作用,如图 3.38 所示。基础制动装置根据制动方式的不同可分为踏面制动、盘形制动。

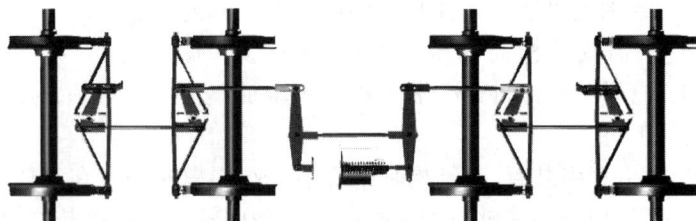

图 3.38　转向架基础制动装置

1.踏面制动

踏面制动(图 3.39)是以闸瓦压紧车轮,通过车轮与闸瓦之间的机械摩擦产生制动作用的一种制动方式。它是目前常速列车采用的主要制动方式,简单可靠,在常速、中低速、速度为零时均有制动力,制动力的大小可以通过改变闸瓦压力来调节。这种制动方式在高速运行时不宜采用,因为高速情况下闸瓦与车轮踏面之间的摩擦系数较小,制动力不够。若增加闸瓦压力以提高制动力,则会造成速度降至某一值时车轮被"抱死",产生滑行,制动力反而下降,而且车轮踏面、钢轨都会被擦伤。所以在高速列车上踏面制动不是主要的制动方式,它只能配合其他制动起到低速制动和停车制动的作用。

2. 盘形制动

盘形制动又分为轴盘式或轮盘式,如图 3.40 所示。盘形制动是以合成材料或粉末冶金材料制成的制动块(又称间衬)夹紧装在车轴(车轮)上的铸铁或钠制动圆盘,通过制动块与制动圆盘之间的机械摩擦来消耗列车的动能,从而产生制动作用的一种做功方式,其结构如图

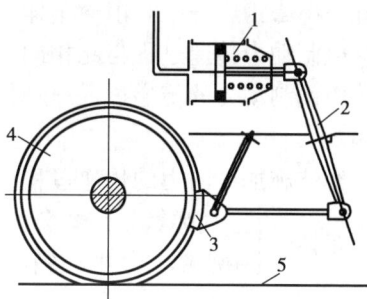

图 3.39 踏面制动
1—制动缸;2—基础制动装置;
3—闸瓦;4—车轮;5—钢轨

3.41所示。与踏面制动相比,盘形制动散热性能较好,并且有较好的高速制动性能。它的不足之处是高速制动时制动块磨损速度明显加快,热载荷大时制动圆盘易产生裂纹,不能确保制动安全,因而其制动功率仍然受到温升的限制。此外,盘形制动与踏面制动一样,制动力要通过车轮来传递,因而受轮轨黏着的限制。

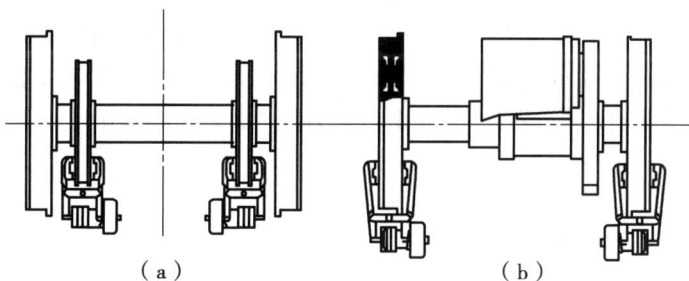

图 3.40 盘形制动

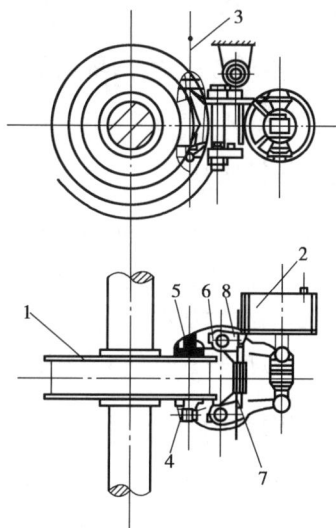

图 3.41 盘形制动结构
1—轮对;2—单元制动缸;3—吊杆;
4—制动夹钳;5—闸瓦托;
6,7—杠杆;8—支点拉板

【知识扩展】

转向架力的传递过程

转向架所受载荷即具受力传递过程,转向架主要承受有垂向载荷(车体所施加)、纵向载荷(牵引力和制动力)、横向力(车体侧向振动和轨道施加)。

垂向载荷传递过程:车体→空气弹簧→紧急弹簧→构架→一系弹簧→轴箱→轮对→钢轨。

纵向牵引力传递过程:牵引电机→联轴节→齿轮箱→轮对→轴箱→一系弹簧→构架→牵

57

引杆→中心销座→中心销→车体。

电制动力传递过程与此相同,只是力的方向相反。

踏面制动力的传递过程:轮对→轴箱→一系弹簧→构架→牵引杆→中心销座→中心销→车体。

车体施加横向力的传递过程:

车体→$\left\{\begin{array}{lll}\text{空气弹簧} & \text{紧急弹簧} & \\ \text{中心销} & \text{中心销座} & \text{横向止挡}\end{array}\right\}$→构架→一系弹簧→轴箱→轮对→钢轨

任务3 城市轨道交通车辆典型转向架

【任务目标】

1. 掌握城市轨道车辆典型转向架的结构组成。
2. 掌握城市轨道交通车辆典型转向架的工作原理。

【任务分析】

通过本任务的学习,重点掌握城市轨道交通车辆典型转向架的结构特点,了解典型转向架的工作原理。

【知识链接】

目前,国内地铁、轻轨电动客车用转向架除国产的外,还有引进国外技术的,主要有两种:一种是上海地铁1号线、2号线和重庆地铁用转向架;另一种是北京复8线地铁用转向架。两种转向架的结构基本相同,一般动力转向架主要由构架、弹性悬挂装置(通常包括一系悬挂装置和二系悬挂装置)、轮对轴箱装置、(基础)制动装置、中央牵引装置、驱动系统6部分组成。

【知识描述】

以下是我国北京地铁转向架和上海地铁转向架结构。

一、北京地铁 DK 型转向架

我国北京地铁采用的转向架结构有摇枕转向架(DK型转向架)和无摇枕转向架两种。DK型转向架是我国自行设计制造的用于北京地铁车辆的转向架,它是无摇动台空气弹簧式转向架。属于该系列的有DK1型、DK2型、DK3型、DK4型、DK8型以及DK16型等。该转向架主要由轮对轴箱装置、构架、摇枕弹簧装置、纵向拉杆和基础制动装置、牵引电动机及传动装置等组成,如图3.42所示。

1. 轮对轴箱弹簧装置

轮对轴箱弹簧装置如图3.43所示,轴箱弹簧呈水平放置,采用金属橡胶弹性铰接式的轴箱定位结构。这种结构比较特别,此结构元件绕金属橡胶弹性铰接中心做弹性旋转。轴箱的一侧有一个三角形转臂,轴箱弹簧水平安装在构架和轴箱转臂之间,当构架载荷增加时,构架逐渐下降,金属硫化橡胶轴套连同心轴也随着下降,于是轴箱就绕车轴心转动,弯臂开始压缩

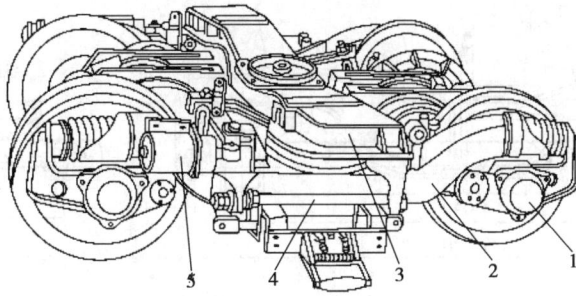

图 3.42   北京地铁 DK3 转向架

1—轮对轴箱装置;2—构架;3—摇枕弹簧装置;4—纵向拉杆;5—基础制动装置

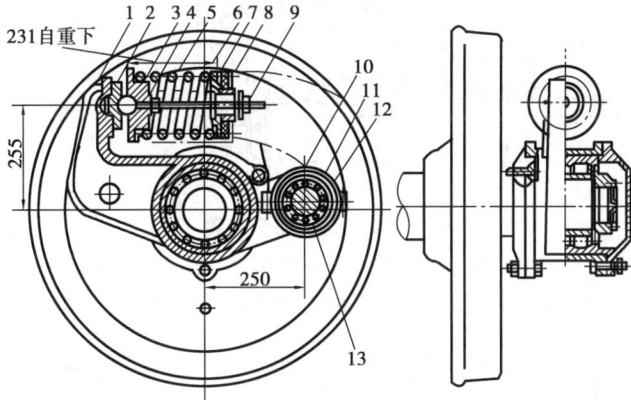

图 3.43   DK3 型地铁转向架轮对轴箱装置

1—轴箱体;2—滚道座;3—钢球;4—弹簧前盖;5—轴箱弹簧;6—螺栓;7—弹簧定位座;
8—橡胶缓冲垫;9—螺母;10—外套;11—硫化橡胶;12—内套;13—心轴

轴箱弹簧。

2. 摇枕弹簧装置

摇枕弹簧装置如图 3.44 所示,摇枕弹簧装置采用无摇动台空气弹簧支悬,钢板焊空心鱼腹形摇枕,上、下盖板厚 14 mm,腹板厚 8 mm,摇枕兼做空气弹簧的附加空气室。弹性装置采用自由膜式空气弹簧,利用气嘴节流减震。

3. 构架

构架如图 3.45 所示,DK3 型转向架构架为 H 形焊接构架,包括两根横梁和两根侧梁,各梁壁厚均为 12 mm。两根横梁上焊有牵引电机座、齿轮箱吊座和制动缸杠杆座等,两根侧梁上表面各开有一个 $\phi 60^{+0.5}_{+0.2}$ mm 的空气弹簧安装孔,侧梁两端下部各有两个轴箱水平弹簧安装座。另外,侧梁上还焊有牵引拉杆座、制动缸座和受流器插座等。

4. 基础制动装置

基础制动装置如图 3.46 所示,DK3 型转向架基础制动装置采用吊挂式单侧塑料闸瓦踏面制动。有两个直径为 178 mm 的制动缸分别安装在构架侧梁上,每一个制动缸控制转向架一侧车轮的制动。当使用空气制动时,制动缸推动水平杠杆和移动杠杆以及两轮之间的水平下推杆,使移动杠杆中部的塑料闸瓦压紧相应的车轮,起制动作用。

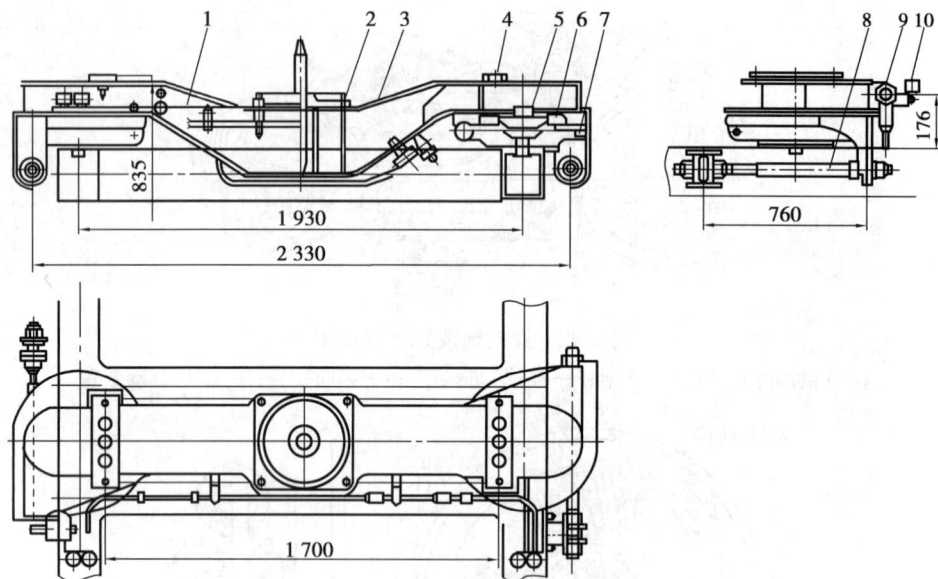

图 3.44 摇枕弹簧装置

1—摇枕配管;2—下心盘;3—摇枕;4—下旁承摩擦板;5—密封环;6—橡胶垫;
7—空气弹簧;8—牵引拉杆;9—高度控制装置;10—电磁阀及单向阀组成

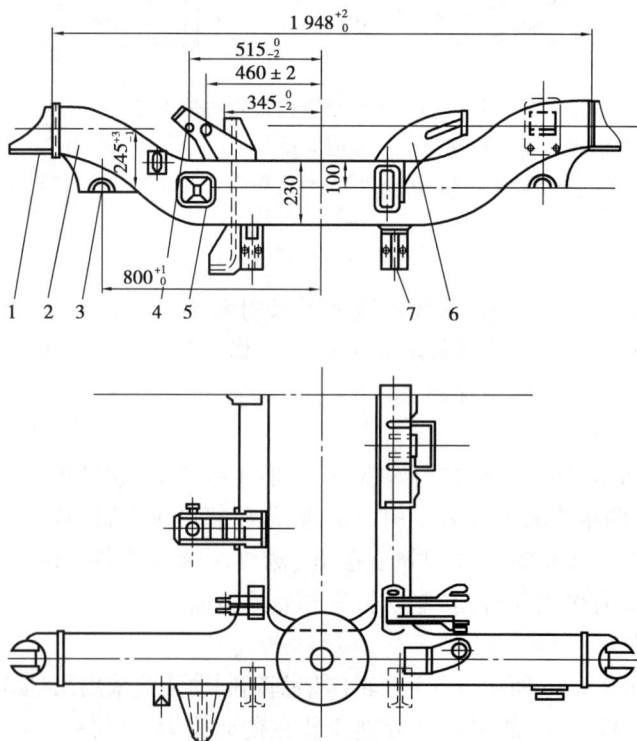

图 3.45 构架

1—轴箱弹簧座;2—构架;3—节点座;4—齿轮箱吊座;5—牵引拉杆座;6—制动吊座;7—受流器座

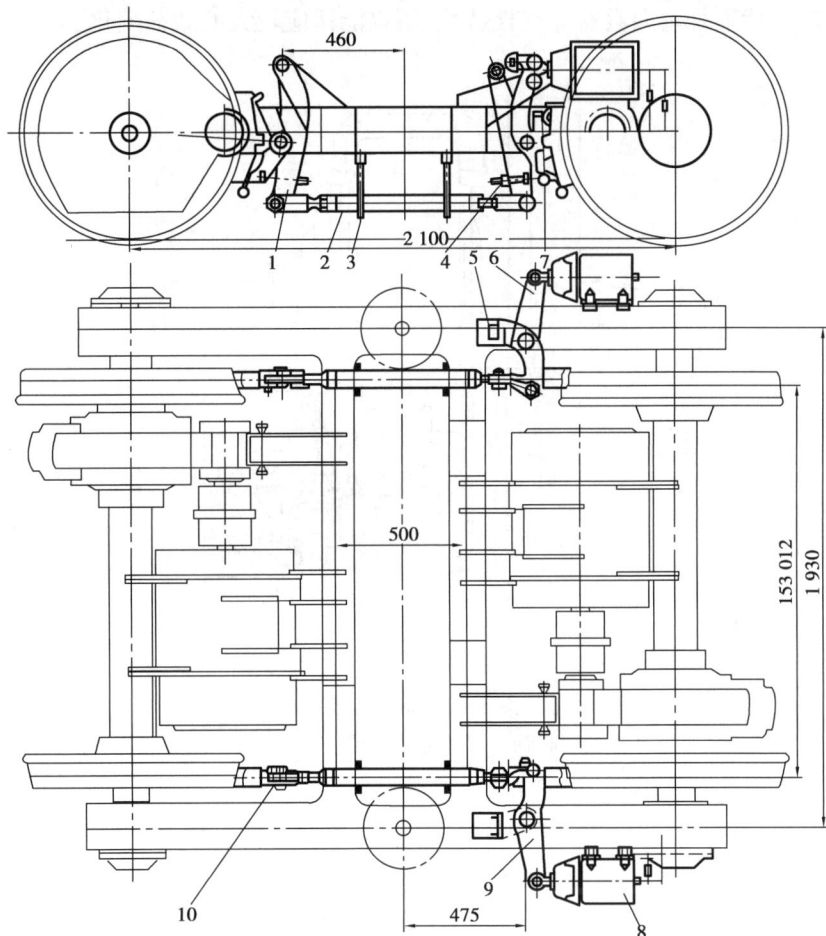

图 3.46 DK3 型转向架基础制动装置

1—固定拉杆;2—下推杆;3—安全吊;4,5—移动杠杆;6—水平杠杆;
7—闸瓦托吊;8—闸缸;9—水平杠杆;10—固定杠杆

5. 牵引电机及其传动装置

牵引电机及其传动装置如图 3.47、图 3.48 所示,DK3 型转向架采用 2 台牵引电机,爪形轴承悬吊。

二、上海地铁 1 号线转向架

上海地铁 1 号线转向架为无摇枕空气弹簧转向架。转向架由二系悬挂装置(一系人字形橡胶弹簧和二系空气弹簧)、液压减震器、抗侧滚扭杆和横向橡胶弹簧缓冲挡组成的减震装置等部分组成。车体和转向架构架通过中心座和中心销相互连接。在构架横梁下面装有牵引拉杆,两根呈对角配置,牵引拉杆,一端与中心座相连接,另一端安装在构架上,如图 3.49 所示。

1. 轮对轴箱装置

轮对轴箱装置如图 3.50 所示,上海地铁 1 号线转向架车轮采用整体辗钢轮,轮径为 840 mm,磨耗形踏面,允许磨耗最小直径为 770 mm。轴箱弹簧采用人字形橡胶钢板迭层弹簧,不

61

仅具有质量轻、结构简单、吸收高频振动、减少噪声等优点,更重要的是它能起到垂向、横向和纵向的定位作用,特别是垂向具有非线性特性,所以能适应较大的载荷变化。

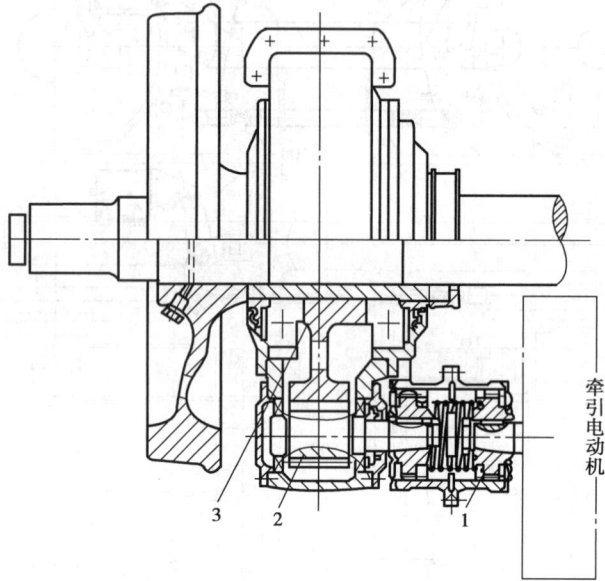

图 3.47　驱动装置
1—齿式联轴节;2—主动齿轮;3—被动齿轮

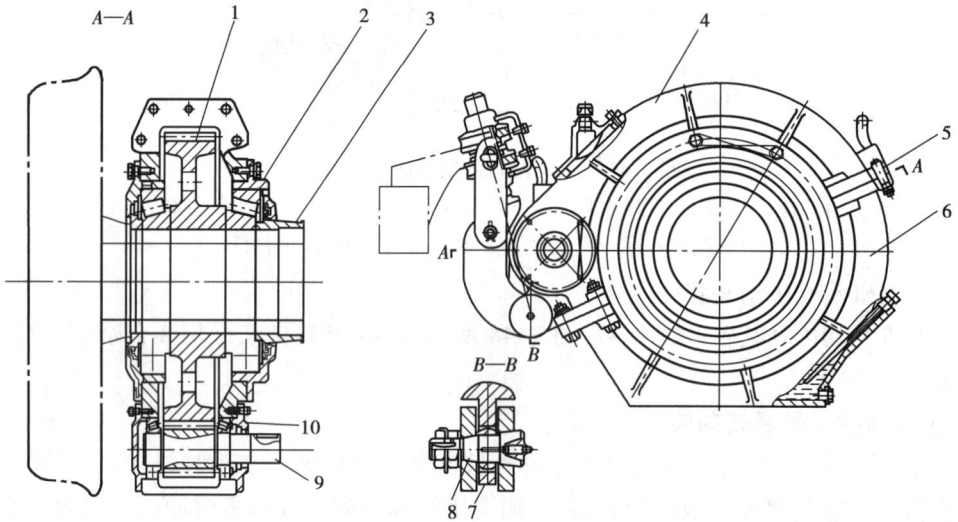

图 3.48　齿轮减速箱
1—被动齿轮;2—7244 轴承;3—集电环;4—上箱体;5—定位销;
6—下箱体;7—关节轴承;8—销轴;9—主动齿轮;10—7215 轴承

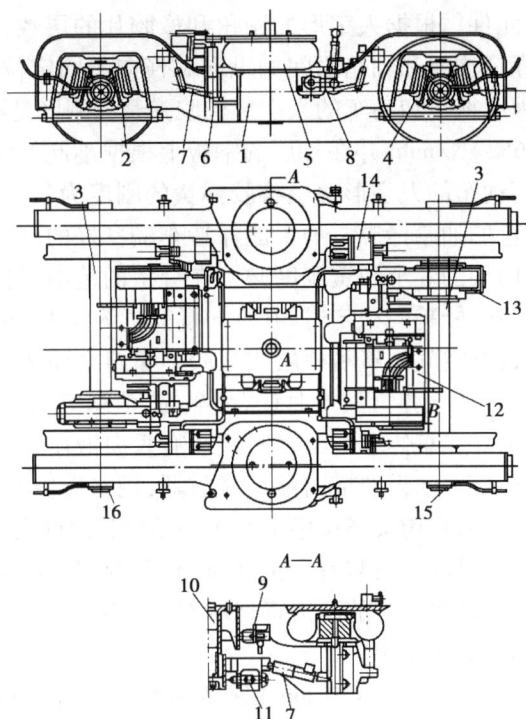

图 3.49　上海地铁 1 号线动车转向架

1—构架;2—轴箱装置;3—轮对;4—叠层橡胶弹簧;5—空气弹簧和弹性元件;6—垂向油压减震器;
7—横向液压减震器;8—抗侧滚扭杆;9—横向橡胶缓冲挡;10—中心销;11—Z 形拉杆;
12—牵引电动机;13—齿轮减速箱;14—基础制动装置;15—速度传感器;16—接地装置

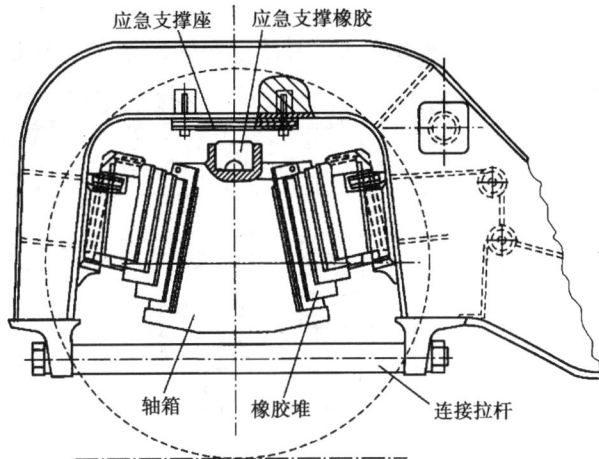

图 3.50　轮对轴箱装置

2.弹簧悬挂装置

弹簧减震装置包括:一系悬挂(人字形叠层橡胶弹簧)、二系悬挂(空气弹簧)、垂向液压减震器、横向液压减震器、抗侧滚扭杆和垂向、横向橡胶缓冲止挡。

人字形叠层橡胶弹簧装设在构架与轮对轴箱之间,它是由 4 层橡胶和 4 层钢板及一层铝

63

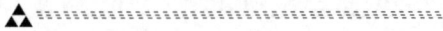

合金经硫化而制成的弹性元件。根据人字形的倾角和橡胶片的层数,可达到所要求的轴箱弹簧的静挠度,并且能做到保证构架和轴箱之间的纵向和横向不同定位刚度的要求。由于拖车和动车本身的自重不同,因此拖车和动车的人字形橡胶弹簧的刚度是不同的,拖车的人字形橡胶弹簧的刚度为(1 120 ±6%)N/mm,并在外层的钢板上根据不同等级涂有各种颜色的标志,以便安装、维修时选配。而动车的人字形叠层橡胶弹簧的刚度为(1 350 ±6%)N/mm,外层的钢板上也涂有各种不同颜色的油漆标志。为了能保持车辆良好的动力性能,在安装人字形橡胶弹簧时应注意同一台转向架的8个弹簧刚度必须在规定的范围,另外还要注意橡胶的时效蠕变量的影响。当橡胶弹簧性能趋向稳定时,其垂向蠕变量约为10 mm。

在车体和构架之间装设有空气弹簧和叠层式橡胶弹簧组合而成的弹性元件,它起着传递载荷、减震和消音的作用。当空气弹簧失效时(气囊破裂、泄漏等),叠层式橡胶弹簧还起着应急维持最低限度运行的要求。在车体和构架之间还装有垂向液压减震器,用来衰减垂向的振动。在转向架的中心架和构架之间设有横向液压减震器,用来衰减车辆横向的振动。为了限制车体和构架之间的横向位移,在构架横梁中部和中心销导架之间设有横向橡胶缓冲止挡。

为了减少缓和车体的侧滚振动,安装有一抗侧滚扭杆,两端装有力臂杆和连杆,并与车体连接。当车体发生侧滚时,转向架两侧的两力臂杆端部作用为一力偶,使抗侧滚扭杆产生转扭变形,对车体的侧滚振动起着抑制作用。

为了车厢地板面距轨面的高度(1 130 mm)保持不变,在车体与转向架间装有高度控制阀,调节空气弹簧橡胶囊内的压缩空气(充气、放气或保持压力),使车辆地板面的高度不受车内乘客的多少和分布不均的影响,始终保持水平,并与轨面及站台面保持规定的距离。由于转向架上采用了上述多种弹性元件和减震、消音和缓冲的措施,从而保证了车辆运行的安全性、平稳性和良好的舒适度,并最大限度地降低车辆运行时的噪声。

3. H 形焊接构架

H 形焊接构架如图 3.51 所示,上海地铁 1 号线动车转向架采用 H 形的焊接构架,构架 2

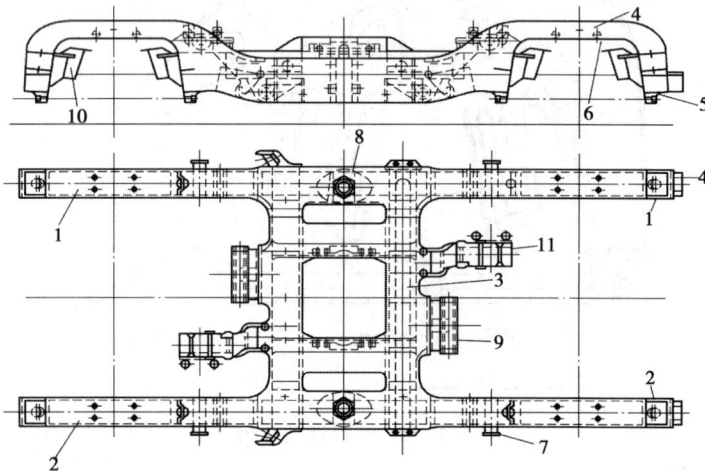

图 3.51 构架

1,2—侧梁;3—横梁;4—导框;5—轴箱拉杆座;6—轴箱圆弹簧安装座;7—起吊座;
8—空气簧安装座;9—牵引电动机安装座;10—轴箱橡胶减震器安装座;11—齿轮箱吊座

根侧梁的两端设有轴箱导框,用来安装人字形橡胶弹簧,侧梁的中部设空气弹簧安装座。构架2 根横梁中部设中心座安装座和牵引电机安装座。下部设有牵引拉杆安装座。在构架上还设有用来连接抗侧滚扭杆、单元制动机、高度控制阀等部件的安装座。

4. 中央牵引装置

上海地铁 1 号线中央牵引装置由中心销、中心销导架,复合弹簧中心架,牵引拉杆等组成,如图 3.52 所示。中心销导架通过螺栓固定于车底架上,在中心销与中心架之间设有复合弹簧。相对于中心销呈斜对称配置的 2 个牵引拉杆,其一端与中心架相连,另一端与转向架构架相连,牵引杆的接头设有橡胶弹性缓冲垫。为限制车体与转向架之间的横向位移中心销导架和构架之间装有橡胶横向止挡,每侧自由间隙为 10 mm。

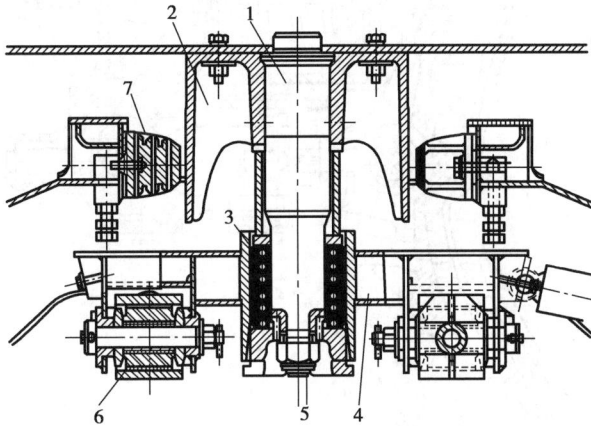

图 3.52　上海地铁 1 号线中央牵引装置

5. 基础制动装置

基础制动装置如图 3.53 所示,上海地铁 1 号线车辆的制动有两个制动系统,即电制动和气制动,电制动与牵引电机有关,与基础制动装置无关。基础制动装置为单元制动机,是气制动的执行机构,吊挂在转向架上的制动吊座上。每个转向架上共有 4 个单元制动机,其中 2 个单元制动机带有弹簧制动功能,在转向架上呈对角布置的。

6. 牵引电机及齿轮减速箱

每台动力转向架上装有 2 台牵引电机,用螺栓固定在构架横梁的电机吊座上,为全悬挂结构。每一轮对的轴上装有单级齿轮减速箱,齿轮箱一端吊挂于构架上,另一端通过轴承座于车轴上。牵引电机的输出轴经弹性联轴节与齿轮箱的小齿轮相连接,大齿轮通过过盈配合装于车轴上,大、小齿轮装于齿轮箱内,相互啮合。这样,电机的转矩通过联轴节、小齿轮、大齿轮驱动轮对。齿轮箱的传动比为 5.95∶1。

上海地铁 1 号线车辆的电机有两种形式,一种是直流牵引电机;另一种是交流牵引电机。而两种电机的功率不同,体积不同,在转向架内部占有的空间也不同。直流电机的体积很大,因此它给联轴节留出的空间较小,这样直流电机的联轴节只能采用橡胶联轴节。交流传动的车辆由于电机体积较小,给联轴节留出的空间较大,因此它可使用对同轴度和轴向窜动要求较低的圆弧齿齿轮的联轴节。交流传动车减速箱的安装为抱轴式安装,其大齿轮套在车轴上。为了取得力矩平稳传递的效果,其齿形采用螺旋角为 4°的斜齿。整个减速箱为一级减速,只

65

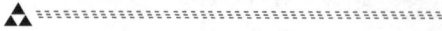

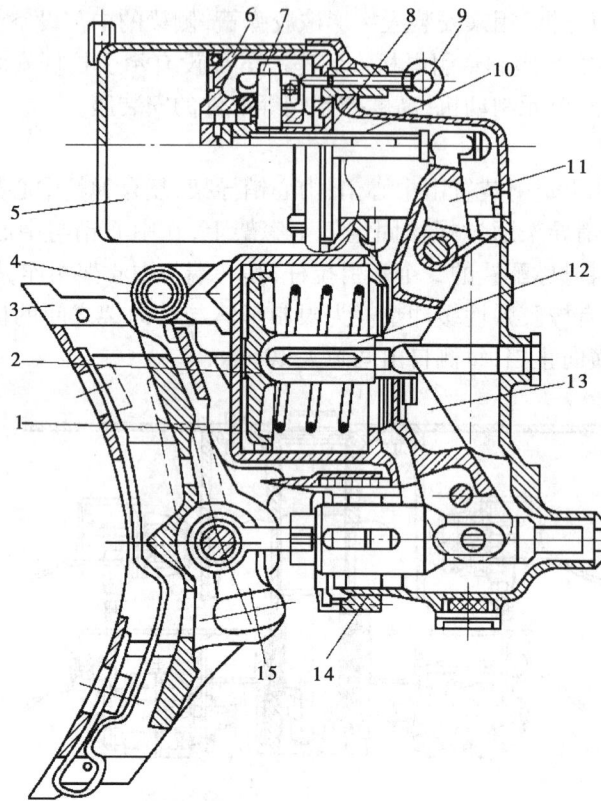

图 3.53　基础制动装置(PC7YF 型踏面单元制动器)

1—制动缸;2—制动活塞;3—闸瓦托;4—缓解活塞;5—缓解风缸; 6—活塞;7—弹簧;8—螺纹套筒;
9—缓解拉环;10—活塞杆;11,13—制动杠杆;12—活塞;14—闸瓦间隙调节;15—闸瓦托吊

有一对大齿轮,大齿轮为 108 齿,小齿轮为 17 齿,传动比为 6.353;直流传动车减速箱的大齿轮为 113 齿,小齿轮为 19 齿,传动比为 5.96。交流传动车的减速箱的箱体为铸铁浇注而成的,而直流传动车的减速箱箱体为铝合金材料浇注而成。前者的分箱面为垂直的,而后者为水平的,两者各有利弊。

三、重庆地铁转向架

(一)地铁转向架

重庆地铁转向架为无摇枕焊接结构的转向架,如图 3.54、图 3.55 所示,一系悬挂为橡胶弹簧,二系悬挂为无摇枕空气弹簧,基础制动车采用单侧踏面制动、拖车采用轴盘单元制动,驱动装置采用单级减速的齿轮箱和齿式联轴节,中央牵引装置采用"Z"形拉杆结构,头车装有湿式轮缘润滑装置。

1. 转向架的主要特点

该转向架结构轻量化设计:由于没有摇枕,质量降低;转向架横梁使用无缝钢管,兼作空气弹簧附加空气室,因而质量降低;由于一系悬挂使用圆锥形橡胶弹簧,故质量降低。

采用横向刚度小的空气弹簧来改善车辆乘坐舒适性。由于采用了低横向刚度的轴箱橡胶弹簧,减轻了车辆通过曲线时的横向力,从而提高了车辆在曲线上的运行性能。无摇枕车体支承方式和橡胶弹簧式轴箱定位这些措施取消了摇枕及摩擦部位,简化了转向架结构和减少零部件数量,这有利于简化维修和降低维修费用。

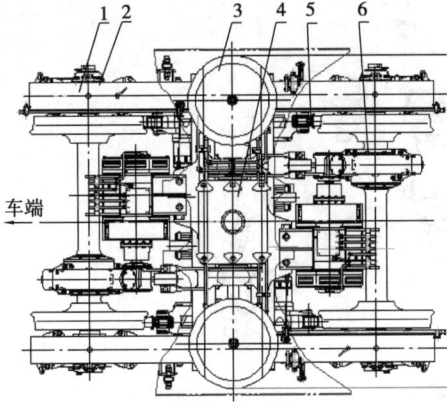

图 3.54 动车转向架

1—构架组成;2—轮对轴箱装置;3—二系悬挂装置;
4—中央牵引,5 基础制动装置;6—驱动装置

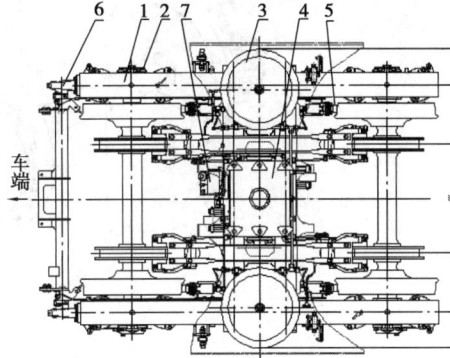

图 3.55 拖车转向架

1—构架组成;2—轮对轴箱装置;3—二系悬挂装置;
4—中央牵引装置;5—基础制动装置;
6—端梁组成;7—轮缘润滑装置

2. 构架组成

转向架构架分为动车构架和拖车构架,如图 3.56、图 3.57 所示,均属于 H 形构架,采用钢板焊接结构的箱形侧梁以及与侧梁相贯通的无缝钢管横梁。

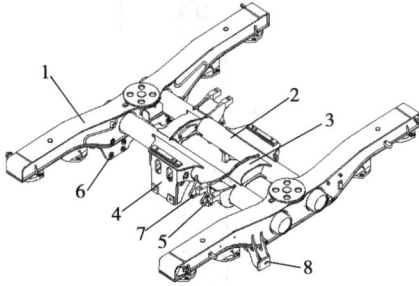

图 3.56 动车构架组成

1—侧梁组成;2—横梁;3—纵梁组成;
4—电机吊座;5—齿轮箱吊座;6—托板组成;
7—牵引拉杆座;8—安全钢索座

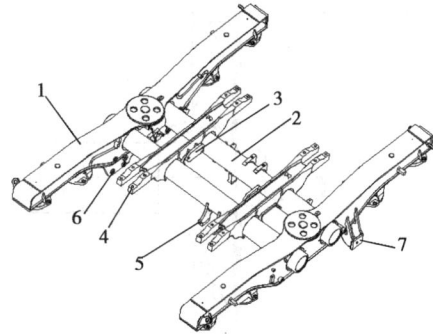

图 3.57 拖车构架组成

1—侧梁组成;2—横梁;3—纵梁组成;
4—制动吊座;5 牵引拉杆座;
6—托板组成;7—安全钢索座

侧梁采用"四块板"焊接结构,而没有采用原来的"轧型"结构,避免了由于"轧型"引起钢板裂纹等问题。侧梁的下部焊接有托板组成,用于安装制动缸。

横梁为无缝钢管结构,由两个箱型纵梁连接成横梁框架。动车横梁上对角焊接有电机吊座、齿轮箱吊座和牵引拉杆座,分别用于安装牵引电机、齿轮箱吊杆和牵引拉杆。箱形纵梁的内面上用于安装横向挡,拖车横梁焊接有制动吊座、牵引拉杆座等。

3. 轮对轴箱装置

轮对轴箱装置主要包含车轮、车轴、轴箱组成、轴箱弹簧等,又可分为轮对组成、轴箱组成和一系悬挂装置 3 个部分,如图 3.58 所示。

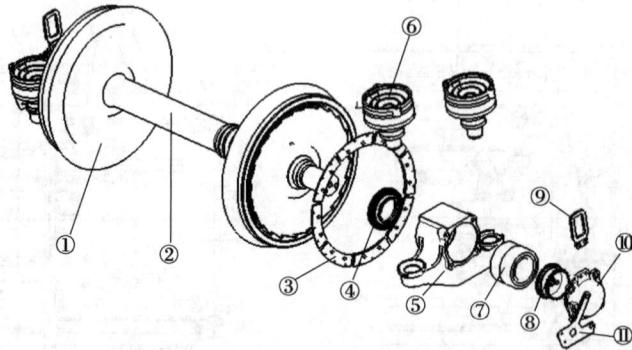

图 3.58　轮对轴箱装置

1—车轮;2—车轴;3—阻尼器;4—防尘挡圈;5—轴箱;
6—轴箱弹簧;7—滚动轴承;8—测速齿轮;9—吊耳;10—轴箱端盖;11—支架

（1）轮对组成

车轮和车轴为过盈压装配合形式,轮对组装满足相关标准要求。车轮直径为 840 mm,公差为(+2 , +8),其主要目的是为了保证车轮具有 70 mm 的镟修量,以保证车轮的使用寿命。车轮加装有降噪阻尼器,能有效地降低车辆在通过曲线时,轮轨间由于侧滑、挤压、摩擦而产生的高频噪声。传动齿轮热装在动车车轴上,如图 3.59 所示。

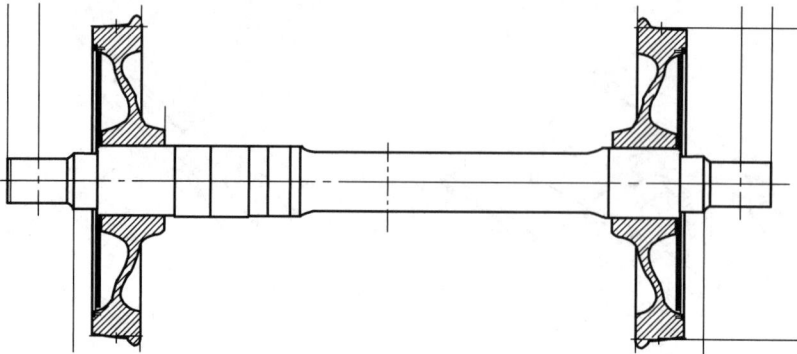

图 3.59　轮对组成

（2）轴端组成

轴端组成主要由轴箱、轴箱轴承、轴箱前盖 、轴端压板、防尘挡圈和 O 形密封圈等组成。根据轴端安装设备的不同,轴端组成又分为 4 种,分别为普通轴端安装组成、防滑轴端安装组成、接地轴端安装组成和 ATP 测速轴端安装组成。4 种轴端安装组成的结构基本相同,分别如图 3.60 至图 3.63 所示。

轴箱轴承采用双列自密封圆柱滚子轴承,安装在轴箱体内,轴承在制造厂内已填充了润滑脂,不需要再添加润滑脂。密封罩能把润滑脂封闭在轴承组里并防止污物进入。

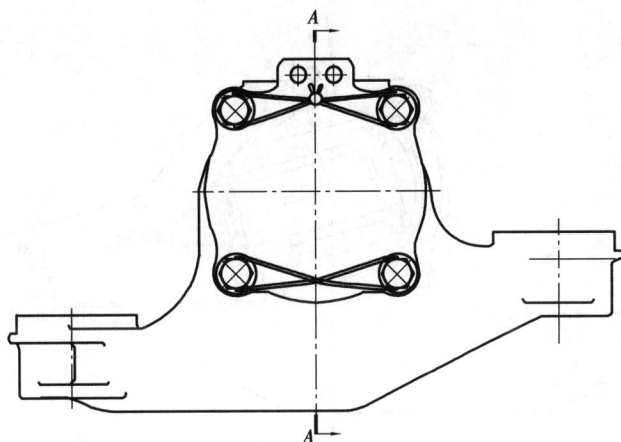

图 3.60 普通轴端安装组成

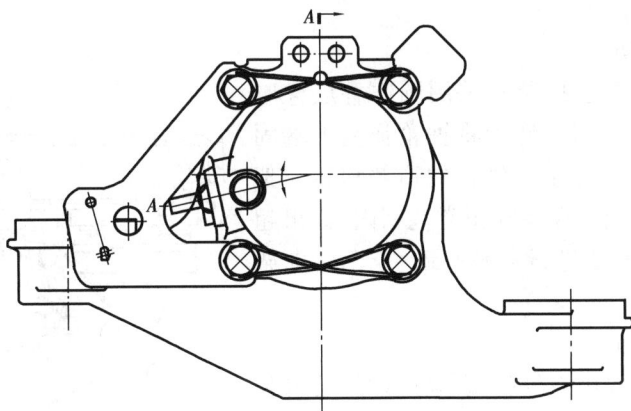

图 3.61 防滑轴端安装组成

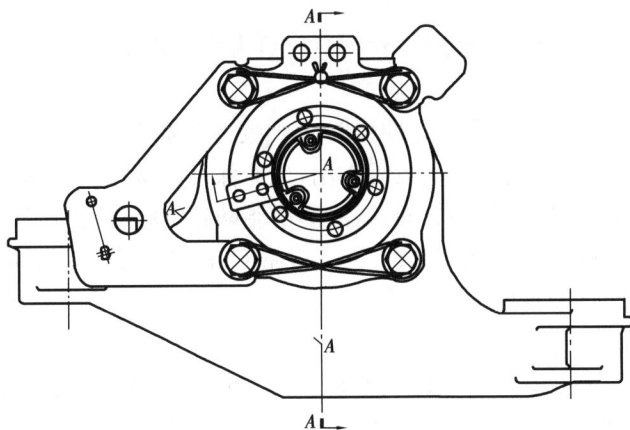

图 3.62 接地轴端安装组成

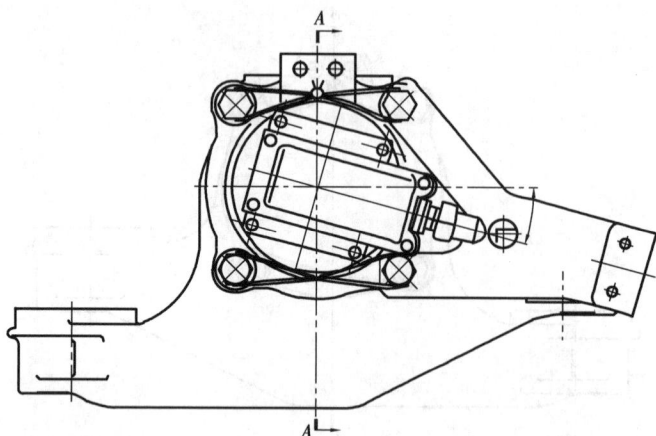

图 3.63　ATP 测速轴端安装组成

4. 弹性悬挂装置

（1）一系悬挂装置

为减轻质量，一系悬挂装置采用圆锥叠层橡胶弹簧，如图 3.64 所示。两个螺栓将轴箱弹簧上端固定在构架上的一系弹簧座上。轴箱的顶部和转向架构架的止挡之间的距离应保持在正常范围内，如果超出规定值，必须用调整垫进行调整。动、拖车转向架使用相同的轴箱弹簧。

（2）二系悬挂装置

二系悬挂装置主要由空气弹簧、高度调整装置和安全钢索 3 个部分组成，各部分配合共同完成转向架的二系悬挂功能，如图 3.65 所示。

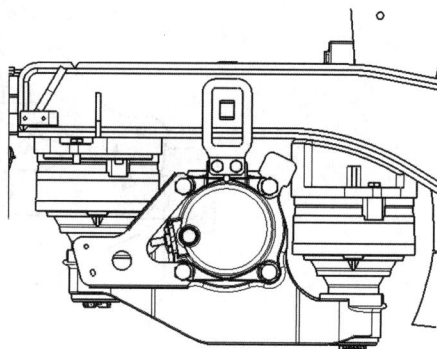

图 3.64　一系悬挂装置

①空气弹簧

空气弹簧采用低横向刚度的新结构空气弹簧，可大大改善乘坐舒适性和通过曲线的性能，也能缓和车体的垂向和横向振动。

胶囊下部的叠层橡胶堆是为了通过曲线时减小胶囊的载荷。另外，当空气弹簧内无空气压力时，叠层橡胶堆能起到一定的垂直减震作用，也能保证车辆安全限速行驶。安装空气弹簧时，上部进风口和下部通风口的外部表面，需涂润滑脂防锈，O 形圈需涂润滑脂进行保护。

空气弹簧的工作高度应保持在正常范围内，其高度的保证是通过测量车体底架的工艺块下平面与构架的工艺块之间的距离。

②高度调整装置

每个空气弹簧对应安装有一套高度调整装置，如图 3.66 所示，用于自动调节空气弹簧的充气、排气，主要包括高度阀、高度阀调整杆、水平杠杆和安全吊链等。

高度调整装置用来检测车体与转向架之间由于乘客负载变化而引起的高度变化，并针对高度变化情况对空气弹簧进行充、放气，进而保证车辆处于恒定的平衡高度。高度阀安装在车体上，高度阀调整杆下端安装在构架上，上端与水平杠杆的一端相连，水平杠杆的另一端穿过

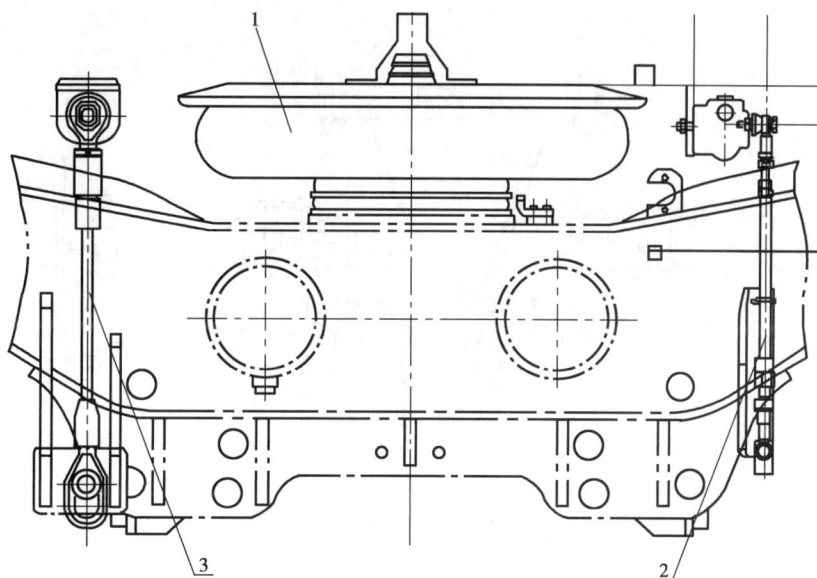

图 3.65 二系悬挂装置

1—空气弹簧;2—高度调整装置;3—安全钢索

高度阀的转轴。这样,车体与转向架之间的高度变化就转化为水平杠杆的角度变化,完成了高度阀的打开或关闭。高度调整装置不能用于补偿车轮和转向架等零件的磨损。

为了保证车辆的运行安全,在两个空气弹簧之间安装有差压阀。当两空气弹簧内部的压强差达到限度值时,差压阀就会发生动作,将两个空气弹簧导通。这样就能避免某一个高度阀故障而过充或任意一个空气弹簧爆破而导致的车辆过度倾斜,以保证车辆安全运行。

③安全钢索

在构架的两外侧,靠近枕梁外侧部分各有一根安全钢索,安全钢索的功能是:当车辆出现异常状态时,即空气弹簧处于过充状态、高度调整阀、压差阀、减压阀同时处于故障状态时,由安全钢索将车体和构架拉住,以限制空气弹簧的高度,保证

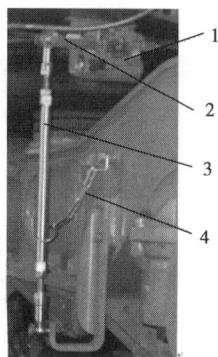

图 3.66 高度调整装置

1—高度阀;2—水平杠杆;

3—高度阀调整杆;4—安全吊链

车辆与限界之间的有效安全距离,从而达到保证车辆的行车安全。该结构简单,便于维护。

5. 中央牵引装置

每个转向架设一套中央牵引装置,如图 3.67 所示,采用传统的 Z 形拉杆结构,主要由中心销、牵引梁、横向挡、横向减震器、中心销套和两个牵引拉杆组成。

6. 基础制动装置

基础制动装置动车采用单侧踏面单元制动缸的制动方式,拖车采用轴盘单元制动方式,如图 3.68、图 3.69 所示。

动车每台转向架有 4 个踏面单元制动缸,分为两个具有停放功能的踏面单元制动缸和两个不具有停放功能的踏面单元制动缸;使用高耐磨合成闸瓦。

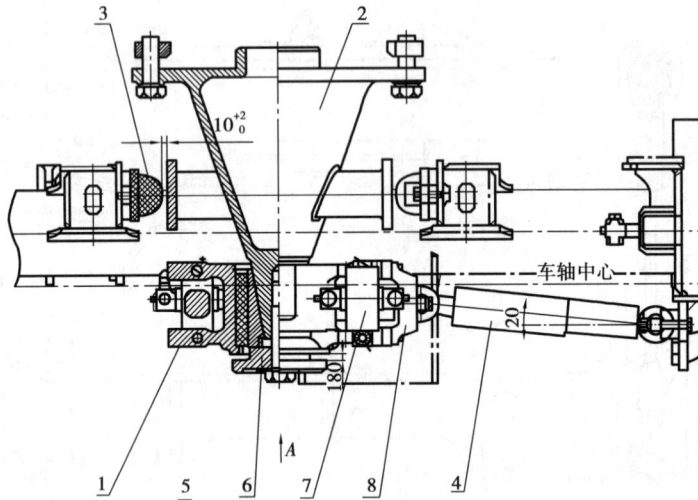

图 3.67　牵引装置

1—牵引梁组成;2—中心销;3—横向挡组成;4—横向减震器;
5—中心销套;6—下盖;7—牵引拉杆;8—减震器座

拖车每台转向架有 4 个轴盘单元制动缸,分为两个具有停放功能的轴盘单元制动缸和两个不具有停放功能的轴盘单元制动缸;使用高耐磨合成闸片。

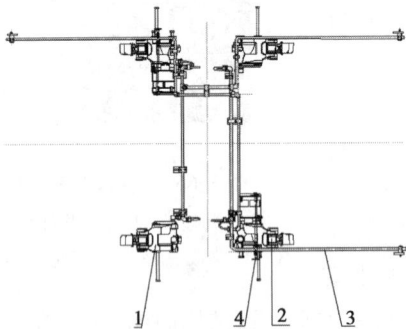

图 3.68　动车基础制动装置

1—单元制动缸;2—带停放的单元制动缸;
3—制动配管;4—手动缓解拉链

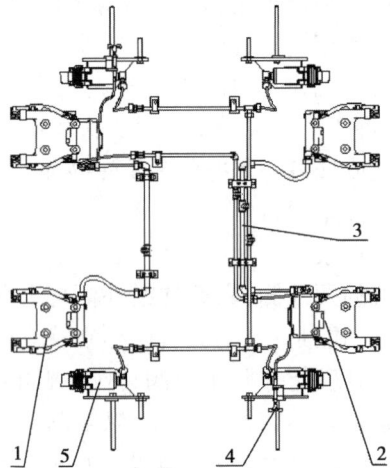

图 3.69　拖车基础制动装置

1—单元制动缸;2—带停放的单元制动缸;
3—制动配管;4—手动缓解拉链;5—踏面清扫器

踏面单元制动缸能对车轮和闸瓦的磨耗间隙进行自动补偿,同时还设有手动复原装置,通过手动复原装置也可以调整车轮及闸瓦间的间隙,使制动闸瓦和车轮踏面之间的距离保持在规定范围内,轴盘制动缸也具有此功能。

具有停放功能的单元制动缸还配有手动缓解闸线,手动缓解闸线的把手安装在侧梁上部,可以在必要时方便地手动缓解停放制动。

7.驱动装置

驱动装置包括齿轮箱组成、齿式联轴节和牵引电机。齿轮箱采用分体式球墨铸铁箱体,齿轮为斜齿轮、一级减速;润滑方式为飞溅润滑。齿轮箱大齿轮安装在车轴上,另一端通过吊杆与构架上的齿轮箱吊座相连。

齿式联轴节可适应电机侧和小齿轮侧的偏角,满足电机轴和小齿轮轴的相对位移要求,同时可完成传递扭矩的作用。牵引电机完全悬挂在构架上,如图3.70所示。

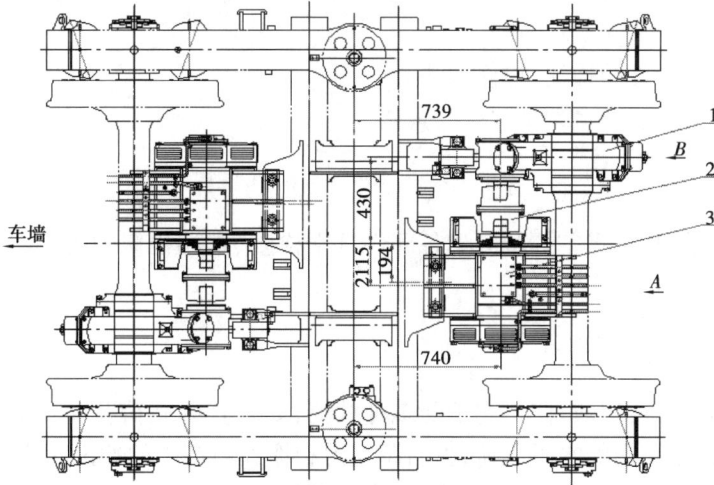

图3.70 驱动装置

1—齿轮传动装置;2—联轴节;3—牵引电机

(二)轻轨2号线独轨车辆转向架

目前,独轨车辆主要分为两种,一种为跨座式;另一种为悬挂式。其转向架结构有较大的区别。

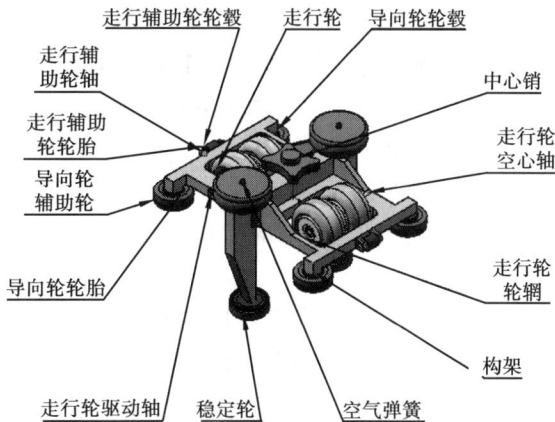

图3.71 跨座式独轨转向架

重庆轻轨2号线为跨座式独轨车辆,其转向架为二轴转向架,且全部为动力转向架。该转向架的结构如图3.71所示,转向架每根轴上装有2个走行轮,走行轮为内部充入氮气的钢套

73

橡胶车轮。为防止走行车轮轮胎放炮,转向架前后两端装有辅助车轮,转向架两侧上方各设 2 个导向轮,下方各设 1 个稳定轮,它们都是内部充入空气的钢套橡车轮。为防止导向轮和稳定轮轮胎放炮,在相应位置装有钢制备用轮,并设置了车轮轮胎放炮检测器。

任务4　城市轨道交通车辆转向架检修

【任务目标】

1. 掌握转向架各部件的检测、检修方法。
2. 掌握转向架的组装及台架试验。

【任务分析】

通过本任务的学习,重点掌握转向架各部件日常检查、定期检修的内容,转向架常见的故障及处理方法。

【知识链接】

转向架是车辆的重要组成部分,它承受多种载荷,如垂直静载荷及动载荷;由风力和离心力产生的侧向载荷;轮轨间的水平载荷;纵向制动力和惯性力产生的冲击载荷等。在这些载荷的作用和影响下,转向架的各零部件有的会产生不同程度的弯曲、拉伸、剪切及扭转变形。在一些不利的情况下,有时还会产生偏载及应力集中,使一些零部件产生裂纹、磨耗、腐蚀等不同程度的损伤。每一个零部件的好坏,都直接关系行车安全,因此,对故障应认真检查,及时正确修理,保持其良好的技术状态,对确保城市轨道车辆的运行安全具有重要意义。

【知识描述】

一、转向架的检修

转向架作为城市轨道交通车辆的关键部件之一,确保其良好的工作状态,是安全行车的重要保障,下面就以重庆地铁车辆转向架为例,简单介绍转向架的主要检修方法。

（一）转向架与车体的分解与组装

转向架分解与组装就是从转向架上将轮对、驱动装置、一系弹簧、二系弹簧等部件拆卸下来,对各部件检修合格后,再重新装配到构架上的过程。

1. 转向架与车体的分解

分解转向架与车体时,必须将列车停靠在带有地沟的平直轨道上,车轮处加铁鞋防止车辆运动。轨道两侧需有合适的起车设备,以便吊起车体。

（1）二系悬挂装置与车体连接的分解

①拆卸安全钢索

拆卸设置在车体和转向架构架之间的安全钢索,将下端(构架侧)拆开。

②拆卸高度调整阀杆

拆卸安全吊链,拆卸调整杆与水平杆之间的螺栓,最后拆卸调整杆与构架安装板之间的螺

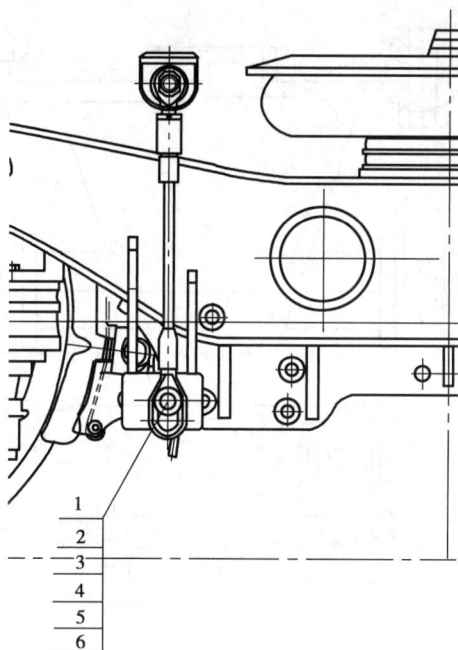

图 3.72　安全钢索结构

1—安装螺栓;2—垫圈;3—平垫;4—弹垫;5—开槽螺母;6—开口销

栓,取下调整杆。

(2)中心销与车体的分解

将防松片的两个舌片翻开,用扳手将大螺栓拆下,将下盖取下(可轻轻敲打)。用专用工具把螺栓拧进中心销套内圈的螺纹中,使中心销套与中心销的配合脱开。

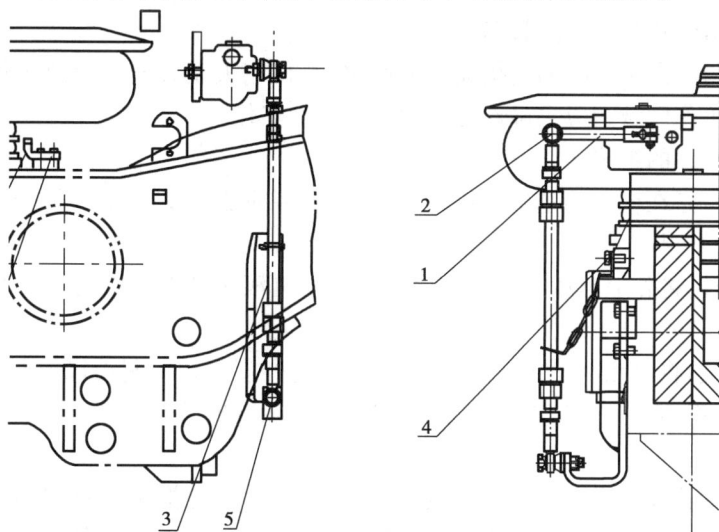

图 3.73　高度调整阀结构

1—水平杆;2—螺栓 M10;3—调整杆;4—安全吊链;5—螺栓 M12

(3)附属设备与车体连接的分解

分解安装在轴箱上的各种传感器电缆与车体的连接端。

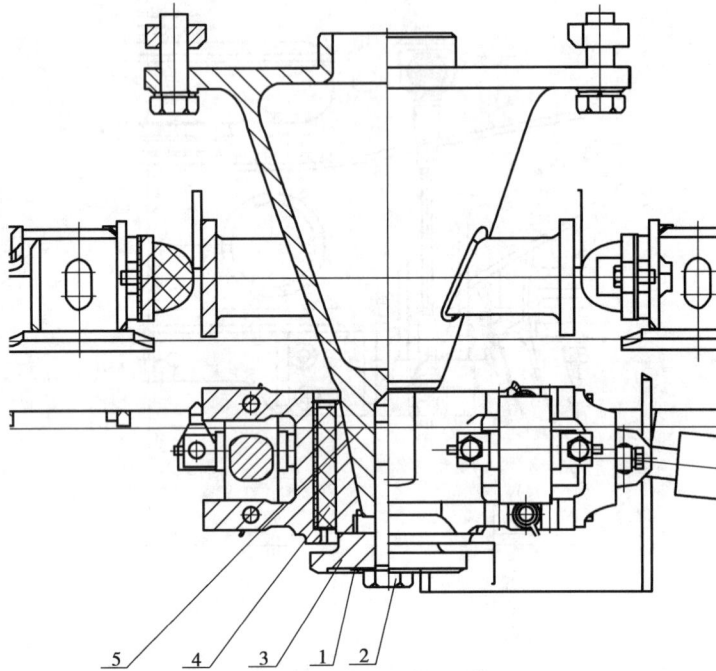

图 3.74　中心销结构

1—防松片;2—螺栓;3—下盖;4—中心销套;5—中心销

分解制动风管、停放制动风管与车体空气软管的连接。

分解牵引电机电缆。

分解接地装置与车上连接电缆。

分解轮缘润滑装置与油箱间管路。

在确认车体与转向架之间的连接完全分解之后,使用大型架车机分离车体和转向架。注意:在起落车时,工作区域内应当确认无其他操作者在工作。

2.转向架与车体的组装

转向架的组装是在构架的基础上进行的,对预组装的部件按技术要求进行调整、组装。

(1)构架部件组装

①抗侧滚扭杆:将除上球铰和调节螺筒之外的抗侧滚扭杆部件按与拆卸相反的顺序安装在构架上。

②单元制动机:将单元制动机安装在构架上,注意与斜对角的制动机类型一致。

③横向止挡:将横向止挡与横向止挡座组装在一起,并安装在构架上。

(2)轮对组装

在组装好的轴箱体上安装选配好的或新的人字弹簧,注意拖车轮对和动车轮对上的人字弹簧型号不同,要求同一转向架上的人字弹簧型号完全一致;将轮对吊放或推到转向架升降台;构架吊放在轮对上;升起转向架,安装轴箱拉杆。

(3)中央牵引装置组装

在构架上安装架车保护螺栓;将组装好的下心盘座及牵引拉杆安装在构架上。

（4）驱动系统组装

对动车转向架,安装牵引电动机;安装、调整联轴节;安装齿轮箱保险杆;安装、调整齿轮箱吊杆。

（5）二系悬挂系统组装

在构架上预安装应急弹簧。

（6）落车组装

落车后有下列几项组装内容。

①中央牵引装置

将定位套、复合弹簧、下压板等按顺序进行组装,并将中心销螺母紧固到规定扭矩,最后加开口销。

②空气簧

若空气簧胶囊、大盖固定在车体上,则落车时需将空气簧胶囊与应急弹簧连接,注意密封(一般为自密封);若胶囊、大盖与应急弹簧为一体,则将大盖与车体连接,注意通气孔接通。

③抗侧滚扭杆

将上球铰、调节螺筒、下球铰连接在一起。

④垂向减震器

将垂向减震器上、下两端分别安装在车体和构架的支座上。

⑤高度阀

将高度阀下端与构架上支座连接,上端与高度阀控制杆连接。

⑥线缆

连接电源线、接地装置、传感器导线等线缆。

⑦轴箱限位

安装轴箱限位垫片或限位块。

⑧组装完成

组装完成后,在静态调试时还需进行有关的尺寸测量与调整。转向架的分解组装作业过程还应注意以下几点:

a. 切除车辆所有电源,关闭压缩空气系统的截止阀门,确认转向架管路中没有残余压力。

b. 用止轮器挡住轮对,防止作业时的移动对人身或设备造成伤害。

c. 转向架上的部件必须经过检测或维修合格后,才能装配到构架上。

d. 各种紧固件连接应严格按照扭力要求紧固,并进行扭力校核,同时,可以画上防松线,以便于在日常检修过程中判断连接件是否松动。

（二）转向架主要零部件的检查维修

1. 构架检修

（1）构架日常检查维修

在日常检修中,转向架构架的检查主要是对构架进行外观检查,主要了解构架外观是否完好,构架上有无裂纹、锈蚀、腐蚀、变形等损伤。对已经出现裂纹的部位,在日常检修中应重点检查。因为裂纹部位往往是由于结构设计,或加工制造时存在缺陷,经过长时间的冲击振动后形成疲劳裂纹,裂纹出现时间相对集中,且成批量出现。

（2）构架定期检修

在车辆架修、大修期或车辆发生重大冲击、脱轨后，应对构架进行全面检查，并对损伤部位进行修复，对于细小的变形可以进行修正，对裂缝进行焊补。构架检查的主要步骤如下：

①构架清洗

用抹布和清洁剂彻底清洗构架表面污垢，并晾干或烘干，便于构架的进一步检修。

②构架检查

转向架分解后首先进行目测检查，检查各悬挂点、焊接点和焊缝有无裂纹、变形，焊接是否良好。重点检查构架电动机悬挂座、牵引拉杆座、一系弹簧安装座等受力部位，要求无裂纹、无腐蚀、无变形、无冲击损伤。采用内视镜聚光灯检查横梁是否被腐蚀和有无裂纹。由于设计和制造的原因，转向架构架存在一些孔洞。为尽量减少水和灰尘的进入和被腐蚀，应在孔洞处安装各种尺寸的堵塞器，因此需要对堵塞器（孔塞）进行检查：目视检查所有转向架构架的开口是否堵塞；如果塞子损坏，在重新封堵之前，应该排出所有残留水；在安装时，如果怀疑任何塞子有问题，应更新塞子。

③构架探伤

对构架进行无损探伤，检查构架重点受力部位和关键焊缝，曾经出现裂纹部位或发生冲击变形的部位。可以根据裂纹形式采用着色（渗透）探伤、磁粉探伤或涡流探伤。在裂纹明显且不脱漆的情况下，常采用着色（渗透）探伤；在裂纹不明显的情况下，可采用磁粉探伤，但需要对工件进行脱漆；在裂纹不明显，不需要对工件进行脱漆的情况下，可采用涡流探伤。若探伤发现裂纹，可采用打磨或补焊等方式消除。

④尺寸检查

检查构架变形，主要测量构架两侧一系弹簧安装座的距离，即每一侧的外侧与外侧一系弹簧安装座的距离和内侧与内侧一系弹簧安装座的距离，以此来判断一系弹簧安装座是否出现位置变形，保证转向架组装后两条轮对相互平行；检查测量构架中心线到两侧梁中心线的距离，以此来判断两侧梁是否平行；检查测量转向架构架对角线尺寸，以此来判断构架是否出现平行四边形。

⑤油漆与涂油

对构架进行重新油漆或对脱漆部位进行补漆，不能油漆的部位应涂符合要求的防锈油。

⑥记录

对检修好的构架记录有关信息，包括检修内容、检查数据，一般有登记入档和做数据库两种方式。

2. 弹性悬挂装置的检修

（1）一系弹簧检修

一系弹簧检修与一系悬挂与转向架的轴箱定位方式有关，第一类转向架采用人字形橡胶弹簧定位，其一系悬挂为人字形橡胶弹簧；第二类转向架采用转臂式轴箱定位，其一系悬挂为内、外圈螺旋钢弹簧，附加垂向减震器；第三类转向架采用锥形橡胶套定位方式，一系为锥形橡胶套。因此在一系弹簧检修时，应根据一系弹簧结构的不同进行重点检查。根据一系弹簧的使用特点，常见的检修分为日常检查和定期检修。

日常检查主要包括检查一系弹簧的蠕变和刚度的变化情况，可以通过测量轴箱顶面到构架间的距离或者构架测量到轨面的距离,以此来判断蠕变和刚度的变化。还要检查一系弹簧是否出现疲劳损伤,例如,由于温度过高导致的橡胶变形等。

定期检修一般是当一系弹簧每运用到60万km左右或测量其沉降超过允许值时,应该拆下一系弹簧,在橡胶元件实验台上进行刚度实验,包括垂向、横向、纵向的刚度实验。验前需将弹簧放置在恒定温度下一定的时间,测量弹簧垂向刚度时一般成对进行。超出刚度范围的人字弹簧作报废处理。

(2)二系弹簧检修

检查空气弹簧气囊表面是否出现破裂等明显损伤,气囊破裂将无法使二系弹簧正常充气,或者充气的空气弹簧迅速泄气,导致二系弹簧失效,车体下降并倾斜,影响车辆运行安全。若出现气囊破裂的情况,应更换气囊。

对应急弹簧进行外观检查、尺寸检查及性能试验。要求外观无脱胶、裂纹深度不超标、无老化破损;尺寸不超出范围;垂向、水平刚度不超出技术要求,则应急弹簧可继续使用。如果在两层之间出现任何粘着松动,橡胶和金属之间出现分离、疲劳或变形,应更换应急用弹簧。磨耗板要求无偏磨,尺寸符合要求,否则需更换。

在二系弹簧充气的状态下,检查是否有漏气现象,若发现漏气,可能是由于气囊破裂、空气管路密封性能不好、空气弹簧压板与气囊密封不好等原因造成的,应找出原因,尽快排除。检查二系弹簧上的金属零件是否出现变形或严重腐蚀等损伤,若有,应更换金属零件。检查紧固件是否有松动和损坏,若松动,予以紧固;若损坏,予以更换。

检查空气弹簧附件如高度调整阀无损伤、泄漏,高度调整杆无弯曲变形,各联接件牢固;检查高度调节阀联动装置,要求完好,无损伤。空气弹簧差压阀无损伤,高度阀调节杆应垂直,不准倾斜。

(3)抗侧滚扭杆的检修

抗侧滚扭杆虽然形式多样,但其结构基本相同,一般由扭杆、支撑座、扭臂、连杆组成。抗侧滚扭杆的作用是抑制车体相对于转向架的侧滚,提高车辆的稳定性和舒适性。

抗侧滚扭杆检修主要包括:

①扭杆检修。抗侧滚扭杆分解后,对扭杆进行清洗,然后进行扭转变形(弹性变形)测量,扭转变形超标则报废。扭杆是重要的受力部件,最后需进行探伤检查。

②支撑座检修。支撑座包括座体、关节轴承、轴承盖、密封圈、垫片、紧固件等。应对座体进行外观检查、内孔测量、补漆等检修,对轴承盖也需进行外观检查、补漆处理。关节轴承10年大修更换,密封圈在5年架修时即更新。

③扭臂检修。扭臂也是重要的受力部件,除清洗、油漆外还需进行探伤检查。

④连杆检修。连杆主要由球铰和调节套筒组成。对球铰应每5年彻底进行密封和性能检查;对与调节套筒连接的螺纹部分进行检查;对调节套筒进行螺纹检查。

(4)减震器检修

减震器的日常检修主要是检查减震器是否漏油和进行外观检查。减震器漏油分轻微漏油和严重漏油,一般对于轻微漏油的减震器,擦拭后可继续跟踪一段时间,若再次发现漏油或漏油严重的,应更换。外观检查主要检查橡胶关节是否有明显的裂纹和碎裂,橡胶和金属连接处是否有剥离等,还应检查保护管外观是否有变形或凹痕等损伤,焊接处是否有明显裂纹等,严重的应予以更换或补修。

3. 轮对轴箱装置的检修

轮对、轴箱装置是转向架的重要部件,因此检修要求更高。

(1)轴箱的检修

对轴箱的检修要求轴箱安装状态无异常、无漏油。轴箱橡胶弹簧无损伤、变形、龟裂。轴箱弹簧固定螺栓状态良好,防松铁丝正常。速度传感器、接地装置安装紧固,无脱落(可视范围内)。对轴箱体的检修包括清洗、外观检查、尺寸检查(内孔、端部)、探伤、油漆等内容。无论是架修还是大修,对轴承的检修内容是相同的,主要包括分解、清洗、检查、探伤,并原套检修。分解内圈采用电磁感应加热的方式,加热时间有严格要求,过长或过短都不能拆卸;组装也有类似要求,组装时需将轴箱内加入规定量的油脂。轴承寿命基本能满足大修要求,根据寿命要求并考虑规程更换轴承。对轴箱盖等结构件的检修按清洗、检查、探伤(大修时)、补漆的要求进行。对密封件的检修除结构件外,大修时均要求更新。轴箱内装有测速传感器、防滑传感器等各类传感器。对传感器的拆卸与组装需根据技术要求进行。在大齿轮热套(动车轮对)、轮对压装完成后,按与拆卸相反的顺序组装轴箱,并对检修好的轴箱记录有关信息。

(2)轮对检修

轮对检修主要包括车轮检修和车轴检修。在日常检查中,主要对车轮进行精确测量,才能确保车轮磨耗被监控以及车轮在特殊路线运行状态和正常运行条件的车轮磨耗情况。车辆检修人员有责任监控车轮磨耗以及对允许极限值作出判断。

①车轮检查

A. 车轮轮毂部分的检查修理。检查车轮轮毂上有无放射状裂纹存在,放射状裂纹可能削弱车轮在车轴上的夹紧力(例如,腐蚀脏物,车轮扭曲迹象)。如果对裂纹的存在有怀疑,可以进行磁粉探伤检查。一旦发现任何反常迹象就应该拆卸轮对。确保注油孔内的堵塞密封完好,如果丢失,应清洁注油孔安装一个新的堵塞并密封。

B. 车轮踏面检查。仔细检查踏面的破损,比如磨平、裂纹、剥离、踏面翻卷和其他破损,车轮踏面出现明显的擦伤、剥离现象,经检测工具测量后确认擦伤、剥离的深度、长度是否超出标准,如图3.75所示。对未超出检修规程中车轮擦伤、剥离标准的,可进行跟踪观察暂不处理;超出车轮擦伤、剥离标准的可进行镟轮处理。

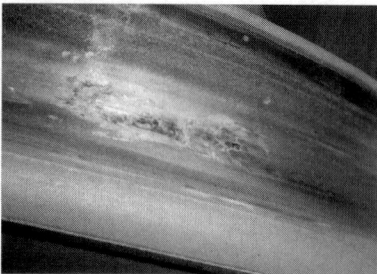

图 3.75 轮对擦伤、剥离

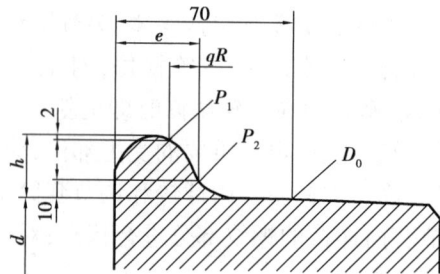

图 3.76 车轮几何尺寸检查参考点

D_0—滚动圆位置距车轮内侧面 70 mm 处;d—车轮直径;

h—轮缘高度;e—轮缘厚度;qR—轮缘倾斜度

C. 车轮几何形面测量。在进行车轮几何形面检查时应采用专用检查工具进行测量,如轮径尺、轮对内侧距测量尺、轮缘形状专用测量尺(测量倾斜度"qR"值)、轮缘高度/厚度测量尺、轮缘尺寸专用测量仪等。

车轮直径 d 的检查是在滚动圆位置距车轮内侧面 70 mm 处,用轮径尺测量。城市轨道交通车辆的车轮公称直径为 840 mm,采用磨耗型踏面,允许车轮磨耗最小直径为 770 mm,并在轮辋上刻有一沟槽记痕,轮径差必须满足:同一轴 ≤ 1 mm,同一转向架 ≤ 3 mm,同一辆车 ≤ 6 mm,否则必须镟轮。

轮缘尺寸检查包括轮缘高度 h 检查、轮缘厚度 e 检查、轮缘倾斜度 q_R 检查(在 P_1 和 P_2 之间测量)。

使用轮缘高度检查尺检查轮缘高度如图 3.77 所示,检查量规的触点是否接触到车轮踏面,如果触点在轮缘公差之外(即没有接触到踏面)则需要镟修后使用,否则应更换轮对。

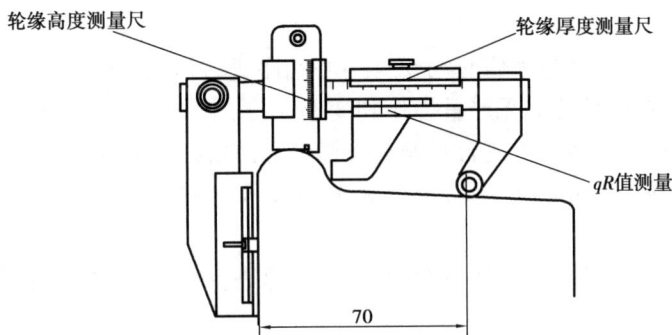

图 3.77　轮缘高度、厚度、qR 值检查

使用专用测量尺检查轮缘厚度如图 3.77 所示。检查量规的触点是否接触到车轮踏面,如果触点在轮缘公差之外(即接触到踏面)则需要镟修后使用,否则应更换轮对。

轮缘倾斜度 qR 检查用轮缘形状专用测量尺测量(图 3.77),在 P_1 和 P_2 之间测量。

车轮内侧距检查(图 3.78)。检查车轮轮辋的过热迹象,如果车轮有过热或制动后出现异常过热迹象时就必须测量车轮内侧距。在轮对空载条件下,测量值为 1 353 ~ 1 355 mm 时,就要与轮对内侧距初始值比较,在空载条件下车轮位移量不得超过 0.5 mm。在车轮退卸操作时,建议检查轮对内侧距。

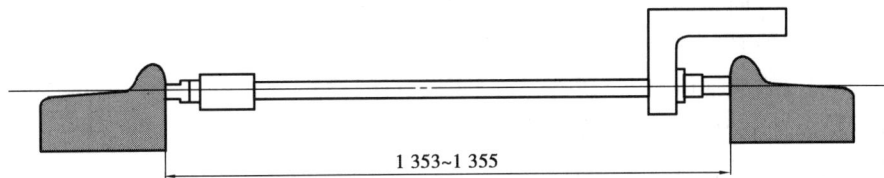

图 3.78　车轮内侧距检查

②车轴检修

车轴检修主要是车轴的外观检查,车轴可见区域的腐蚀、凹痕和刻痕。在车轴轴身上小于 1 mm 深度的凹痕可以用粗砂纸(120 目或更高)打磨去除,按纵向方向(沿着车轴中心线)打磨。打磨后用磁粉对相关区域进行探伤检测,不允许有裂纹产生。如果发现在车轴轴身上的磕碰印痕超过 1 mm 深则更换轮对。在过渡圆弧 R 处不允许出现磕碰或裂纹。如果在这个区域发现磕碰或裂纹则更换轮对。车轴内部的缺陷(如内部的裂纹、气孔、夹渣等),可用超声波

探伤仪进行探伤检查,如有缺陷则需更换轮对。车轴轮座若有拉毛或损坏,应进行打磨。其他轴身如有必要则进行表面修复。对车轴进行补漆、防锈处理,并标识。

③轴承的检修

轴承的日常检修一般目测检查轴承是否有润滑脂泄漏,听轴承是否有异响。若存在润滑脂泄漏或异响,当车辆高速运行时,容易引起轴温迅速升高,不仅会降低轴承和润滑脂的寿命,甚至会引起烧轴、切轴现象,造成重大安全事故。轴承拆卸后的检修要求非常严格,不仅要在专业车间内进行,而且对轴承检修设备、检修工艺布局、检修环境的要求都非常严格。

4.中央牵引装置检修

(1)中心销系统的检修

①中心销检修。架修与大修时均要对中心销进行清洁、检查,并探伤。中心销无变形、无裂纹,螺纹无损伤。

②中心销座检修。架修与大修时均要对中心销座进行清洁、检查和探伤。中心销座应无裂纹,与横向止挡的接触部位应无严重撞伤和变形。

③复合弹簧检修。架修时对复合弹簧进行清洁、外观检查、尺寸检查和刚度测量。表面橡胶无损伤、无铁件外露,尺寸和刚度均符合规定的技术要求,可继续使用。大修时全部进行更换。

④下心盘座检修。架修与大修时均要对下心盘座进行清洗、检查,并探伤。对撞击部位的凹坑进行修补并补漆。

⑤其他结构件的检修。对其他结构件进行清洗、检查,对重要受力部件进行探伤。若无异常,结构件可继续使用。紧固件架修、大修时全部进行更换。

(2)牵引拉杆的检修

架修时需对牵引拉杆进行清洗、检查,大修时还要进行探伤、油漆。牵引拉杆橡胶套架修时无须拆卸,只对牵引拉杆总成进行检查和刚度试验。大修时全部更换橡胶套。紧固件在架修、大修时全部进行更换。对检修好的牵引拉杆及其部件的有关信息进行记录。

(3)横向缓冲装置检修

横向缓冲装置主要是指横向橡胶止挡和横向止挡座,其检修遵照橡胶件的要求进行,并进行性能测试。并对横向止挡座进行检查,一般可继续使用。

5.驱动装置的检修

驱动装置的检修包括齿轮箱与联轴节、牵引电机的检修。

①齿轮箱、联轴节及吊杆安装状态无异常,温度正常。

②吊杆球面轴承橡胶无龟裂变形。

③齿轮箱油位符合标准,油质正常,如低于下油位线,应补油。齿轮箱、联轴节无漏油、渗油现象。

④齿轮箱应急止挡无损伤、无裂纹,紧固螺栓无松动。

⑤电机外观完好,安装紧固。

⑥接地装置安装紧固。

⑦速度传感器安装良好,无破损。

⑧测量牵引电机外壳及联轴节侧的温度正常。

⑨牵引电机主线无破损、烧损,与车体无摩擦,连接器锁闭良好。

⑩目测牵引电机过滤网无堵塞。

二、转向架典型故障分析及处理

故障 1:转向架中心销下沉

故障原因及分析:转向机中心销与牵引梁固定的压盖间隙过大。因为中心销与牵引梁之间的弹簧受挤压力小,使中心销与牵引梁之间间隙变大,造成牵引梁上移,导致固定压盖与牵引梁间隙增大。

故障处理方法:拆卸固定压盖,检查复合弹簧,硫化橡胶破损脱毂或严重变形时,更换复合弹簧;复合弹簧正常时可加入调整垫片,重新安装后,用千斤顶压装压盖,带上螺栓。

故障 2:转向架四角高度超差

故障原因及分析:轴箱与转向架构架基准块间距超过工艺规定值,同一转向架高度差不超过 4 mm(修程时)。因轴箱一系列弹簧装置橡胶形变或硫化橡胶破损、脱毂、裂纹,造成间距差。该故障会使转向架受力不均,损坏轴箱、构架。

故障处理方法:如轴箱一系弹簧装置硫化橡胶破损脱毂裂纹,应更换弹簧;如弹簧装置正常变形,应加装调整垫。

实践与训练:

工作项目	城市轨道交通车辆转向架结构与检修
任　　务	了解城市轨道交通车辆转向架的类型、结构及工作原理;掌握城市轨道交通车辆转向架各组成部分的典型故障种类及维修

【知识认知】
1.简述城市轨道交通车辆转向架的基本组成。
2.城市轨道交通车辆轴承有哪几种形式?轴承保养有哪些注意事项?
3.简述轴箱定位装置的种类及结构特点。
4.简述空气弹簧系统的组成及工作原理。
5.简述液压减震器的工作原理。
6.城市轨道交通车辆驱动装置有哪些种类?
7.简述城市轨道交通车辆典型转向架的结构特点。
8.简述城市轨道交通车辆转向架主要零部件的检修标准及典型故障。

【技能训练】
1.利用轮对内径检查尺测量轮对内径。
2.利用第 4 种检查检测车轮各部分尺寸。
3.以重庆地铁转向架为例简述转向架各部分检修内容。

单元小结

　　城市轨道交通车辆转向架的主要作用为支撑车体,传递载荷使车辆顺利通过曲线,传递牵引力和制动力,缓和振动和冲击,确保车辆运行的安全性,提高乘坐舒适性。城市轨道交通车辆转向架为二轴构架式转向架。转向架的分类有多种方式,从悬挂结构可分为一系悬挂和二系悬挂转向架等;以有无驱动装置可分为动车转向架和拖车转向架等。但不同转向架的基本组成和主要功能是相同的。由以下几个部分组成:构架、轮对轴箱装置、弹性悬挂装置、基础制动装置、驱动装置等。城市轨道交通车辆转向架的检修也主要分为转向架的分解及组装,构架的检修,轮对轴箱装置的检修,弹性悬挂装置的检修等,其检修主要以外观检查、探伤、检测为主,以保证转向架日常运行的安全,并在大修完成之后恢复转向架的功能。

单元 4　城市轨道交通车辆车端连接装置结构与检修

任务 1　车钩的组成及工作原理

【任务目标】

1. 掌握车钩的主要类型。
2. 掌握车钩的结构特点。

【任务分析】

通过本任务的学习,重点掌握车钩的类型及其结构特点,难点在于密接式车钩的工作原理。

【知识链接】

车辆连接装置主要包括:车钩缓冲装置和贯通道装置,通过它们使列车中车辆相互连接,实现相邻车辆之间的纵向力传递和通道的连接。车钩缓冲装置包括连挂系统和缓冲器等部分,贯通道则包括密接式风挡,渡板等装置。

【知识描述】

一、车钩缓冲装置的作用

车钩是牵引缓冲装置中的主要部件之一,车钩是用来实现机车和车辆或车辆和车辆之间的连挂,传递牵引力及冲击力,并使车辆之间保持一定距离的车辆部件。

车钩可分为非自动车钩、自动车钩。自动车钩又分为非刚性自动车钩和刚性自动车钩(密接式车钩)。非自动车钩由人工完成车辆的连接。非刚性自动车钩允许相连的车钩钩体之间有一定的垂向相对位移,即两车钩总轴线有高差时,车钩处于水平位置,用于货车。刚性自动车钩(密接式车钩)不允许相连的车钩钩体之间有垂向相对位移,即两车钩总轴线有高差时,两车钩处于同一条斜直线上,如图4.1所示。其特点是:连接紧密,冲击小,噪声低,可实现机械、电器、空气的自动连接,多用于高速客车和城市轨道交通车辆上。

二、城市轨道车辆车钩

城轨车辆用车钩基本上可分为自动车钩、半自动车钩和半永久性牵引杆3种。

(一)自动车钩

自动车钩位于列车端部,其电气和风路连接装置都组装在钩头上。当车辆连挂时,车钩的机械、风路、电路系统都能自动连接;解钩时,可在司机室控制自动解钩或采用手动结构。解钩

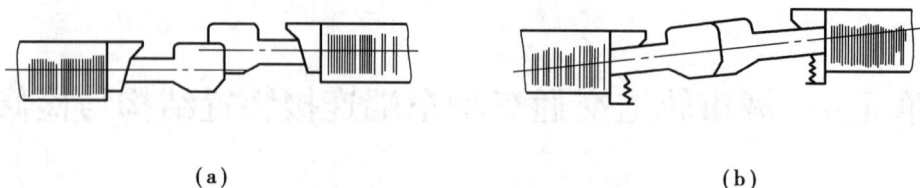

（a） （b）

图 4.1 非刚性车钩与刚性车钩

（a）非刚性车钩；（b）刚性车钩

后,车钩即处于待挂状态;电气连接器通过盖板自动关闭,以防止水和尘土进入;主风管连接器也自动关闭,防止压缩空气泄漏。

我国城轨车辆使用的自动车钩主要有两种:一种是国产密接式车钩,采用半圆形钩舌;一种是 Scharfenberg 式自动车钩,采用拉杆式连接结构。

1.国产密接式车钩

国产密接式车钩主要为柴田密接式车钩,柴田密接式车钩缓冲装置如图 4.2 所示。它主要由车钩钩头、橡胶金属片式缓冲器、风管连接器、电器连接器和风动解钩系统等几部分组成,缓冲器位于钩头的后部。

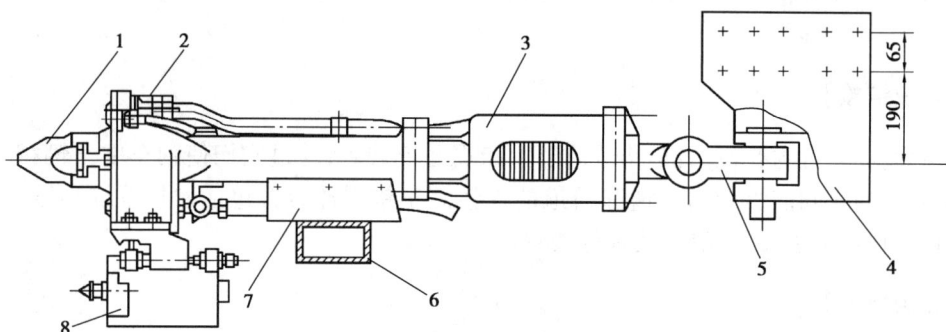

图 4.2 柴田密接式车钩缓冲装置

1—密接式车钩钩头;2—风管连接器;3—橡胶金属片式缓冲器;
4—冲击座;5—十字头;6—托梁;7—磨耗板;8—电气连接器

此密接式车钩作用原理可分为 3 种状态,分别为待挂状态、连挂状态、解钩状态。其作用原理示意图如图 4.3 所示。

待挂状态为车钩连接前的准备状态,此时钩舌定位杆被固定在待挂位置,解钩风缸活塞杆处于回缩状态,此时半圆形钩舌的连接面与水平面呈 40°。

连挂状态是两钩连挂时,钩头凸锥插入对方相应的凹锥孔中,此时钩头凸锥的内侧面在前进中推压对方钩舌使其转动,这时解钩风缸的弹簧受压缩,钩舌旋转,当两钩连接面接触后,凸锥的内侧面已不再压迫对方的钩舌,由于弹簧的作用,使钩舌向相反方向旋转并恢复到原来的状态,此时处于闭锁位置,完成了两车（钩）连挂。

解钩状态是分解时,由司机操纵解钩阀,压缩空气由总风管进入本车的解钩风缸,同时经解钩风管连接器送入相连挂的另一辆车的解钩风缸,推动活塞杆向前并带动解钩杆,使钩舌转动至开锁位置,此时两钩即可解开。

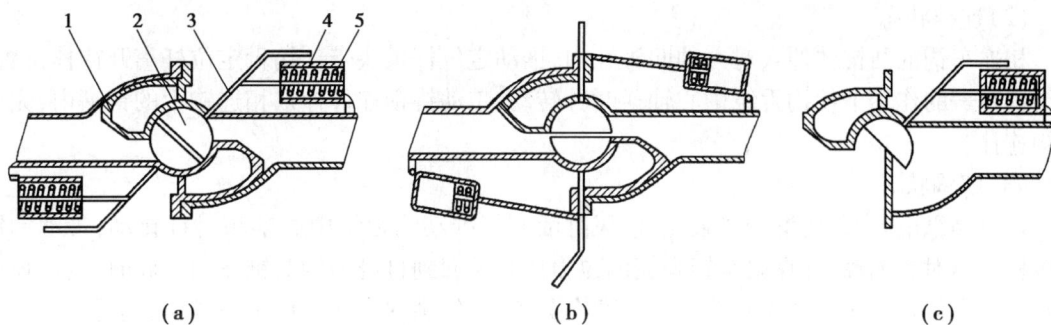

（a）　　　　　　　　　　　（b）　　　　　　　　　　　（c）

图4.3　柴田密接式车钩内部结构与作用原理

（a）连挂状态；（b）解钩状态；（c）待挂状态

1—钩头；2—钩舌；3—解钩杆；4—弹簧；5—解钩风缸

当手动解钩时，只要用人力推动解钩杆，使钩舌转动至开锁位置，就可实现两钩的分解。

2.Scharfenberg 密接式车钩

Scharfenberg 密接式车钩缓冲装置如图4.4所示。它主要由车钩钩头、橡胶缓冲器、风管连接器、电器连接器和风动解钩系统等几部分组成，缓冲器位于钩头的后部。Scharfenberg 密接式车钩的工作原理如图4.5所示。

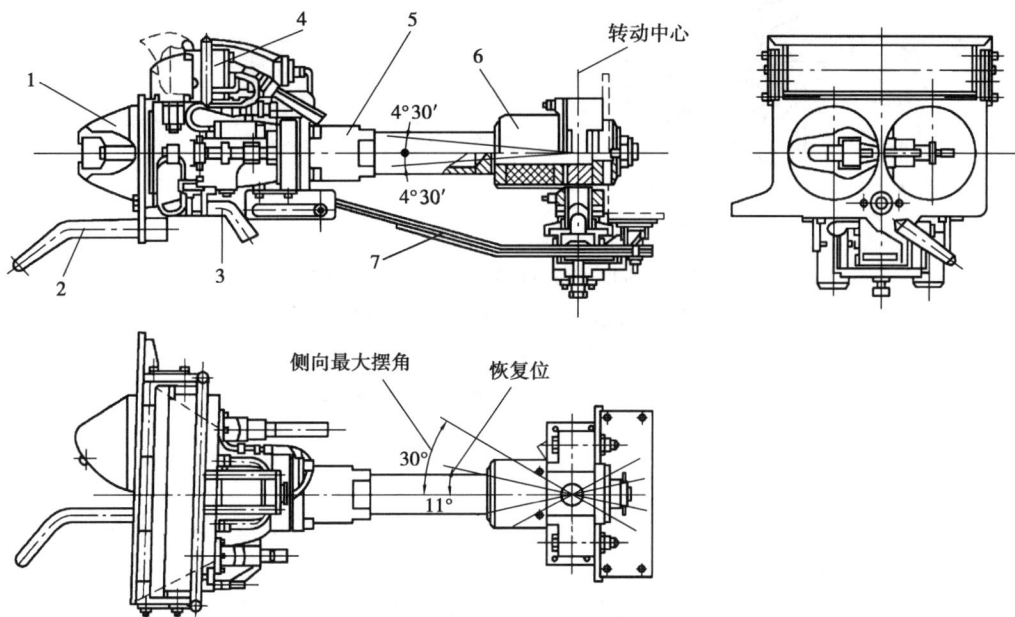

图4.4　Scharfenberg 密接式车钩缓冲装置

1—密接式车钩钩头；2—引导对准爪把；3—风管连接器；
4—电气连接器；5—钩身；6—橡胶弹簧；7—支撑弹簧

（1）待挂状态

钩舌定位杆上的凸缘使钩舌定位在开锁位置上，钩锁连接杆退至壳体前半部的凸锥内，钩锁弹簧处于最大拉伸状态，钩舌上的钩嘴对着钩头正前方。

87

（2）连挂状态

相连车钩的凸锥体伸入对方的凹锥孔内，推动定位杆顶块带动钩舌定位杆离开待挂位置。在钩锁弹簧的作用下使钩舌绕中心轴逆时针转动，带动钩锁连杆伸入相连钩舌的钩嘴内，完成车钩连挂。

（3）解钩状态

司机操纵电磁阀，使解钩风缸充气，风缸活塞杆推动钩舌绕中心轴顺时针转动，带动钩锁连接杆脱离对方钩嘴，并克服钩锁弹簧的拉力使其缩回到自身的钩头锥体内。此时，定位顶块控制钩舌定位杆使车钩处于解钩状态。两车分离后，钩锁弹簧使定位顶块复位，钩舌定位。

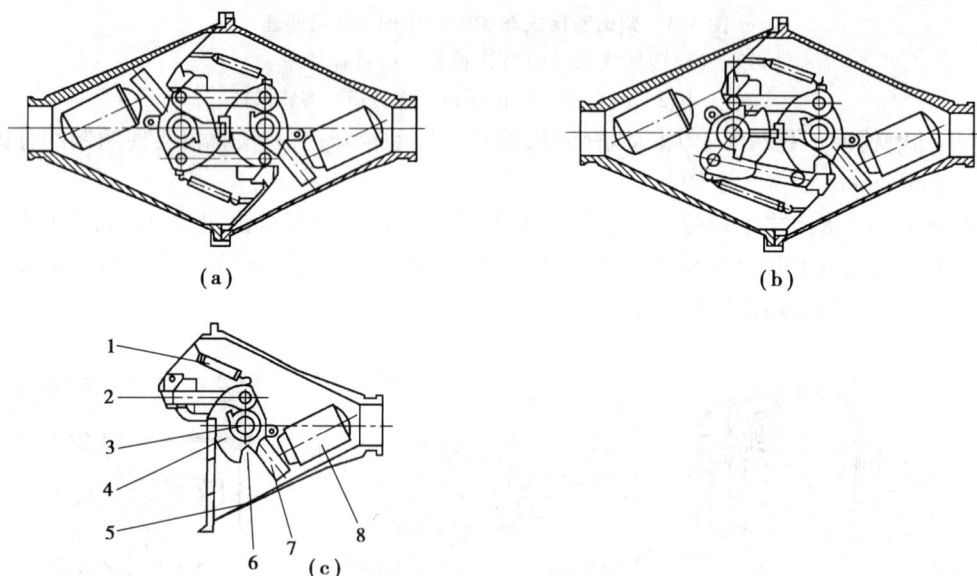

图 4.5　Scharfenberg 密接式车钩工作原理

（a）连挂状态；（b）解钩状态；（c）待挂状态

1—钩锁连接杆弹簧；2—钩锁连接杆；3—中心轴；4—钩舌；

5—钩头壳体；6—钩嘴；7—解钩杆；8—解钩风缸

（二）半自动车钩

半自动车钩用于两编组单元之间的车辆连挂。

通常半自动车钩的钩头连接形式与自动车钩相同，连挂方式和锁闭方式也相同。两个相同的车钩可以在直线线路和曲线线路上自动连挂。半自动车钩可以实现列车单元之间的机械连接和风管连接的自动连接，电气连接只能手动。解钩时机械和气路部分可自动，也可手动操作，但不能在司机室集中控制。在半自动车钩上设有贯通道支撑座，用于车辆运行过程和解钩之后的支撑贯通道。支撑座可以承受贯通道及所承受的载荷。

（三）半永久性牵引杆

半永久性牵引杆用于同一单元内车辆之间的编组，使之编组成单元。列车单元在运行过程中一般不需要分解，通常只在维修时才分解。当两车连挂时即形成刚性连接，其连接间隙最小。国产地铁车辆半永久牵引杆结构如图 4.6 所示。

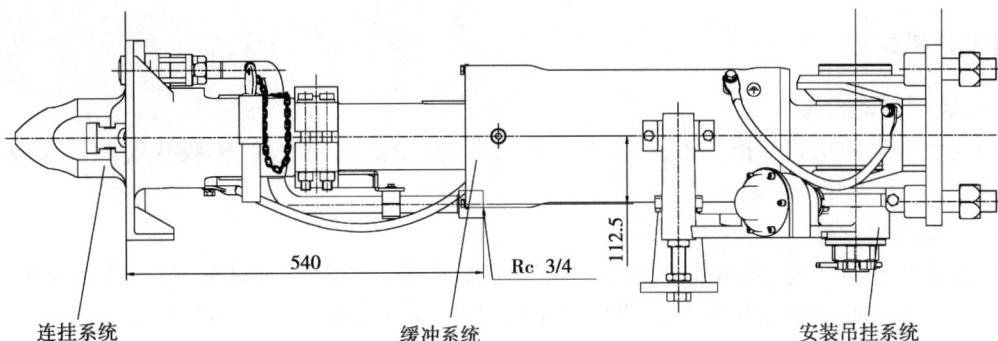

连挂系统　　　　　　　　缓冲系统　　　　　　　　安装吊挂系统

540　　　Rc 3/4　　112.5

图4.6 半自动密接式钩缓装置

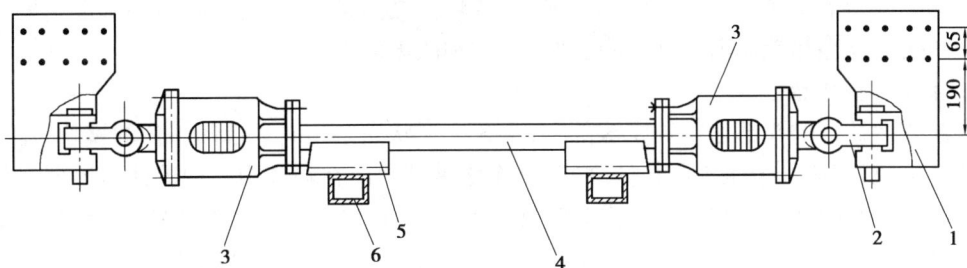

3

65　190

5　6　4　2　1

图4.7 国产地铁车辆半永久性牵引杆
1—连接座;2—十字头;3—缓冲器;4—牵引杆;5—磨耗板;6—车钩托梁

任务2 缓冲装置的组成及工作原理

【任务目标】

1.掌握缓冲装置的主要类型。
2.掌握缓冲装置的结构特点及工作原理。

【任务分析】

通过本任务的学习,重点掌握缓冲装置的类型及其结构特点,难点在于缓冲装置的工作原理。

【知识链接】

缓冲器用来缓和列车在运行中由于机车牵引力的变化或在启动、制动及调车作业时车辆相互碰撞而引起的纵向冲击和振动。缓冲器有耗散车辆之间冲击和振动的功能,从而减轻对车体结构和装载货物的破坏作用,以提高列车运行的平稳性。

缓冲器的工作原理是借助于压缩弹性元件来缓和冲击作用力,同时在弹性元件变形过程中利用摩擦和阻尼吸收冲击能量。

【知识描述】

一、缓冲器的分类

根据缓冲器的结构特征和工作原理,一般可分为:摩擦式缓冲器、橡胶式缓冲器和液压式缓冲器等。

1.摩擦式缓冲器

摩擦式缓冲器由前、后两部分组成,前部为螺旋弹簧(客车用)或环弹簧(货车用),后部为内、外环弹簧,彼此以锥面相配合,两部分之间由弹簧座板分隔。螺旋弹簧用来缓和冲击作用力,环弹簧两滑动斜面间的摩擦力用来起到吸收能量的作用。当缓冲器受力压缩时,使各环相互挤压,这时外环弹簧中就储存了大部分的冲击能量;同时各内外环簧的斜面之间因相互摩擦而将一部分冲击能变成热能。当外力除去后,各环簧之间又产生摩擦,将所储存能量的一部分再一次转变为摩擦热能而消散,因而起到了缓冲和减震的作用。

2.橡胶式缓冲器

橡胶式缓冲器的头部为楔块摩擦部分,由3个形状完全相同且带倾斜角的楔块、压头和箱体等部分组成,楔块介于压头与箱体之间,整个缓冲器封闭在箱体内。橡胶式缓冲器是借助橡胶分子内摩擦和弹性变形起缓和冲击和消耗能量作用的。为了增大缓冲器容量,在头部装有金属摩擦部分,借助3个带有倾角的楔块,在受压时与箱体及压头间各接触斜面产生相对位移,因摩擦而消耗冲击能量。

3.液压式缓冲器

液压式缓冲器是以液压油作为介质,利用液压油的特性组合成具有结构紧凑,动态特性好,工作行程长,具有缓冲效果的可恢复式缓冲器。该缓冲器包括缸体,设在缸体内具有活塞杆的活塞;缸体与活塞密封滑动配合,活塞杆可与冲击力承载件联结,还包括没有充注阀的外壳和端盖。

二、缓冲器的性能参数

(1)行程

缓冲器在受力下产生的最大变形量,称为行程。此时,弹性元件处于压死状态,当继续增大外力时,变形量不再增加。

(2)最大阻抗力

最大阻抗力为缓冲器达到行程时的作用外力。

(3)缓冲器容量

缓冲器在受到冲击时,全压缩过程中所做的功称为缓冲器的容量。

(4)能量吸收率

缓冲器在压缩过程中,有一部分冲击能量被阻尼所消耗。其消耗部分能量与容量之比,称为能量吸收率。它表明吸收冲击能量的能力。吸收率越大,则反拨作用小,冲击过程停止得越快。

(5)回弹能量

回弹能量为缓冲器在复原时所放出的能量。

（6）耐久性

缓冲器在运用中保持其容量的能力,称为耐久性。

三、对缓冲器的基本要求

①有足够的容量和较高的冲击能量吸收率(不小于75%)。

②有足够的强度和耐久性。

③在小冲击力作用下动作灵敏。

④摩擦件应耐用、耐磨、磨耗均匀。

表4.1　缓冲器性能参数表

技术指标	1号(环簧)	G1号(环簧)	R-2P(橡胶)	日本RD11(橡胶)	苏联P-2Ⅱ(橡胶)	波兰弹性胶泥	铁道部四方车辆研究所研制弹性胶泥	聚酯	1号加弹性胶泥芯子	TGV用弹性胶泥缓冲器	
										BC205-60B(拖车用)	L7A-M3(动车用)
容量/kJ	14	25	21	11.8	22.5	32	25	32	19	58	62.5
阻抗力/kN	580	800	735	980	1 300	550	500	1 050	800	—	—
行程/mm	68	71	70	45	70	110	73	105	68	—	—
初压力/kN	15～20	80～100	29～49	49	60～125	15	15～20	10	15～20	—	—
吸收率/%	65	60	55	55	55	80	80	55	70	—	—
容量重量比/(kJ·kg^{-1})	0.139	0.238	0.333	0.3～0.4	0.34	0.5～0.6	0.5～0.6	—	0.158	1.53	0.563
检修周期/a	1	1	1.5	2	1	10	10		1		

注:①橡胶缓冲器要满意–50 ℃的工作温度较为困难;

②1号、G1号为全金属缓冲器,不受使用温度的限制;

③弹性胶泥缓冲器工作温度可达–60 ℃;

④容量质量比越大越好。

四、我国城轨车辆采用的缓冲装置主要类型

1.层叠式橡胶金属片缓冲器

如图4.8所示,其作用原理是当车辆受到压缩载荷时,缓冲器体和牵引杆受压,此时力的传递方向为:牵引杆压缩后从板→橡胶金属片→前从板和缓冲器的前端。橡胶金属片受到压缩,起到缓冲作用。在牵引载荷工况下,缓冲体和牵引杆受拉,此时力的传递方向为:牵引杆上的滑套压缩前从板→橡胶金属片→后从板和缓冲体后盖,同样起到缓冲作用。此种缓冲器常用于国产地铁车辆上。

2.环弹簧缓冲器

环弹簧缓冲器由弹簧盒、内外环弹簧、前后从板、牵引杆、端盖、球形支座(使整个钩缓可在水平面内绕销轴左右摆动40°,垂直面内上下摆动5°)等零件组成,如图4.9所示。其性能参数为:容量18.7 kJ,最大作用力580 kN、行程58 mm、能量吸收率66%。

环弹簧缓冲器的工作原理如下:

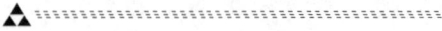

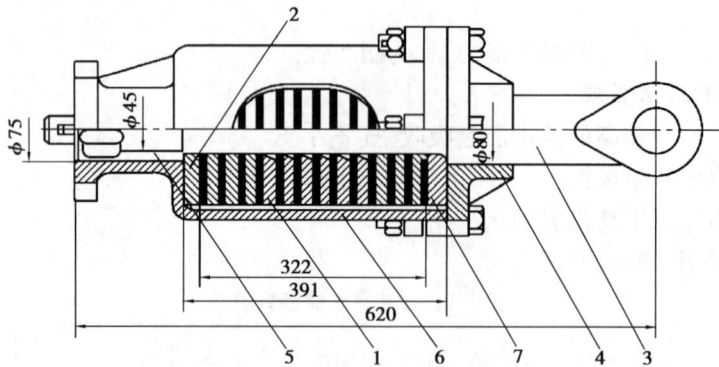

图 4.8　层叠式橡胶金属片缓冲器

1—橡胶金属片;2—前从板;3—牵引杆;4—缓冲器后盖;
5—滑套;6—缓冲器体;7—后从板

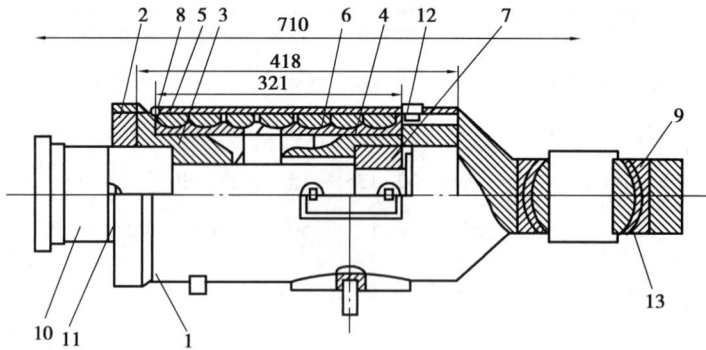

图 4.9　环弹簧缓冲器

1—弹簧盒;2—端盖;3—弹簧前从板;4—弹簧后从板;5—外环弹簧;
6—内环弹簧;7—开口弹簧;8—半环弹簧;9—球形支座;10—牵引杆;
11—标记环;12—预紧螺母;13—橡胶嵌块

（1）受牵拉时:牵引杆→后从板→环弹簧→前从板→簧盒→球形支座→车钩。

（2）受冲击时:牵引杆→前从板→环弹簧→后从板→簧盒→球形支座→车钩。

3.弹性橡胶泥缓冲器

密接式车钩用弹性胶泥缓冲器和地铁车钩用弹性胶泥缓冲器是与我国现有的密接式车钩和地铁车钩配套使用的。其主要技术参数相同,主要技术参数为:初压力≤30 kN ,行程≤73 mm,阻抗力≤700 kN,容量≥30 kJ,吸收率≥80 %。弹性橡胶泥缓冲器主要由牵引杆、弹簧盒、内半筒、端盖和弹性橡胶泥芯子等组成,如图4.10所示。

其工作原理如下:

（1）受牵拉时:牵引杆→内半筒→弹性橡胶泥芯子→弹簧盒→车体。

（2）受冲击时:牵引杆→弹性橡胶泥芯子→内半筒→弹簧盒→车体。

4.压溃变形管

车钩缓冲装置是车辆冲击能量吸收系统的一部分,压溃变形管可作为车钩缓冲装置的重

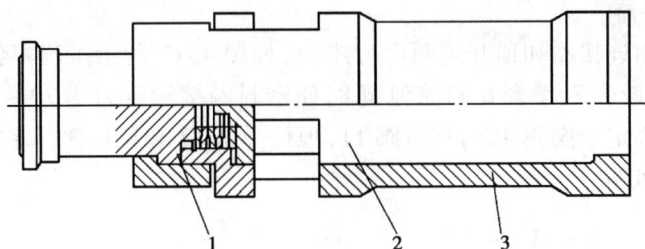

图 4.10　弹性胶泥缓冲器
1—牵引杆；2—弹性胶泥芯子；3—内半筒

要部件来吸收车辆冲击能量，其结构组成如图 4.11 所示。当两列车相撞时，将会产生可恢复的和不可恢复的变形。该装置由一个预装载的压溃管和一个冲头组成，当车辆在事故中或在碰撞速度超过 8 km/h 时，车钩所受到的冲击压缩力超过橡胶缓冲器所能承受的能力，装载车钩杆上的压溃变形管受到挤压将冲击能转化为变形能，起到保护作用。

图 4.11　压溃变形管示意图

任务3　车端连接附属装置的结构

【任务目标】

1. 掌握附属装置的主要种类。
2. 掌握附属装置的结构特点及工作原理。

【任务分析】

通过本任务的学习，重点掌握附属装置的类型及其结构特点，难点在于车钩对中装置的工作原理。

【知识链接】

车端连接附属装置主要是为保证车钩缓冲器的正常工作而设置的，主要包括风管连接器、电气连接器、车钩对中装置。贯通道装置也就是风挡装置，位于两节车厢的连接处，是两车辆通道连接的部分。

【知识描述】

一、车端连接附属装置

1. 风管连接器

风管连接器分为总风管连接器、制动主管连接器和结构分管连接器 3 种，其中制动主管连接器和解钩分管连接器结构完全相似，只是制动主管连接器具体尺寸大一些。

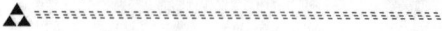

（1）总风管连接器

总风管连接器由连接器和顶开阀两部分组成,如图 4.12 所示。当车钩连挂时,密封圈 5 相互接触,借助于橡胶套 7,滑套 6 和前弹簧 8,使密封圈接触压力达 70 ~ 160 N,保证不致泄漏。顶开阀阀体 2 固定于阀壳 4,内有滑阀 11,顶杆弹簧 12 和顶杆 3,车钩连接时两顶杆相接触,滑阀后退,开通风路。

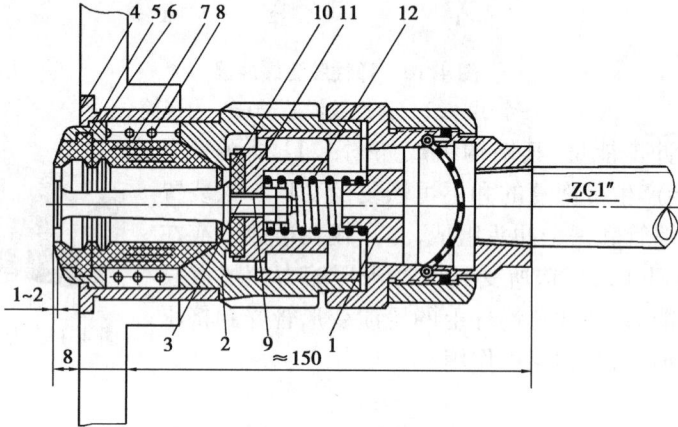

图 4.12　总风管连接器

1—后接头;2—阀体;3—顶杆;4—阀壳;5—密封圈;6—滑套;7—橡胶套;
8—前弹簧;9—调整垫片;10—阀垫;11—滑阀;12—顶杆弹簧

（2）制动风管连接器

制动主管连接器和总风管连接器基本结构相似,如图 4.13 所示,主要区别因其没有自动关闭的顶开阀装置,所以在制动管之间设有手动截断塞门,当相邻两车钩不连接时,应将手动截断塞门关闭;当两车钩连挂后,塞门应开启;当事故脱钩时,塞门仍处于开通位置,因而能立刻产生紧急制动。

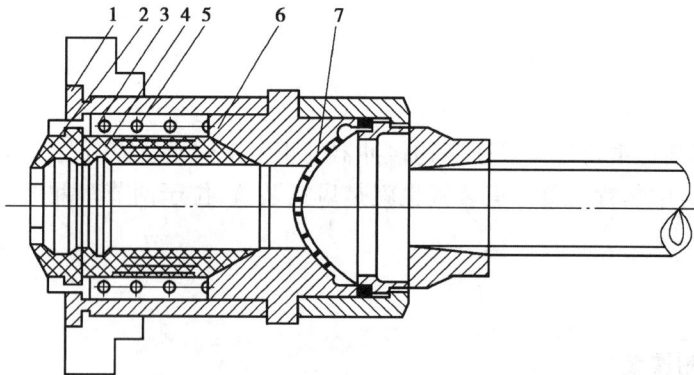

图 4.13　制动风管连接器

1—阀壳;2—密封圈;3—滑套;4—橡胶套;5—前弹簧;6—后接头;7—滤尘网

2. 电气连接器

城市轨道交通车辆车钩缓冲装置电气连接器如图 4.14 所示，由左右电气箱组成，外装保护罩，分设于钩头两侧，可前后伸缩。通过悬吊装置使钩体与电气连接器成弹性连接。连挂时保护罩自动开启，电气箱推出，箱体可退缩 3～4 mm，使其端面高于车钩端面，靠弹簧压力，保证良好接触；触头上有银片，以减小电阻。箱体的一侧有定位销，对称侧有定位孔，两钩连挂时定位销插入对应的定位孔，以保证触头的准确连接；密封条用来防雨水和灰尘进入电气箱。解钩后电气箱退回原位，保护罩自动关闭。

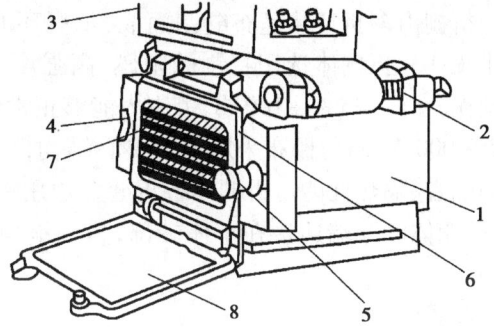

图 4.14　电气连接器
1—箱体；2—悬吊装置；3—车钩；4—定位孔；
5—定位销；6—密封条；7—触头；8—箱盖

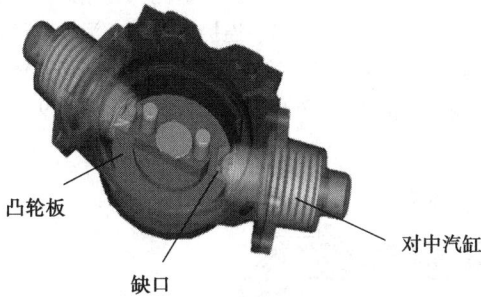

图 4.15　车钩对中装置示意图

图 4.16　贯通道装置

3. 车钩对中装置

车钩对中装置如图 4.15 所示，在缓冲器的尾部下方左、右各设有一个对中汽缸，它的活塞头部安装有一个水平轮，当汽缸充气活塞向外伸出时，能自动嵌入固定在球铰座下方的一块呈桃子凸轮板左、右的两个缺口内，从而达到车钩自动对中的目的，也就是使车钩缓冲装置的中心线与车体中心线在一个垂直平面内，以便使一个车钩钩头对准对方车钩的钩坑。

4. 车钩托组成

车钩托装置固定于车底架下部，它支撑着车钩使其能顺利完成纵向的位移，以及水平、垂直面上的角位移。

二、贯通道及渡板

(一) 贯通道组成

贯通道位于两节车厢连接处，是连接两节车厢通道的重要组成部分，由波纹折棚、紧固框架、连接框架、滑动支架、渡板组成(1)、渡板组成(2)、内侧板、单层顶板、顶板等部件组成。它具有良好的防雨、防风、防尘、隔音功能，保证乘客能随时、安全、方便地通过，其结构组成如图 4.17 所示。

1. 波纹折棚组成

折棚由多折环状篷布缝制而成，每折环的下部设有 2 个排水孔。折棚体选用特制的阻燃、高强度、耐老化人造革制作，在（ −45 ～ +100 ）℃范围内能够正常使用，抗拉强度≥3 000 N/cm²。棚布采用双层夹心结构，大大提高了风挡的隔音、隔热性能。折棚体各折缝合边用铝合金型材镶嵌，折棚体的一端连接在车体端部，另一端与连接座连接固定。

2. 紧固框架

紧固框架是由铝型材焊接而成，通过固定在框架上的螺钉将波浪式风挡牢固地与车辆端部连接，在该部件的上面还设有固定内墙板和内顶板的连接装置。

3. 连接框架

连接框架也是由铝合金骨架焊接而成，与紧固框架外形相似，但其内部结构和实现的功能是不同的，如图 4.18 所示。

（1）在框架的侧面和顶部设有两个定位孔和定位销，当连挂时，定位销插入对应框架的定位孔中而实现准确连挂。

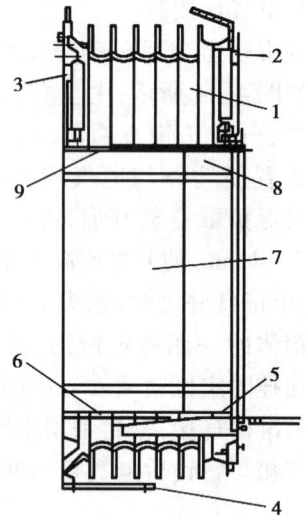

图 4.17 贯通道侧向断面图
1—波纹折棚；2—紧固框架；
3—连接框架；4—滑动支架；
5—渡板组成（1）；6—渡板组成（2）；
7—内侧板；8—单层顶板；9—顶板

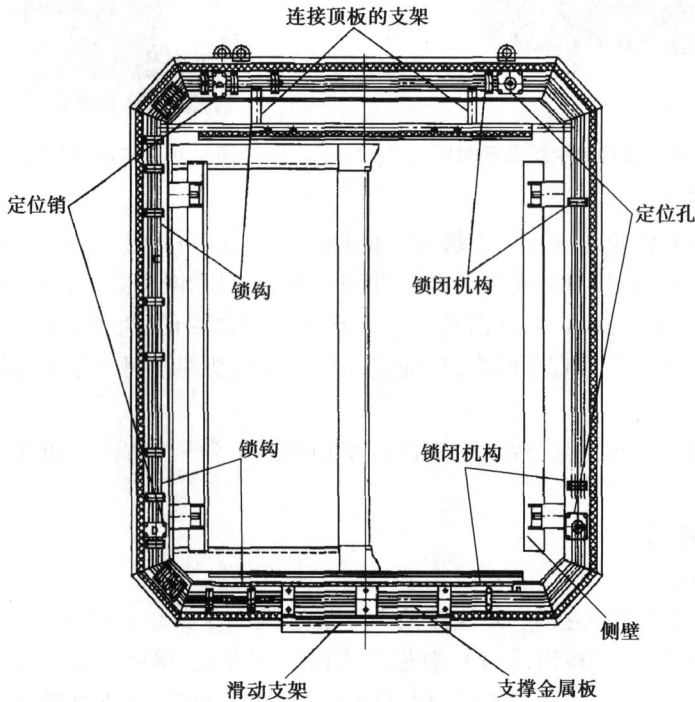

图 4.18 连接框架

（2）在框架上设有4个锁钩和锁钩机构,连挂后用手工将锁钩插入对应锁闭机构中,实现风挡的惯性连接。

4.滑动支架

采用钢板焊接而成,落在车钩的贯通道支座上,实现支撑贯通道的功能。它的上部与支撑金属板相连。

5.侧护板组成

侧护板的通道表面为镶有凯德板的罩板,内有铝型材与弧面橡胶条镶嵌而成的边护板,可实现拉伸和压缩,护板内表面设有连杆支承机构,使护板有足够的刚度,旅客可依靠护板;护板的两端与车体端部连接,可用专用钥匙快速打开、拆卸护板。

6.顶板组成

每个通道顶板由两个边护板和一个中间护板组成,顶板内侧设有连杆机构,使车辆在运行时中间护板始终保持在中间位置,不会偏移,顶板组成通过边框用螺钉固定在车体端墙上。

该设备的锁钩、滑动支架、活动地板和镶边及波纹遮棚都是容易损坏的部件。

(二)渡板装置组成

在紧固框架和连接框架侧各有一组渡板,在紧固框架一侧的渡板组成1靠托架支撑,而在连接框架一侧的渡板2一端通过安全支撑座与支撑金属板相连接,另一端支撑在渡板组成1上。渡板的详细结构如图4.19所示,渡板组成1由车厢侧相互铰接的固定连接板和活动连接板组成,渡板2由地板、活动地板和镶边组成。地板为不锈钢板,活动地板为花纹不锈钢板,各相对滑动面间设有磨耗板。渡板装置能够保证追随与适应连挂车辆运行过程中的各种复杂运动,具有足够的强度与刚度,能够确保乘客安全通过,并为站立的旅客提供安全,能承受9人/m^2的压力负荷,表面无凸起物及障碍物。

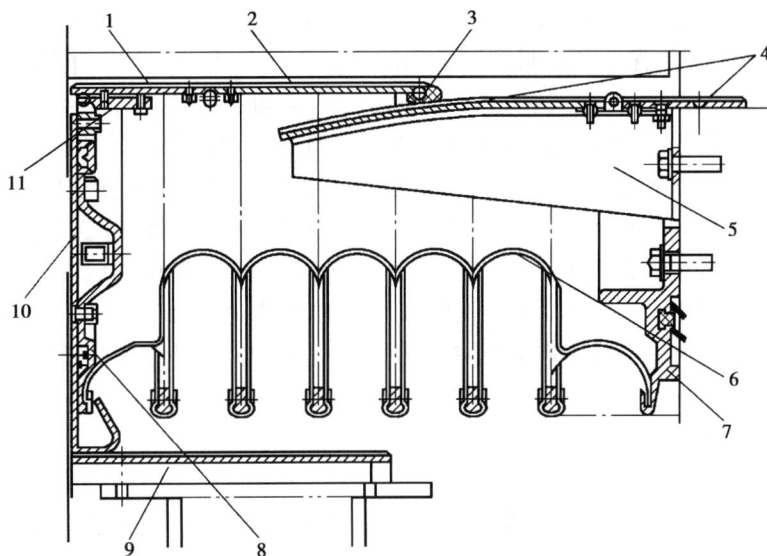

图4.19 渡板装置组成简图

1—地板;2—活动地板;3—镶边;4—固定连接板和活动连接板;5—托架;
6—衬油毡的纤维织物;7—旋紧架;8—连接架;9—活动支架;10—支撑金属板;11—安全支撑座

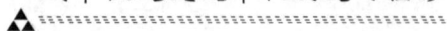

任务4　车端连接装置的检修

【任务目标】

1. 掌握车辆车端连接装置检修的方法。
2. 掌握城市轨道车辆车端连接装置的主要故障类型。

【任务分析】

通过本任务的学习,了解城市轨道交通车辆车端连接装置的主要故障类型,车端连接装置检测、维修作业的技术标准,重点掌握车端连接装置检测、维修的主要方法。

【知识链接】

城市轨道交通车辆车端连接装置是用来传递牵引力和冲击力的,特别在调车作业中受到很大的冲击力的作用,致使各部分产生裂纹、变形、磨耗等故障。为保证城轨列车的安全运行,需要对车钩缓冲装置进行维修保养,以保证其正常的工作状态。现以重庆地铁车辆的半自动车钩缓冲装置为例介绍车钩缓冲装置的检修。半自动车钩的机械钩头与全自动车钩基本相同,半永久车钩的机械钩头采用半环箍型联轴节连接,一般仅在架修和大修时才分解进行检修。

【知识描述】

重庆地铁半自动车钩分为头车半自动车钩和中间半自动车钩,头车半自动钩缓装置位于列车的头尾端,其作用是保证列车与列车之间的自动连接和手动分解。车钩可以在连挂时完成车组之间机械和风路的连接,并在分解车钩的同时,自动断开风路的连接。缓冲系统采用弹性胶泥缓冲器和压溃管。中间半自动钩缓装置用于列车内部两个单元之间,其作用是保证两个单元之间的自动连接和手动分解。车钩可以在连挂时完成车组单元之间机械和风路的连接,并在分解车钩的同时,自动断开风路的连接。缓冲系统采用弹性胶泥缓冲器。

半自动钩缓装置主要由连挂系统、压溃管、紧凑型缓冲装置和过载保护装置构成,如图4.20所示。连挂系统中采用了 CG-5 型(柴田式)机械车钩,并集成了主风管连接器和列车管连接器;压溃管采用膨胀式压溃管,按照技术要求选用 700 kN 的稳态力;紧凑型缓冲装置缓冲元件选用弹性胶泥芯子;过载保护装置(拉断螺栓)选用 750 kN 的稳态力。

一、车钩的维修保养

(一)日常检修

①对整个车钩进行目视检查。检查是否有损坏的迹象以及紧固件是否松脱或遗失。生锈的零部件必须要进行清洁然后涂上底漆以便保护。用压缩空气彻底清洁机械车钩主风管连接器、列车风管连接器和钩舌,把车钩用干净的不含亚麻的布擦干净。风管连接器前部的橡胶件上如果有不易清理的硬结,可以使用甘油和酒精的混合物进行清理。

②检查机械车钩的钩舌和支杆是否损坏,拉动解钩手柄检查其能否拉至最大位置后正常

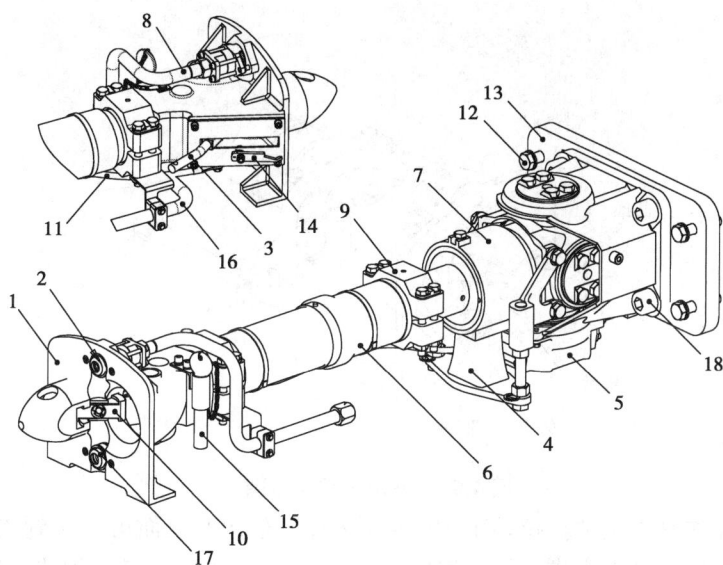

图 4.20 半自动钩缓装置组成

1—机械车钩;2—主风管连接器;3—解钩手柄;4—水平支撑;
5—水平对中;6—压溃管;7—缓冲装置;8—主风管;9—连接环;10—钩舌;
11—接地线;12—过载保护装置;13—安装转接板;14—支杆;15—安全销;
16—列车风管;17—列车风管连接器;18—安装螺栓

复位。

③检查压溃管是否有移动。如有任何松弛或移动都应对其进行检修更换。

④检查主风管连接器、列车分管连接器是否损坏,前密封圈是否损坏,零件是否松脱。如有必要更换密封圈。

⑤检查连接环紧固件是否损坏或遗失。如有可能,试着推一下接口处检验是否有松弛。如有松弛,则应更换连接环组件。

⑥检查过载保护装置及安装螺栓是否损坏,防松标记线是否错位移动。错位移动显示过载保护装置发生移动。说明螺栓可能承受"过大负荷"。如果有这种情况发生,应当将车钩拆下,更换过载保护装置。

⑦检查压溃管上的触发判断装置,若其被剪断或丢失则代表压溃管可能遇到非正常纵向冲击造成触发,则需要更换新的压溃管使用。

⑧参照图 4.21 所示使用润滑脂对钩头凸凹锥进行润滑,凸凹锥的油脂涂抹厚度不得大于厂家规定值;使用二硫化钼(MoS_2)减磨剂对钩舌及钩舌腔表面进行润滑。

(二)定期检修

按照如下程序对车钩进行检查,必要时进行修补或更换。

①进行日常检修和月检所有内容。

②检查接地线是否处于良好状态,是否紧固良好。

③检查对中装置的紧固螺母和螺栓是否损坏,并检查其状态。

④检验车钩位置,看其是否对中。

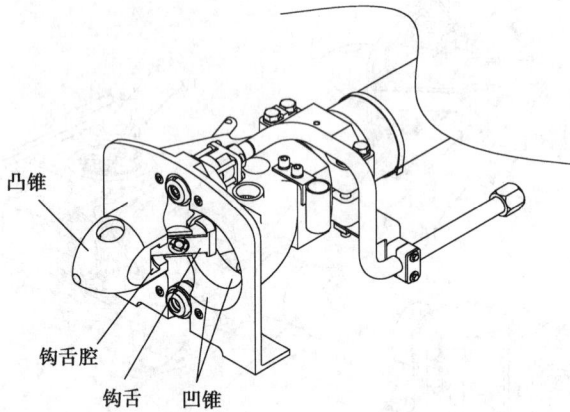

图 4.21 润滑位置示意图

⑤检查解钩操作是否正常。拉动手动解钩手柄,从车钩的正面可以看到钩舌的运动。检查解钩支杆的固定螺母是否牢靠。拉动解钩手柄到最大位置,然后转动解钩辅助杆,让解钩手柄落入其上的凹槽内,确认撤除人力后,解钩手柄能保持在锁定位置。如果上述检查均无异常,此时再次拉动解钩手柄,确认解钩辅助杆能迅速回复原位,撤除人力后解钩手柄也能回复原位。

⑥使用润滑油脂对螺栓裸露螺纹面进行润滑。

(三)车钩间隙调整

自动车钩在使用一段时间后,钩锁之间会产生磨损。当磨损达到一定程度后,会造成两车钩无法正常连挂,严重时甚至造成脱钩事故。因此,应定期检查和调整车钩间隙。在将全自动车钩、半自动车钩或车体分解之前,应该用专用的测量工具检测机械钩头内机械连挂机构的间隙,以判定钩锁的磨损情况,该测量工具称为间隙规。

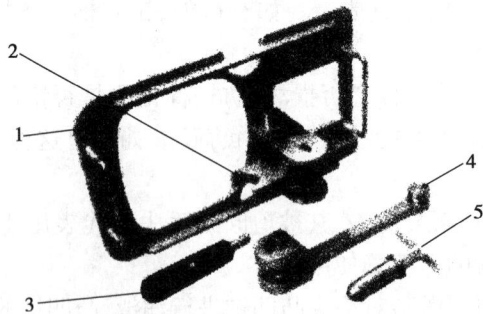

图 4.22 间隙规

1—规体;2—测试钩板;3—手柄;4—连杆;5—连杆销

检测步骤如下所示。

①检测之前应先清洁机械钩头表面及钩锁机构。

②将钩锁转至连挂位。

③从间隙规的钩舌板中取下连接杆销。

④使间隙规定位,使规体表面与机械钩头表面贴合。

⑤使车钩连接杆钩住间隙规的钩舌板。

⑥使间隙规的连接杆钩住车钩的钩舌板。

⑦通过转动棘轮手柄调节间隙规钩舌板的位置,以便可以插入连接杆销。

⑧顺时针转动棘轮手柄,使间隙规处于张紧状态,调节扭矩限于100 N·m。

⑨间隙规上的游标尺可读至0.1 mm,钩锁机构的磨损极限不得超过1.4 mm。

⑩如果超过磨损极限,必须拆下钩头并分解,以检查钩锁零件的损坏和磨损情况,有必要时将其更换。

二、车钩缓冲装置主要附属装置的检修

(一)电气连接器的检修

①用干布和无油压缩空气吹扫,清洁触头和绝缘块。

②更换个别已损坏触头。更换可动触头和固定触头的方法相同。

③检查接线柱,并用兆欧表测量接线柱的绝缘性能。

④更换密封用的橡胶框。

⑤修复电气连接盒的塑料绝缘涂层。

(二)风管连接器的检修

①清洁和检查零件是否有损坏,更换损坏件。

②更换主风管和解钩风管弹簧阀对接口的橡胶密封件。

③更换主风管和解钩风管的橡胶管。

④用酒精清洁橡胶件,不得用润滑油脂处理。

⑤用润滑脂保护螺栓端部。

⑥用密封胶密封气管上的螺纹件,活接螺母不必密封。

⑦车钩装车前用肥皂液检查气管接头是否泄漏,测试气压应为1.0 MPa。

(三)对中装置的检修

①用压缩空气和抹布清洁各零件。

②用刚性金属丝或螺钉旋具清洁汽缸排气孔。

③检查凸轮板和衬套是否有损坏和磨损,如有损坏则应更换。

④检查活塞杆端部的滚轮是否有损坏,如有损坏则应更换。

⑤用润滑脂润滑所有的滑动件和壳体内侧。

⑥用润滑脂保护螺纹和螺栓端部。

⑦用油脂保护插接式软管上的螺纹件。

三、贯通道的检修维护

(一)贯通道的安装、拆卸

如图4.23所示为重庆地铁1号线贯通道组成,由车体框组成、折棚组成、顶板组成、护板组成、渡板组成及踏板组成等部件组成。对其进行检查,是保证车辆安全运行,乘客乘坐舒适性的重要保障,以下以重庆地铁1号线贯通道组成为例介绍贯通道的主要检修内容。

1.贯通道的拆卸

贯通道拆卸前应将车辆停稳,使贯通道处于正常位置。具体拆卸步骤如下:

拆卸侧护板组成→拆卸顶板组成→拆卸渡板→拆卸渡板连杆→拆卸踏板→拆卸贯通道

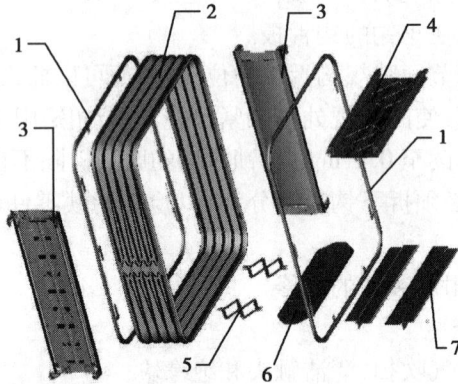

图 4.23　贯通道结构组成

1—车体框组成;2—折棚组成;3—侧护板组成;
4—顶板组成;5—渡板连杆组成;6—渡板组成;7—踏板组成

折棚。

2.贯通道的安装

在贯通道安装前,检查车体端墙安装孔位,确保符合接口要求,备好贯通道所需零部件,用合适的吊装工具将贯通道折棚吊至安装位置。具体安装步骤如下:

安装车体框→安装折棚→安装踏板→安装渡板连杆→安装渡板→安装顶板→安装侧护板。

(二)贯通道的检修工作

(1)清洁贯通道侧护板、顶板的可视面。

(2)贯通道整体外观检查(折棚棚布、侧护板、顶板、渡板、踏板)。

①检查折棚棚布表面是否破损及其他异常。

②检查侧护板表面是否破损及其他异常(包括侧护板安装座)。

③检查渡板、踏板是否有破损及其他异常。

(3)贯通道紧固件检查,侧护板上下端轴承润滑。

(4)检查折棚、磨耗件、运动件及内部螺钉。

(三)车钩常见故障及处理

1.车钩不能垂直对中

故障原因及分析:车钩的垂向高度超出允许范围。

故障处理方法:如果车钩钩头下垂(图 4.24),松开螺母 1 和 2,顺时针(在车钩下方向上看)方向拧紧螺栓 3 相同的圈数,直至车钩达到垂直对中要求,重新拧紧螺母 1 和 2。如果车钩钩头上翘,则松开螺母 1 和 2。逆时针(在车钩下方向上看)方向松动螺栓 3 相同的圈数,直至车钩达到垂直对中要求,以 350 N·m 的力矩重新拧紧螺母 1 和 2,并用红色标记笔标上防松标记。

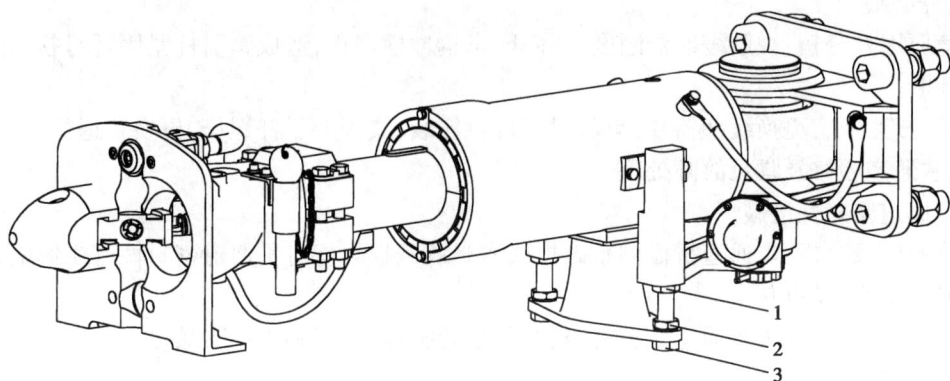

图4.24　车钩垂直对中调整

2. 车钩不能水平对中

故障原因及分析:车钩中心线水平方向偏转角超出了允许范围。

故障处理方法:松动螺栓1,松动螺母3,转动螺栓4调整车钩水平对中装置,使车钩与车体中心线保持一致。拧紧螺母3,拧紧螺栓1,用红色标记笔标上防松标记。

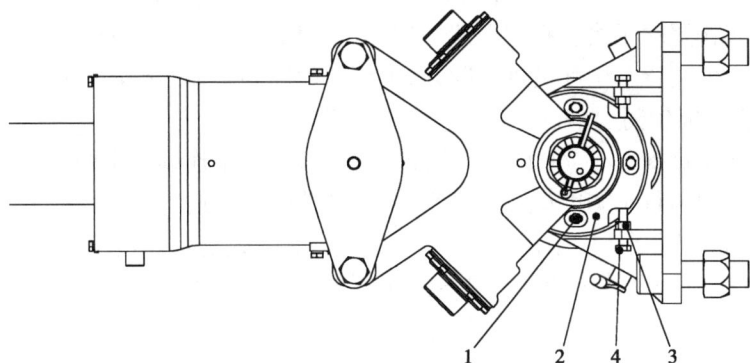

图4.25　车钩水平对中

3. 车钩不能正常连挂

故障原因及分析:车钩连挂机构内部因有异物、锈蚀、磨损、损坏造成车钩不能正常连挂。

故障处理方法:检修更换损坏部件;检修清洁并润滑部件;使用校准量规检查,更换磨损部件;去除异物。

4. 车钩不能正常解钩

故障原因及分析:车钩因受到牵引力或钩缓装置损坏造成车钩不能正常解钩。

故障处理方法:推顶两车体,消除牵引力;检修更换解钩装置。

5. 钩托板弹簧折

故障原因及分析:车体振动和弹簧失效或弹簧材质问题造成弹簧折。

故障处理方法:更换钩托板弹簧。

6. 车钩牵引杆异常

检修时发现牵引杆有磨痕异常的痕迹,动态牵引一位或制动时,牵引杆行程超出正常范围

（看牵引杆磨痕）

故障原因及分析：橡胶缓冲器刚度值降低，车钩冲撞严重，造成牵引杆紧固螺母松，止退垫片内卡齿断。

故障处理方法：更换缓冲器片，重新对其进行压装，紧固牵引杆螺母，更换止退垫片。

四、贯通道检修及常见故障处理

1. 贯通道密封性遭破坏

故障原因及分析：贯通道折棚棚布破损或密封胶条损坏将对贯通道密封性产生影响，使贯通道处噪声增大，易进灰尘。

故障处理方法：检查贯通道棚布、密封胶条是否损坏，损坏则更换新品。

2. 产生异常噪声

故障原因及分析：渡板与踏板间摩擦，侧护板、顶板运动件间摩擦都将造成贯通道产生异常噪声。

故障处理方法：更换渡板磨耗条；检查顶板、侧护板运动件，确认无干涉。

问题防治：车钩缓冲装置故障应急处理

故障1：压溃管被压缩

故障阐述：在需救援检查车钩时，或第一次连挂失败重新检查车钩时，救援或被救援列车车钩长度过短，车钩尾端压溃管有被压溃、胀开的情况。

解决思路：立即与行车调度员进行联系，申请从故障列车另一端进行连挂作业。

故障2：钩舌不能锁闭

故障阐述：在救援列车时，列车正常连挂后在试拉过程中连续发生两车脱钩。

解决思路：立即与行车调度员进行联系，申请从故障列车进行连挂作业。

专家提示：两车连挂时，应采用3 km/h轻微冲击的方式进行连挂，避免因速度过高连挂造成冲击力过大使得车钩尾端压溃管有被压溃胀开的情况发生，两车连挂后一定要检查车钩连挂状态并进行试拉试验。

实践与训练：

工作项目	城市轨道交通车辆车端连接装置结构与检修
任　　务	了解城市轨道交通车辆车钩缓冲装置的类型、结构及作用原理；掌握检测和维修的方法
【知识认知】	
1. 简述城市轨道交通车辆车钩缓冲装置的结构、用途及分类	
2. 简述国产密接式车钩钩头的结构及车钩缓冲装置日常检修的主要内容	
3. 叙述电气连接箱的作用、结构及主要检修内容	
4. 叙述气路连接器的作用、结构及主要检修内容	
5. 叙述车钩对中装置的维修	

【技能训练】

1. 根据下图叙述车钩垂直对中的方法。

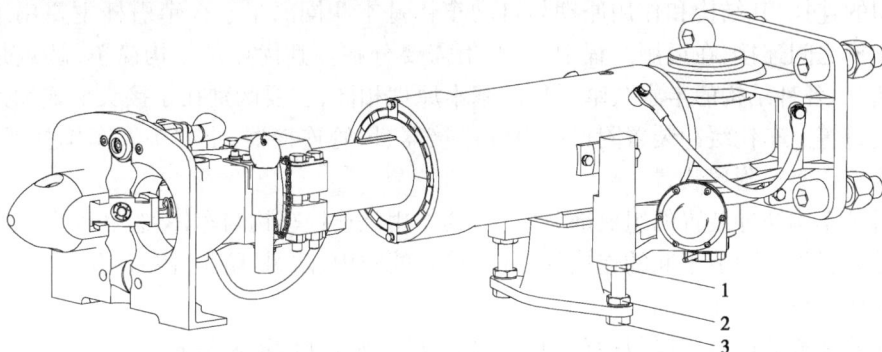

2. 根据下图叙述重庆地铁车钩缓冲装置定期检修的主要内容。

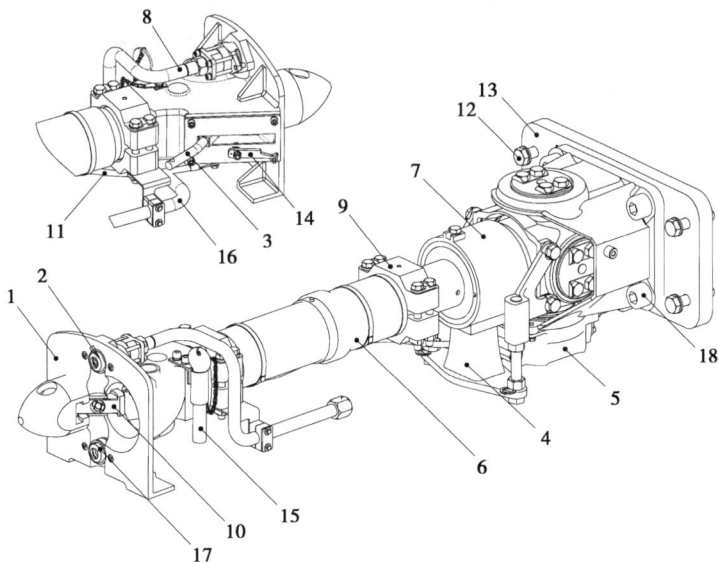

单元小结

钩缓装置是车辆基本的也是重要的部件之一,用于连接列车的各个车厢,连通列车内部的机械、风路和电路,从而使车辆形成一个整体。钩缓装置能够为车辆传递牵引和制动力,缓和列车在运行中或调车时所产生的纵向冲击力,并且钩缓装置具有一定的转动功能,能够使车辆顺利通过曲线。

车钩可分为非自动车钩、自动车钩。自动车钩又分为非刚性自动车钩和刚性自动车钩(密接式车钩)。城市轨道交通车辆采用的车钩缓冲装置分为自动车钩、半自动车钩和半永久性牵引杆。

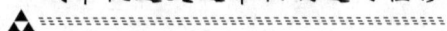

　　自动车钩主要用于编组列车的端部,必要时与其他车辆进行快速自动对接。自动车钩主要有国产动车组密接式车钩、Scharfenberg 密接式车钩等几种。半自动车钩用于城轨车辆两编组单元之间的连挂,其结构和作用原理与自动车钩基本相同。半永久牵引杆主要用于同一列车单元中车辆之间连接,在运用过程中,一般不需要分解。其优点是结构简单,缺点是耗费人力,不易拆装。各种结构的半永久牵引杆的基本原理相同,主要区别在于接头形式和是否设有其他附属装置等。车钩缓冲装置附设有电气连接器、风管连接器、十字头及车钩托梁、钩尾冲击座与车钩支撑座等附属装置。

　　缓冲器是车钩缓冲装置的组成部分之一,其作用是连接车钩与车体,缓和列车纵向冲动。

　　贯通道装置位于两节车厢的连接处,具有良好的防雨、防风、防尘、隔音、隔热等功能,能够使旅客安全地穿行于车厢之间。

　　车钩缓冲装置的检修主要包括车钩缓冲装置的日常检修、定期检修,主要附属装置的检修工作。贯通道的检修包括贯通的拆卸安装,检查维护。

单元5 城市轨道交通车辆设备检修

任务1 城市轨道交通车辆设备的种类

【任务目标】

1. 掌握城市轨道车辆设备的类型及结构。
2. 掌握城市轨道车辆设备的布置方式及用途。

【任务分析】

通过本任务的学习,重点掌握车辆设备的类型及结构,掌握各设备的布置方式及用途。

【知识链接】

按照设备的用途,车辆设备包括车用设备和服务于乘客的设备两大类。车用设备主要有:牵引动力设备(如受电弓、逆变器、牵引电机)、计算机控制设备(如微机控制单元及总线、传感器)、制动设备、风源设备等,它们用于满足列车运行要求。服务于乘客的设备主要有:旅客乘坐设备(如坐席、扶手、吊环等)、照明设备、信息广播设备(包括信息显示牌和列车广播)、空气调节设备等,它们用于为旅客提供方便和服务,保证乘客良好的乘车环境。

【知识描述】

城轨车辆体现了先进的计算机控制技术,是集机械和电气于一体的典型机电设备,按照其设备的性质分类有:机械设备、电气及控制设备。

按照设备的布置位置,车辆设备分为:车顶设备、车内设备和车底设备。一般城轨车辆以动车组的形式出现,车内空间尽量用于容纳乘客,设备的布置应使客室环境安全、舒适,与乘客无直接关系的车辆运营所需设备尽可能悬挂于车底,以使车内空间最大化。

一、车顶设备

(一)受电弓

受电弓是从接触网向整个列车电气系统供电以及输送再生制动能量的必要部件。受电弓包括基础框架、框架、集流头、压力弹簧和降低装置,如图5.1所示。受电弓一般通过基础框架安装在车顶上,并尽量靠近转向架回转中心,以避免车辆通过曲线时引起受电弓偏离接触网导线。城轨列车通常为升双弓运行,考虑接触网振动波的传播速度对后受电弓受流质量的影响,一般柔性接触网供电系统中的运营车辆受电弓布置在头车(可能是拖车),而刚性接触网供电系统不必考虑此影响,受电弓一般安放在动车,以减少高压线路在车辆之间驳接和对拖车乘客造成安全隐患。

（二）空调通风设备

空调系统的作用是确保车内有一个舒适的环境温度、湿度和充足的新鲜空气。一般城轨车辆每个车的车顶都安装有两个车顶一体式空调单元。位于1位端的空调单元称为空调单元Ⅰ，位于2位端的空调单元称为空调单元Ⅱ，如图5.2所示。

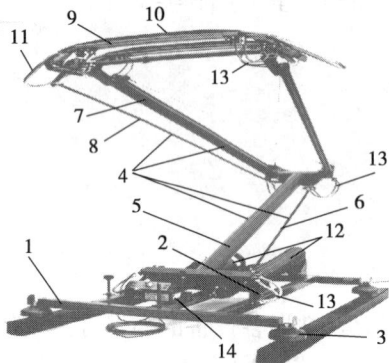

图5.1　受电弓结构

1—基础框架；2—高度止挡；3—绝缘体子；4—框架；5—下部支杆；6—下部导杆；7—上部支杆；8—上部导杆；9—集流头；10—接触带；11—端角；12—升高和降低装置；13—电流传送装置；14—吊钩闭锁器

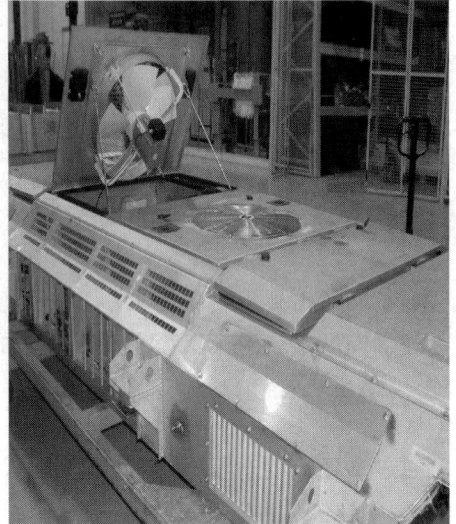

图5.2　车顶空调机组

一般车辆空调系统主要由通风系统、制冷系统、加热系统、加湿系统以及自动控制系统五大系统组成。考虑到城轨车辆实际运行区域的气候条件，有些车辆可不设专门的加热及加湿系统。

二、车底设备

车底设备一般包括高压设备、线路滤波器、牵引逆变器、制动电阻、牵引单元、辅助设备、DC/DC变换器、空气制动系统、列车自动控制装置（ATC）、列车故障自诊断系统。

三、车内设备

（一）司机室

司机室是列车驾驶的工作场所，其主要设备与列车操纵有关，设备布置应方便司机操纵列车和提供舒适的工作环境。带司机室车辆位于列车前端部，若隧道内无紧急疏散平台，则列车前端设有紧急疏散梯等设施。

司机室内设备布置各有差异，但一般遵循一定的规律，如正司机台放在右侧，副司机台放在左侧，在与客室的隔墙上设有隔门，左右侧各设有一扇侧门，前端一般设有紧急疏散门，司机座椅与地板固定，可前后及上下调整，前端挡风玻璃设有电阻加热丝加热装置、刮雨器和遮光板。

在司机室内正司机台是比较复杂的部件,在该台上设有牵引和制动手柄、相关仪器、指示灯、各种按钮和显示屏等。

（二）客室

车辆客室设有车门、车窗、座椅和挡风板、扶手栏杆、安全锤、灭火器、排水管罩等设备,如图5.3所示。

图5.3　客室

1. 客室座椅

为了适应城轨交通短途、大运量的特点,客室座椅一般采用靠侧墙纵向布置在两侧车门之间。座椅的骨架采用铝合金、不锈钢或耐腐蚀钢制造,固定在地板或侧墙上。座椅、靠背一般采用不锈钢或玻璃钢制造,每个座位应至少能承载100 kg。

2. 立柱、扶手

为了让站立乘客扶稳,一般在客室内设有立柱、纵向扶手和吊环等设施。立柱、扶手一般采用不锈钢或经喷塑处理的铝合金管制成。必要时在立柱之间可设置横杆和吊环,其颜色与客室的内装饰应统一考虑,做到协调美观。

3. 客室车窗

一般在客室侧门之间都设有车窗,就其结构形式而言,有单层玻璃、双层玻璃之分;有楣窗与无楣窗之分;又有连续式与分连续式之分。如上海地铁1号线、重庆轨道交通3号线单轨是有楣窗、有窗框的结构,而广州地铁1号线、重庆轨道交通1号线地铁就是无楣窗、有窗框的结构,它们都是用氯丁橡胶条固定在车体上。香港机场快速线、深圳地铁采用连续式车窗。

4. 消防设施

每个客室必须设置灭火器、安全锤等消防安全设施,并放置在规定的地方。如重庆轨道交通1号线地铁车每个客室设置两个灭火器,放置在客室座椅下方,每个客室设置两个安全锤放置在侧顶板内,并有明显标志,以便紧急时使用。

（三）乘客信息系统设备

1. 系统功能

乘客信息系统用于向乘客提供广播信息、文字信息和移动电视服务,同时能够监视客室内的图像并保存,供司机应对突发情况和事后分析使用。该系统的主要功能包括:

①向车厢提供背景音乐广播、信息广播以及紧急广播服务。

②通过车外显示器向乘客提供滚动显示的文本信息。

③紧急情况下,乘客向司机报警并语音通话。

④车厢内动态电子地图显示列车当前运行所处的车站区间。

⑤通过车内显示器实时显示的到站信息和移动电视节目。

⑥监视各车厢内画面,在司机室内实时播放并进行存储。

乘客信息系统由列车广播系统、实时新闻系统和客室监控系统组成。在司机室内安装以上各系统的主机、列车广播系统的广播控制盒、终点站显示器和客室电视监控系统的司机室显示器;在客室内安装车内显示器、摄像头、扬声器、紧急报警器、电子地图等;在车外侧安装车外LED显示器。

2. 系统设备组成

(1)广播

城市轨道车辆广播系统主要由操作设备、麦克风、系统主机、客室主机、乘客紧急报警、扬声器、动态地图等组成,其组成如图5.4所示。

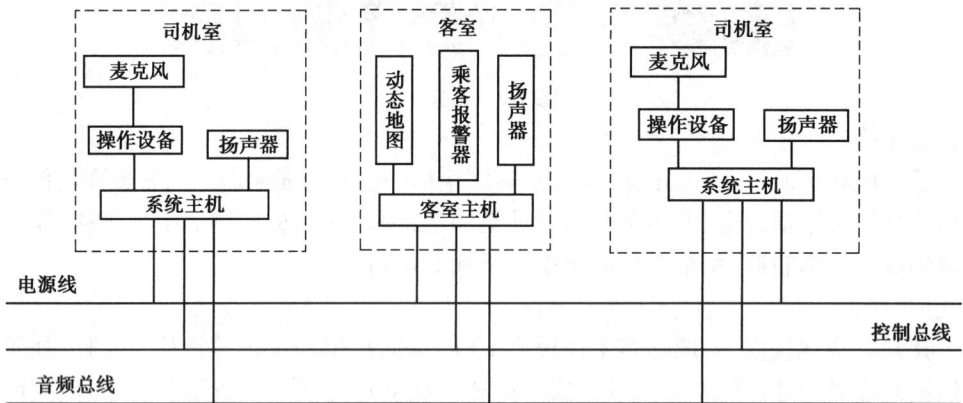

图5.4 广播系统框图

①系统主机:是广播系统的大脑,负责该系统的主要工作,广播系统各功能的实现均要通过该部件。

②客室主机:客室主机主要负责本节车厢音频播送及信息显示,其功能主要为将音频信号放大及控制动态地图显示,另外还负责自动调整本节车厢的广播音量。

③操作设备:操作设备主要为操作人员提供一个操作平台,以实现人机对话,如选择线路、列车报站、人工广播等。根据整车设计情况,该功能部件可以设计成一个独立部件,也可以将一些功能放到列车控制系统中,从而使该部件更简单。

④动态地图:动态地图为乘客提供旅行线路相关信息,如下一站、终点站等。一般安装在每个客室车门旁边,根据使用要求,可以设计成LED形式,也可以设计成LCD形式。

⑤乘客报警器:乘客报警器负责在紧急情况下乘客和司机对话。每节车厢可设多个乘客紧急报警器,以方便乘客就近使用和司机对讲。

⑥麦克风及扬声器:麦克风及扬声器均为音频信号终端,负责音频信号采集播放。

（2）视频播放

视频播放系统通过 LCD 彩色显示屏为乘客提供高质量的视频信息和必要的即时最新信息。视频监控集实时图像、文字、声音、控制、报警于一体，为适应公共交通紧急突发事故提供有力的监察手段。视频播放系统主要由视频控制器、分屏器、LCD 组成，其组成如图 5.5 所示。

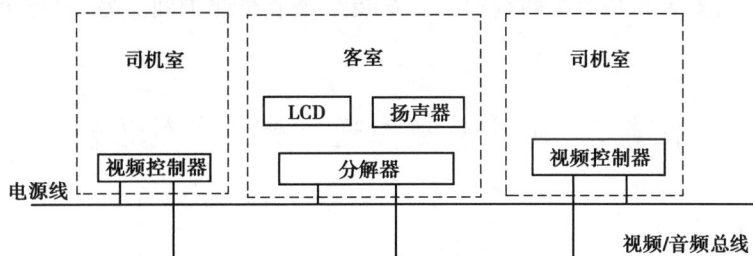

图 5.5　视频播放系统框图

①视频控制器：视频控制器为视频播放控制中心，负责从分线服务器接受播放列表数据，按照播放列表的规则对其后的播放列表进行解码播放控制。对每个 LCD 显示屏画面，可同时控制播出两路视频，另可播出动画、图片和文字，每路视频画面尺寸可自定义。

②分屏器：分屏器负责将视频控制器接受的一路信号分成多路（同 LCD 数量一致），供客室各个 LCD 显示。

③LCD：视频显示终端，将分屏器传输的信号显示出来。每个客室 LCD 数量根据实际需要确定。

（3）视频监控

视频监控系统集实时图像、文字、声音、控制、报警于一体，为适应公共交通紧急突发事故提供有力的侦查手段。视频监控系统的组成主要由主机、LCD 监视器、媒体网关和摄像头组成，如图 5.6 所示。

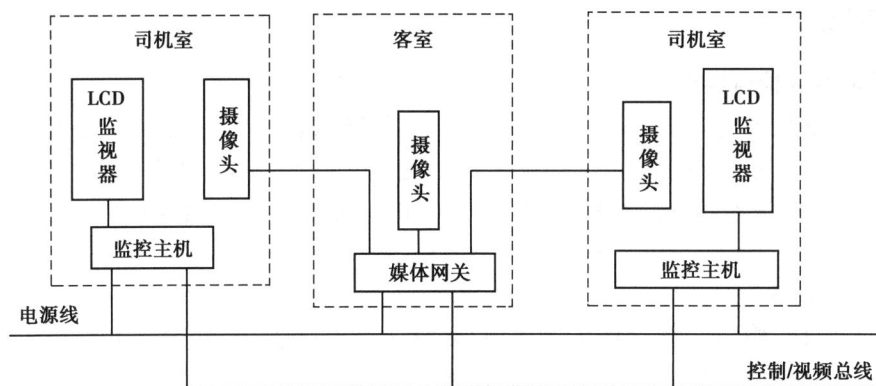

图 5.6　视频监控系统框图

①监控主机：是视频监控系统的核心控制设备，负责视频监控系统所需的实时视频显示、录像以及设备管理、外部连接等。

②LCD 监视器：负责将摄像头采集的视频信息显示出来，显示画面可分为单屏显示或多

屏显示,采用触摸屏形式,操作方便。

③媒体网关:媒体网关负责视频数据的采集及网络传输。每节车厢均有一个媒体网关,为了节约设备,司机室摄像头采集到的信号也传输到第一节车厢客室的媒体网关上。

④摄像头:负责采集视频信息,一般每个客室有 2 个摄像头,安装位置根据运营公司要求有两种方式:其一,安装在每节车两端;其二,安装在每节车厢中间。另外,每个司机室也有一个摄像头。

任务 2　城市轨道交通车辆设备的检修

【任务目标】

掌握城市轨道车辆设备的检修内容。

【任务分析】

通过本任务的学习,重点掌握车辆设备的检修内容。

【知识链接】

城市轨道交通车辆设备按照作用性质,以及其在车辆上的安装位置分为不同种类,在进行车辆各设备的检修过程中应根据其作用原理,结构组成,安装位置其检修方式不同而有所不同。车辆内装设备等服务于旅客的设备在日常检修中主要保证其结构的完整,在进行大修时要恢复其使用功能,确保能够安全舒适地为旅客提供服务。而服务于车辆的各设备主要是进行日常的检测,监控其功能的正常,保证列车的正常运行,根据这些设备的功能原理及作用,本节主要介绍服务于乘客的车辆设备的介绍。

【知识描述】

一、受电弓的检查维修

受电弓是从接触网向整个列车电气系统供电以及输送再生制动能量的必要部件,因此保证受电弓良好的工作状态是保证车辆正常安全运行的必要工作。在对受电弓进行检查维修时,主要是保证其各零部件结构的完好,各零部件功能的正常。其检修内容主要包括以下内容。

(一)日常检查

①清洁及外观检查。表面光洁、无破损、无裂纹;安装螺纹完好、无烂牙。

②检查构架、底架、缓冲器、下臂、导向杆和上臂。

a. 无明显松动。

b. 无明显损坏、变形。

③检查弓头簧片。无明显损坏、裂纹、变形、腐蚀,安装位置正确。

④受电弓弓头及滑板检查。

滑板无纵向裂纹、缺块应不超过接触滑板宽度的 1/3。

对滑板 50 mm 范围内高度差大于 5 mm 的凹槽用锉刀锉平,使其小于 3 mm。

滑板与端角应过渡流畅,且间隙应不大于 1 mm。

滑板厚度(即受电弓接触滑板接触面距接触滑板固定器上部的距离)最低处均应不低于 4 mm。

需更换受电弓接触滑板时,应同时更换 4 条滑板。

各固定螺丝紧固状态良好。

⑤检查受电弓功能(需 7.0 bar 以上的压缩空气)。在司机室内下按降弓指示灯,检查受电弓降弓状态,降弓后指示灯亮;下按升弓指示灯,检查受电弓升起状态, 升弓后按钮指示灯亮。

(二)定期检修

(1)检查降弓装置

(2)拆卸降弓装置

(3)清洁、检查降弓装置外部表面光洁、无破损、无裂纹

(4)检查润滑降弓装置内部弹簧及活塞无损坏,润滑良好

(5)检查上臂、下臂、连接杆、引导杆、底座、弓头、主弹簧、最低位置指示器等的外观情况

①无明显松动。

②无明显损坏、变形。

③活动部件转动灵活,无卡滞现象。

④安装牢固,安装尺寸符合要求。

(6)更换升降弓时间调整阀

(7)清洁、检查接线电缆接触良好,无断股

(8)清洁、检查绝缘子、避雷器

(9)检查对地绝缘电阻,绝缘电阻: > 5 MΩ

(10)安装降弓装置

(11)检查碳滑板外观并测量其厚度,厚度 $\geqslant 8$ mm

(12)受电弓试验

①接入压缩空气,检查其气密性,无泄漏。

②用压缩空气检查受电弓的运动,动作灵活无卡阻,弓头应基本保持水平状态上升。

③调节主弹簧,测试受电弓静态接触压力。受电弓静态接触压力为: $110 \pm^{10}_{0}$ N。

④调节升降弓时间调整阀,测试升降弓时间。升弓时间 $\leqslant 8$ s;降弓时间 $\leqslant 7$ s。

二、司机室检查

(一)日常检查

①检查天花板,各墙面、地板、左右挡风玻璃等外观,安装牢固、损坏面积不超过400 mm^2, 挡风玻璃无裂损。

②检查司机室遮阳帘,刮雨器外观,安装牢固、无损坏。

③司机座椅检查,座椅转动灵活,外观无损坏,与地板连接的螺栓无松动(紧固标记线未移动)。

④检查间隔门的外观及开关门功能,外观无损坏,开关门正常,观察镜完好。

⑤检查副司机台下灭火器状态,灭火器固定良好,铅封完整,灭火器压力在规定范围之内。

(二)定期检修

①清洁各机构和部件(包括门密封胶条、滚轮和导轨)。

②检查所有紧固件无松动、划线无错位。

③检查天花板、各墙面、地板、左右挡风玻璃等。安装稳固、外观无损坏,如损坏面积超过 50 mm^2 则修补和更换。

④检查司机室遮阳帘,刮雨器安装稳固、外观无损坏、工作状态正常,刮雨器停止工作后停留位置正确。

⑤司机座椅外观和功能检查。

a. 外观无损坏,紧固件无松动。

b. 操作座椅前面的拉杆,座椅可前后移动最大距离约 170 mm。

c. 操作座椅侧面的手柄,座椅可升降最大距离约 80 mm。

d. 操作座椅左、右侧的旋钮,座椅靠背可转动一定角度。

e. 检查间隔门外观、开关门功能、观察孔及止挡状态。外观无损坏,开关门正常,止挡、观察孔完好。

f. 检查副司机台下灭火器状态。灭火器固定良好,铅封完整,确保压力在规定范围之内。

g. 检查挡风玻璃密封条状态,无损坏脱落。

h. 检查司机室座椅连接螺栓的拧紧力矩值。

联接螺栓无松动(防松线无错位),否则用扭力扳手紧固,紧固力矩为:

①座椅与地板之间联接螺栓(M10)力矩为(35±5)N·m。

②连接件与座椅底板的联接螺栓(M8)力矩为(20±4)N·m。

三、客室内装设备

①检查 A 车间隔门紧急手柄状态,紧急手柄铅封正常。

②检查客室内天花板、地板、侧墙板、窗玻璃状态。损坏面积不超过 400 mm^2、玻璃无裂损。

③检查门立柱盖板、紧急通话按钮状态处于锁闭状态,紧急通话按钮在正常位。

④检查座椅、座椅侧玻璃状态,安装稳固,玻璃无裂损。

⑤检查立柱、扶手状态。安装稳固、损坏面积不超过 400 mm^2。

⑥检查动态地图、图文显示器外观状态无损坏。

⑦检查每节车座椅下的灭火器状态,安装牢固、铅封完好,灭火器压力在规定范围之内。

⑧检查每节车座椅下的制动阀盖板外观状态,必须关上并锁闭。

⑨检查设备柜、电子柜外观状态,所有柜门关上并锁闭,损坏面积不超过 400 mm^2。

⑩检查客室各类标签有无脱落和损坏,若脱落或损坏,则更换。

四、乘客信息系统的检查

①对司机室控制单元外壳、客室控制单元外壳、综合图纹显示器显示屏、动态地图显示屏、乘客紧急控制单元外壳、司机控制单元面板、麦克风、动态地图控制器进行外部清洁。用刷子或真空吸尘器清除插接件周围积聚的灰尘,使用带有少量中性清洁剂的软布轻轻擦拭表面并风干。

②检查司机室控制单元、客室控制单元、司机控制单元、动态地图控制器、乘客紧急控制单元、综合图纹显示器、动态地图的所有插接件。紧固螺丝无丢失、松动；插头接线无毛刺、断股、氧化变色现象；插头无损坏、变形。

③检查麦克风外观，根部无断裂。

④检查司机控制单元外观，面板无损坏。

⑤清洁扬声器和防尘袋，使用毛刷或真空吸尘器彻底清洁扬声器及防尘袋。

⑥司机室控制单元 CPU 软件参数设置检测，车厢号、音量参数配置正确。

⑦乘客信息系统控制卡软件参数设置检测，车厢号、固件版本、语音数据库、线路数据库及图文显示数据库配置正确。

⑧客室控制单元软件参数设置检测，车厢号、客室控制单元、司机室控制单元、乘客信息系统控制卡、动态地图控制器、综合图纹显示器及音量参数配置正确。

⑨使用笔记本电脑上的终端维护选择测试显示项，进行显示器及语音的测试。仔细检查综合图纹显示器显示屏，确认所有 LED 灯是跳亮着的；检查并确认每个车厢的语音信号，此语音信息应当在车厢的各个角落里都能清楚听见。

⑩人工广播功能测试。

⑪数字化广播功能测试，MMI 手动触发数字化广播功能正常，线路动态地图显示正常，客室音量在规定范围内。

实践与训练：

工作项目	城市轨道交通车辆设备检修
任　　务	了解城市轨道交通车辆设备的种类；熟知各设备部件的结构、损坏形式及检测检修方法
【知识认知】	
简述车辆车顶设备的种类	
【能力训练】	
1. 简述受电弓检查的主要内容	
2. 根据客室设备的布置情况，叙述客室设备的检查内容	
3. 简述乘客信息系统的检测内容	

单元小结

城市轨道交通车辆设备按照设备的布置位置分为：车顶设备、车内设备和车底设备。车顶设备主要包括受电弓、空调通风装置。受电弓是从接触网向整个列车电气系统供电以及输送再生制动能量的必要部件。空调系统主要由通风系统、制冷系统、加热系统、加湿系统以及自动控制系统五大系统组成。车底设备一般包括有高压设备、线路滤波器、牵引逆变器、制动电阻、牵引单元、辅助设备、DC/DC 变换器、空气制动系统、列车自动控制装置（ATC）、列车故障

自诊断系统。车内设备主要包括司机室设备、客室设备、乘客信息系统设备等。

司机室是列车驾驶的工作场所,其主要设备与列车操纵有关。车辆客室设有车门、车窗、座椅和挡风板、扶手栏杆、安全锤、灭火器、排水管罩等设备。乘客信息系统用于向乘客提供广播信息、文字信息和移动电视服务,同时能够监视客室内的图像并保存,供司机应对突发情况和事后分析使用。

车辆内装设备等服务于旅客的设备在日常检修中应主要保证其结构的完整,在进行大修时要恢复其使用功能,确保能够安全舒适地为旅客提供服务。而服务于车辆的各设备主要是进行日常的检测,监控其功能的正常,保证列车的正常运行。

单元6 城市轨道交通车辆空调通风系统检修

任务1 空调通风系统的组成及工作原理

【任务目标】

1. 掌握城市轨道车辆空调通风系统的组成。
2. 掌握城市轨道交通空调通风系统的工作原理。

【任务分析】

通过本任务的学习,重点掌握空调通风系统组成以及结构特点,难点在于掌握空调通风系统工作原理。

【知识链接】

车辆空调通风系统的作用是使客室内的温度、相对湿度、空气流动速度及洁净度保持在规定的范围内,以提高旅客乘坐的舒适性。城市轨道车辆空调通风系统主要由通风系统、制冷系统、加热系统、加湿系统以及自动控制系统五大系统组成。

【知识描述】

一、空调通风系统的作用

空调通风系统的作用是将车外新鲜空气吸入并与车内再循环空气混合,在滤清灰尘和杂质后,再输送和分配到车内各处,使车内获得合理的气流组织。同时将车内污浊的空气排除车外,使车内的空气参数满足设计要求。通风系统包括离心式通风机、送风风道、回风风道、排风口。空气经过制冷机组的蒸发器降温除湿后由离心式通风机送入送风风道。

制冷系统的作用是在夏季对进入车内的空气进行降温、减湿处理,使夏季车内空气的温度与相对湿度维持在规定的范围内。

夏季,通风机将吸入的车内外的混合空气经过蒸发器冷却后送入车内,以达到降温的目的。由于蒸发器表面的温度通常低于空气的露点温度,空气中的部分水蒸气就凝结成水滴。因此,空气在通过蒸发器冷却的同时也得到了减湿处理。

空气加热系统的作用是在冬季对进入车内的空气进行预热和对车内的空气进行加热,以保证冬季车内空气的温度在规定的范围内。

空气加湿系统的作用是在冬季车内空气相对湿度较低时对空气进行加湿,以保证冬季车内空气的相对湿度在规定的范围内。空气加湿系统包括吸入空气预热器和车内空气加热器,其热能来自于列车供电系统的电能。

自动控制系统的作用是控制各系统按给定的方案协调地工作,以使室内的空气参数控制在规定的范围内,并同时对空调装置起自动保护作用。

二、空调通风系统的工作原理

(一)蒸汽压缩制冷机的工作原理

1.制冷循环工程

在一定的压力下,液体温度达到沸点(即饱和温度)就会沸腾。在制冷技术中,常把这个饱和温度称为蒸发温度。沸腾的液体如果继续吸热,它就会因吸收了汽化潜热而相变成饱和蒸汽。在同一压力下,不同的液体蒸发温度不同,所吸收的汽化潜热也不同。例如,在一个大气压下,水的蒸发温度为 100 ℃,汽化潜热为 2 258 kJ/kg;而 R-12(氟利昂-12)的蒸发温度为 −29.8 ℃,汽化潜热为 165.3 kJ/kg。

例如,若将一个盛满低温 R-12 液体的容器敞开口,放在密闭的被冷却空间内,由于被冷却空间内空气的温度高于 R-12 的沸点,所以 R-12 液体将吸热而汽化,使被冷却空间内空气温度逐渐下降,这个降温过程直到容器内的 R-12 液体汽化完为止。为了将汽化的 R-12 蒸汽回收使用,需将它再冷却成液体,如用环境介质(如大气或水)来冷凝,蒸汽的冷凝温度就要比环境介质的温度稍高一些。众所周知,压力较高的蒸汽其冷凝温度也较高,因此,只要将 R-12 蒸汽用压缩机压缩到所需的冷凝温度相对应的饱和压力,就能用环境介质来冷凝它,使在被冷却空间吸热汽化的 R-12 蒸汽重新冷凝成液体。由于冷凝后制冷剂液体的温度还高于被冷却空间空气的温度,因此必须让冷凝后的制冷剂液体降压降温,使其温度低于被冷却空间的温度,这样降压降温后的制冷剂液体就可以在被冷却空间内重新吸热汽化。制冷剂在一个封闭的系统中,只消耗压缩机的功就能反复地实现制冷剂由液体变为蒸汽,再由蒸汽变为液体的相态变化,并通过这种相态变化将低温处的热量转移到高温处去,这就是蒸汽压缩式制冷的工作原理。

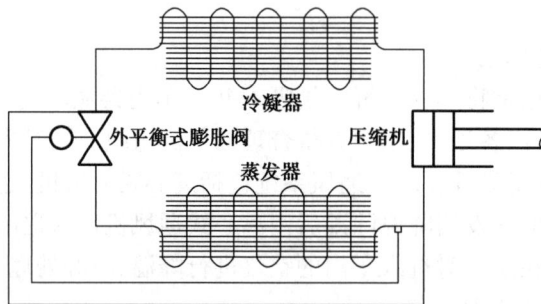

图 6.1　制冷循环系统

2.蒸汽压缩制冷机的工作过程

蒸汽压缩制冷机组主要是由压缩机、冷凝器、膨胀阀和蒸发器 4 个部件组成的,并用管道连接,形成一个封闭的循环系统,如图 6.1 所示。

其工作过程如下:

①制冷剂液体在蒸发器中吸收被冷却物体(如室内的空气)的热量,而汽化成低压低温的蒸汽后被压缩机吸入。

118

②压缩机消耗一定的机械功将制冷蒸汽压缩成压力、温度都较高的蒸汽,并将其输入冷凝器。

③高温、高压的制冷剂蒸汽在冷凝器内被环境空气(或水)冷却,制冷剂蒸汽放出热量后被冷凝成液体,此时的制冷剂液体还处于高温、高压状态。

④高温、高压的制冷剂液体经过膨胀阀节流降压、降温后进入蒸发器。

此时的制冷剂液体已变为低温、低压状态。在蒸发器中,低温、低压的制冷剂又吸收被冷却物体的热量蒸发成相对的低温、低压的制冷剂蒸汽,再被压缩机吸入,如此周而复始地循环。

3.制冷剂液体过冷和吸气过热对制冷循环的影响

①制冷剂液体过冷的影响。制冷剂在冷凝器中被冷凝成液体后,如果液体制冷剂继续向外放热,换句话说液体制冷剂继续被冷凝,就会使制冷剂液体的温度低于饱和温度(这是指对应于冷凝压力的冷凝温度)而成为过冷液体。

②吸气过热的影响。在理论循环中,假定由蒸发器流出和被压缩机吸入的制冷剂都是饱和蒸汽,从蒸发器出口至压缩机吸入口之间的管路不存在热交换。

③回热制冷循环。为了限制节流汽化,从冷凝器出来的液态制冷剂应进一步降温,使其过冷。

(二)空调通风系统基本布置气流组织

为了便于安装、维护,城轨车辆空调装置基本采用集中式布置,即除了一些控制部件外,将空调制冷通风系统的主要部件都集中布置于一个机箱内,整个机组箱体安装于车辆顶部。这样的设计使得机组具有结构紧凑、占用空间小、制冷管路短、可以实现快速整体更换的优点。

图6.2所示为广州地铁2号线空调单元的布置方式。

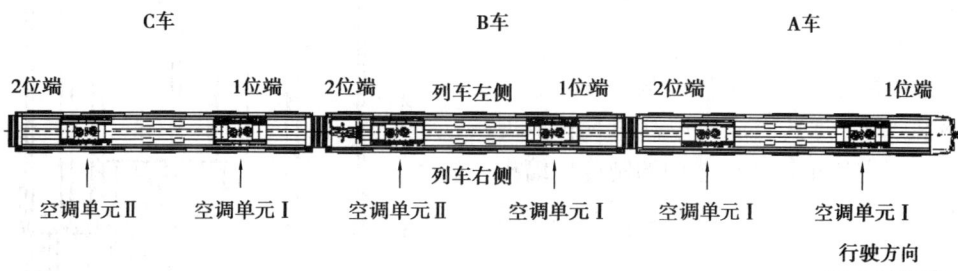

图6.2　城市轨道车辆空调单元布置

车顶空调机组将经过处理的空气,从一端(或两端)通过送风口送出,为保证均匀送风,车厢顶部还设置有送风通道,通过送风通道将风均匀地输送到整节车厢。而回风一般不设专门的回风通道,回风方式也没有固定的模式,目前大致有3种模式:即通过车厢顶部中间回风,通过车厢顶部两侧回风和通过车厢(座位)底部回风。图6.3所示为一种空调机组送、回风布置类型图。

三、空调机组基本组成

空调(制冷)装置主要包括压缩机、冷凝器、节流阀(膨胀阀)和蒸发器4大部件,不同时期、不同厂家生产的空调机组虽然在外观形状、部件设计布局上有些不同之处,但基本构造都是大同小异的。

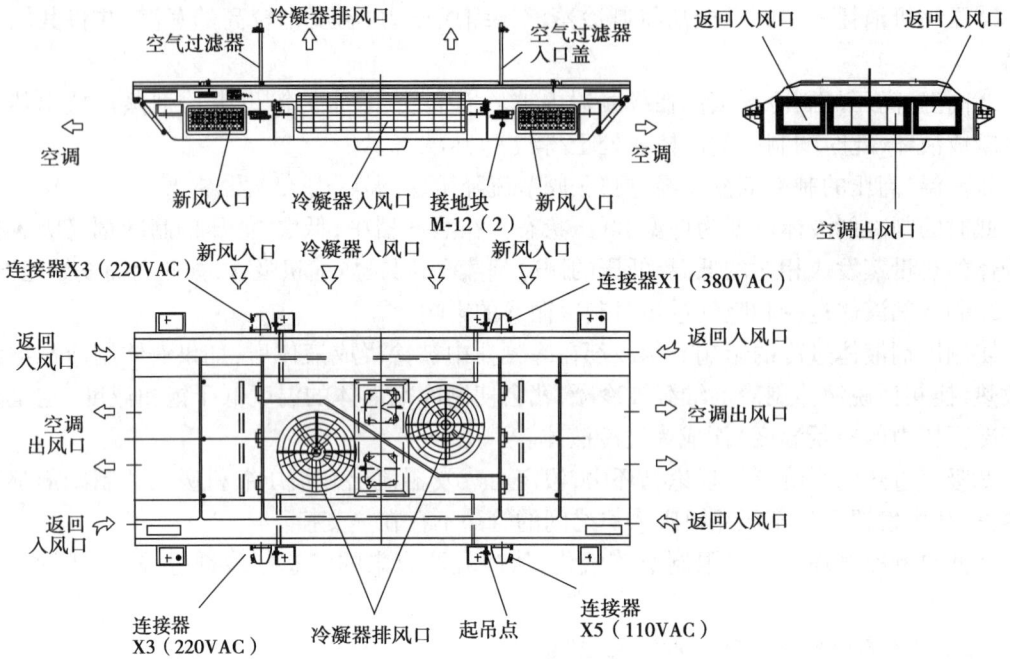

图 6.3　空调机组送、回风布置三视图

（一）空调系统主要部件

城市轨道车辆空调机组内的主要部件包括压缩机、换热器及辅助设备、节流装置。

1.制冷压缩机

压缩机的主要功能为压缩从蒸发器过来的制冷剂气体，使其变成高温高压气体。现在城市轨道交通车辆空调选用的制冷压缩机主要有 3 种类型：活塞式压缩机、螺杆式压缩机和漩涡式压缩机。

（1）活塞式制冷压缩机

活塞式制冷压缩机的结构式样有多种，按压缩机与电动机的组合方式的不同可分为开启式、半封闭式和全封闭式 3 种。

开启式是压缩机和电动机分开，压缩机的曲轴有一端伸出机体，并通过联轴器与电机相连。半封闭式压缩机是压缩机与电机共同组装在一个可拆的密封机壳内，压缩机的曲轴和电机的转子轴是一根整体轴，压缩机没有伸出机体之外的转动部件。全封闭式压

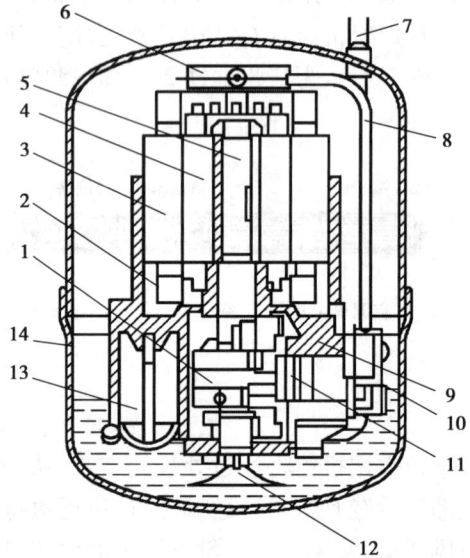

图 6.4　全封闭压缩机示意图

1—连杆；2—电动机绕组；3—电动机定子铁芯；
4—转子铁芯；5—偏心轴（主轴）；6—吸气包；
7—排气管；8—吸气管；9—汽缸体；10—汽缸盖；
11—活塞；12—过滤器；13—稳压室；14—罩壳

缩机（图 6.4）是将压缩机与电机共同组装在一个封闭的机壳内，机壳的接缝用焊接的方法

焊式。

（2）螺杆式制冷压缩机

螺杆式制冷压缩机是一种容积型回转压缩机。它是由一对互相啮合的螺杆转子的旋来实现对制冷剂蒸汽的压缩和输送的。图6.5所示的全封闭式的螺杆式制冷压缩机的结构。它主要由压缩机的机体、阳转子、阴转子及电机等组成。两个互相啮合的转子平行地安装在机体内，彼此反向旋转。

螺杆压缩机的蒸汽压缩容积是由啮合的转子和汽缸内壁组成的。如果与活塞式压缩机相比，阳螺杆的凸齿相当于活塞，阴螺杆的凹齿与汽缸内壁所组成的容积就相当于汽缸，随着转子的旋转，压缩容积沿着转子的轴向移动，因此螺杆的一端为吸气端，另一端则为排气端，并在压缩机机体的前、后端盖上也相应地开有吸、排气口。

在螺杆压缩机工作时，阳、阴转子的齿廓和齿槽并不直接接触，齿廓与齿槽之间，转子与汽缸内壁之间都有微小的间隙。润滑系统通过喷油孔向转子啮合部位喷射润滑油，使互相啮合的转子之间及转子与汽缸内壁之间形成一层密封的润滑油膜，即避免转子啮合部位的干摩擦，以减少压缩容积内气体的泄漏，提高输气效率。同时，呈雾状的润滑油喷入后，与制冷剂气体混合，制冷剂得到冷却，这样便能显著地降低压缩机的排气温度。因此，螺杆压缩机单级的压缩比可达到20。

此外，由于螺杆压缩机在结构上不存在像活塞式压缩机那样的吸排气阀和余隙容积，因此即使有少量的液体被吸入也不会发生"液击"现象。

（3）旋涡式压缩机

旋涡式压缩机（图6.6）活动的部件比较少，也没有动态吸入和排出阀，属于容积式压缩机，压缩部件由动涡盘和静涡盘组成。旋涡式压缩机具备噪声低、低振动、高可靠性的优点，其主要零件仅有5个，与往复式压缩机的30余个主要零件相比，显得结构更简单，因而故障概率较小；并且旋涡式压缩机具有效率更高、功率消耗低、输出平缓、启动力矩小等优点。

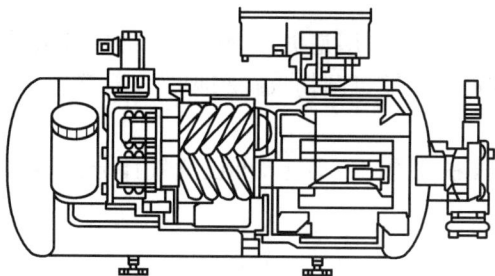

图6.5 全封闭螺杆式制冷压缩机的结构

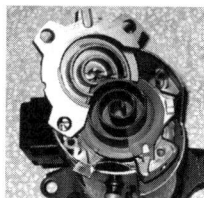

图6.6 旋涡式制冷压缩机实物图

2.换热器及辅助设备

（1）换热器

在制冷系统中，除起主导作用的压缩机外，还必须包括起换热作用的换热器——冷凝器和蒸发器。

①冷凝器

冷凝器是制冷机的主要热交换设备。其作用是使从压缩机出来的高温高压制冷剂蒸汽在其中向冷却介质——水或空气放热,冷却、冷凝成高温高压的过冷液体。

冷凝器按冷却介质和冷却方式的不同分为 3 种类型:水冷式冷凝器——用水作冷却介质;空气冷却式冷凝器,也称风冷式冷凝器——用空气作冷却介质;蒸发式冷凝器——用水和空气作为冷却介质,主要是靠水蒸发把热量带走。水冷式和蒸发式冷凝器可获得较低的冷凝温度,但容易在冷凝器表面结水垢。空气冷却式冷凝器冷凝温度高,尺寸大,能量消耗也较大,但在车辆制冷系统中,由于受运用条件的限制,只能采用空气冷却式冷凝器。风冷式冷凝器工作时,制冷剂蒸汽在管内冷凝,空气在轴流式风机作用下在蛇管外横向流过,从而把热量带走。

②蒸发器

蒸发器是制冷机的另一主要热交换设备。在蒸发器中,制冷剂液体在较低温度下蒸发而转变为蒸汽,利用制冷剂的蒸发潜热,吸收被冷却介质的热量而使被冷却介质的温度降低。所以,蒸发器是制冷系统中产生和输出冷量的设备。

蒸发器按冷却介质的不同分为冷却液体的蒸发器和冷却空气的蒸发器两种。冷却空气的蒸发器有冷却排管和直接蒸发式空气冷却器两种。

冷却排管式多用于冷库和冷藏箱中,它的特点是制冷剂在管内蒸发,空气在管外自然对流,传热系数较小。直接蒸发式空气冷却器也称冷风机,它适用于各种空调机组、冷藏库及低温试验箱中。它的特点是制冷剂在蛇管内吸热蒸发,管外空气在风机作用下强迫流动。由于空气是强迫流动,所以传热系数比冷却排管高。在城轨车辆制冷系统中,采用的蒸发器均为直接蒸发式空气冷却器。

（2）辅助设备

①干燥器

由于制冷本身含有的水分或系统未严格干燥而带来的水分溶解于制冷剂中,当温度下降时,水分就会析出。含有水分的制冷剂在制冷系统中流到膨胀阀时,由于温度急剧下降,析出的水分就会结冰堵塞阀孔,造成冰塞,导致制冷系统无法工作。

②过滤器

过滤器安装在储液器与膨胀阀之间的输液管上,它的作用是消除制冷剂中的机械杂质,如金属屑末、氧化皮等,防止进入膨胀阀堵塞阀孔和进入压缩机刮伤汽缸和吸排气阀等。

③气液分离器

为避免制冷压缩机吸入液体制冷剂,在制冷压缩机的回气管上,可设置气体分离器,对制冷剂蒸气中的液体分离储存。

④油分离器

在压缩机排出口和冷凝器之间安装油分离,使制冷剂气体中的润滑油在压缩之后设法排回压缩机。

⑤储液器

储液器又称储液筒,它的作用是储存制冷循环中的氟利昂液体,均衡调节制冷系统中氟利昂的需要量,以适应工况在一定范围内变动时制冷剂流量的变化。

对于小型全封闭系统,当负荷变动较小时,往往省略储液器。这时要严格控制充入的制冷剂量,同时利用气液分离器作为储液器。

3. 节流装置

通过冷凝器的制冷剂为高温高压的液体,在制冷剂进入蒸发器前须进行降压处理,节流装置就是对制冷剂液体进行降压的装置。城市轨道车辆选用的节流装置主要采用热力膨胀阀。

热力膨胀阀也称自动膨胀阀,它除了利用蒸发器出口处制冷剂蒸汽的过热度来调节制冷剂流量外,还对高压液体制冷剂起节流降压作用,使制冷剂一出阀孔就沸腾膨胀为湿蒸汽,故也称为节流阀。热力膨胀阀因平衡方式的不同(即蒸发压力引向膜片下内腔的方式不同),分为内平衡式和外平衡式两种。

(1)内平衡式热力膨胀阀

图6.7所示为内平衡式热力膨胀阀的结构,它是由感温包、毛细管、膜片、顶杆、阀座、阀针及调节机构等组成。膨胀阀接在蒸发器的进口管上。

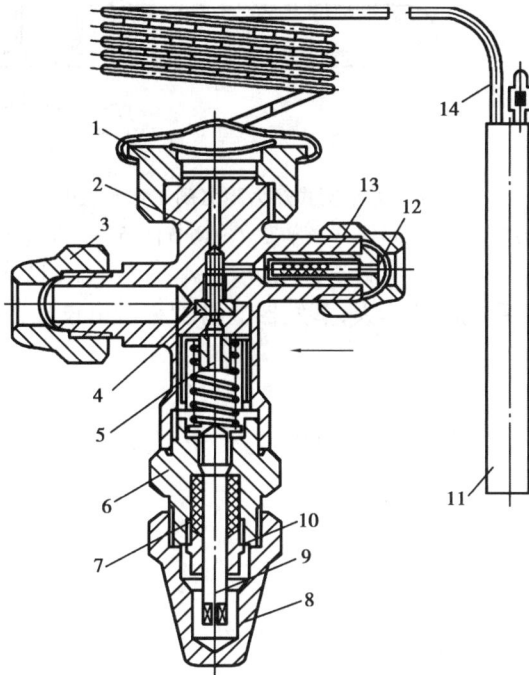

图6.7　内平衡式热力膨胀阀结构图

1—密封室座;2—阀体;3—出管锁母;4—座孔体;5—阀针;

6—调节阀;7—密封填料;8—螺母;9—调节杆;10—填料压母;

11—感温包;12—滤网;13—进管锁母;14—毛细管

(2)外平衡式热力膨胀阀

当蒸发器盘管较长,制冷剂在盘管中流动阻力引起的压力降较大时,蒸发器的进口和出口将有较大的压力差,如仍采用内平衡式膨胀阀,将增加阀门的关闭过热度,因而也相应地减小了可变过热度,导致热力膨胀阀供液量不足,蒸发器用于蒸汽过热的面积增加,降低了蒸发器的效率。一般在过热度不大于5~6℃时,蒸发器的利用率下降不多,且可避免压缩机产生的"液击"事故。因此,当蒸发器的进出口压力差较大时,就应采用外平衡式热力膨胀阀。

外平衡式热力膨胀阀的结构与内平衡式热力膨胀阀基本相同,只是它的膜片下方不与供入蒸发器的制冷剂接触,而是设有一个空腔,用平衡管与蒸发器出口连接,其安装如图6.8所示。所以膜片下面承受的压力不是节流后蒸发进口的压力 P_0,而是出口压力 P_{01},其调节特性就不受盘管中由于流动阻力所引起的压力差的影响。所以在蒸发器冷却盘管较长,阻力损失较大,特别是低温的情况下,应采用外平衡式热力膨胀阀。

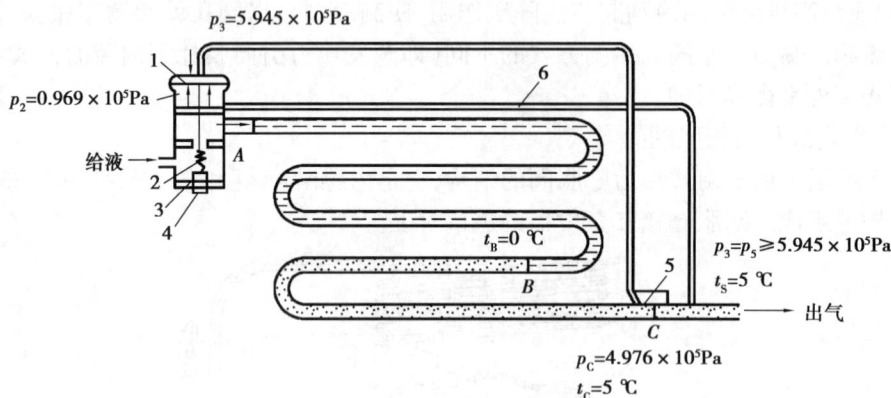

图6.8 外平衡式热力膨胀阀工作示意图
1—弹性金属膜片;2—阀针;3—弹簧;4—调节杆;5—感温包;6—平衡管
☒–☒使膜片有一向下的推力(感温包内的压力) ☒蒸发器出口压力 ☒—弹簧力

上海地铁车辆的空调系统的功率大,蒸发器的盘管相对也较长,所以其热力膨胀阀都是采用外平衡式热力膨胀阀。

任务2 空调通风系统的检修

【任务目标】

1.掌握空调通风系统检修的主要内容。
2.掌握空调通风系统常见故障。

【任务分析】

通过本任务的学习,重点掌握空调通风系统检修内容,主要故障类型,难点在于掌握主要故障的处理方法。

【知识链接】

城市轨道车辆空调通风系统是保证乘客乘坐舒适性的重要保障,为保证其正常工作,需要对系统进行日常维护及保养,以确保其安全。空调通风系统的日常保养主要包括通风系统的维护和空调系统的维护保养,而对通风系统的维护保养主要是对系统内设备每年进行一次清扫、涂装,检查外表是否有涂装剥落及锈蚀,并作除锈补漆处理等。对空调系统的维护保养主要是对空调机组设备检查维护保养,对空调控制系统进行检查测试。

【知识描述】

一、城市轨道车辆空调系统检修

城市轨道车辆空调系统由空调机组、空调控制系统两部分组成,是供城市轨道车辆使用的舒适性空气调节设备。

城市轨道车辆空调机组主要由压缩机、通风机、冷凝风机、冷凝器、蒸发器、干燥过滤器、气液分离器、毛细管、回风电动阀、新风电动阀、新风温度传感器、回风温度传感器等组成。空调控制系统由通信系统通过可编程控制器 PLC 控制空调机组的通风、制冷和制暖,保证压缩机、风机在正常电压下可靠地工作。对电气系统运行中出现的有关故障进行诊断、指示并保护,便于检修和查找故障。

1.冷凝器检修

冷凝器的散热片上落上灰尘异物时会影响换热效率,使高压侧的压力升高,所以需进行定期检查、清扫或清洗。

清扫时,将压缩空气按运转时的反方向吹入翅片间隙或从灰尘附着多的一侧用吸尘器进行吸尘。特别脏时,应使用专用洗涤剂进行清洗。

2.蒸发器检修

如蒸发器不清洁,则会使室内通风机风量减小,冷量不足,甚至会导致蒸发器表面的凝结水被通风机吹入风道内,并通过出风口滴入车内,所以视灰尘的附着情况应定期清扫或清洗。

清扫时,从脏物附着多的一侧用吸尘器进行吸尘。特别脏时或存在油污时,应使用专用洗涤剂进行清洗。

3.排水系统检修

定期检查、清洗排水口,并疏通排水管,使之不被垃圾或异物等堵塞。

4.冷凝风机检修

运转时,发现有异常声音、振动时,需更换轴承或电机。

5.通风机检修

可用软毛刷刷洗附着在叶片内侧的灰尘(请注意不要使叶片变形)。运转时,发现有异常声音、振动时,请更换轴承或电机。

6.隔热材料检查

目测蒸发器室中隔热材料是否老化,如发现隔热材料表面有明显裂痕、明显损伤、与箱体粘接处有开胶现象时,须除去老化或损坏的部分,换粘新的相应隔热材料。

7.减震器检查

减震器不需特殊维护,但当目测减震器表面有明显的裂纹或空调机组或压缩机有异常的振动和噪声时,则表示损坏或失效,应予以更换。

8.紧固件检查(压缩机,风机、电加热器和终端的螺栓)

通过查看螺栓防松标记或以锤轻击来检查各元件(如压缩机,风机,电加热器、电气元件终端等)的安装螺栓是否松动。

9.绝缘电阻检查

用电阻表测量绝缘电阻并确认带电部分与无电部分之间的阻值大于限度要求。否则,请检查各部分是否有绝缘老化并做适当地修补。

10.电气连接检查

请确认电线端头连接及其紧固螺栓连接牢固、可靠。

11.新风滤尘网、回风滤尘网清洗

新风滤尘网落上灰尘使新鲜空气量减少,需定时清洗。蒸发器前滤尘网上灰尘过多,会使室内侧通风量减少,制冷量降低,也应定期清洗。

二、空调系统常见故障处理

(一)城市轨道车辆空调装置故障类型

城市轨道车辆空调装置的主要故障可分为电气系统故障和制冷系统故障。

电气系统故障可归纳为"松""断""烧"3类。"松"是指电气接头松动、脱落,接触不良而导致的电气故障。"断"包括电源断线、熔断器断开;压缩机吸入压力、排出压力、润滑压力不正常引起的压力或压差使继电器的触点断开,以及电流过大引起的过热保护器动作而切断电路等电气故障。"烧"则包括电动机线圈、电磁阀线圈及其他各种继电器线圈的烧毁。另外,在检查单元式空调机组故障时,不可忽视插头的问题,特别是通风机电机或压缩机烧损,有可能因电流过大而损坏插头。制冷系统的故障主要可分为"漏"和"堵"两类。"漏"包括制冷剂的泄漏、感温包内充灌剂的泄漏以及空调机组漏水等故障。"堵"包括制冷管路内膨胀阀、毛细管、干燥过滤器的脏堵和冰堵,蒸发器和冷凝器的积灰以及空气滤尘网的堵塞。冰堵是由冰引起的制冷循环的堵塞,多数发生在膨胀阀或毛细管节流机构处。脏堵是由杂质引起的堵塞,多数发生在干燥过滤器或膨胀阀进口滤网处。冰堵和脏堵的共同现象是吸汽压力明显降低。

(二)常见故障及处理方法

1.空调机组无出风

故障原因及分析:通风机电机绕组损坏或烧坏,热继电器动作,离心风机的配线有短线,控制线路及电气故障,均可能造成空调机组无出风。

故障处理方法:测量通风机电机绝缘电阻,或更换电机;如果所测电流或电机正常,重调热继电器;查看电路的接通情况,进行拧紧修理;检查电路及元件,测量电流及阻值,对控制线路或元件进行修理或更换。

2.空调机组出风小

故障原因及分析:过滤器堵塞,蒸发器散热片脏堵,蒸发器冻结,风道等连接部分有泄漏,风机叶片积垢,通风机反转,风阀未打开或部分打开,风道堵塞,均可能造成空调机组出风小。

故障处理方法:清洗过滤器;清洗蒸发器;蒸发器冻结则需除霜;清洁、修理风道;清洁、检查通风机叶片;检测通风机电机电源接线相序是否正确;检查风阀和其执行器是否正常打开。

3.空调机组不能正常制冷

故障原因及分析:电磁接触器故障、工作线圈电线损坏、接触不良,压缩电机绕组损坏或烧坏,压缩机机械部分锁住,压缩机、风机反相。高压压力开关动作,冷凝风机热继电器动作,制冷剂泄漏,均可能造成空调机组不能正常制冷。

故障处理方法:更换电磁接触器;磨光接点或更换;测量绝缘电阻,或更换压缩机;测量电流,或更换压缩机;调换相序;查看和高压压力开关工作有关的部分;如果所测电流或电机正常,重调热继电器;检漏和修理。

4.高压压力开关动作

故障原因及分析:空气或非冷凝气体混合,制冷剂充注过量,冷凝风机低流量,制冷剂管道堵塞,高压压力开关故障,均可能造成空调机组高压压力开关动作。

故障处理方法:在回收制冷剂后,重新充注制冷剂;检查冷凝风机进气口是否被堵塞;检查制冷剂管道;更换高压压力开关。

5.空调机组漏水

故障原因及分析:排水口堵塞,安装不良风口密封垫处渗水,机组顶部密封胶条破损或保温材料破损,车内风道内凝露形成水珠,从出风口吹出,均可能造成空调机组漏水。

故障处理方法:清扫排水口;正常安装风口密封垫;更换密封胶条、保温材料等易损件;清洗蒸发器及水盘水道,排清积水。

6.显示温度与实际相差很大

故障原因及分析:新风温度传感器、回风温度传感器断线,将造成空调机组新风温度、回风温度与实际温度相差较大。

故障处理方法:用电阻挡测量插座相应针脚,若没有电阻值可判断为断线,应找到故障点重新连接。

7.空调机组压缩机不能正常启动

故障原因及分析:压缩机电源故障,空调控制系统接线、元器件故障,均可能造成空调机组压缩机不能正常启动。

故障处理方法:用万用表测量压缩机电源线是否断路,检查电源是否存在缺相、欠过压问题;检查空调控制线路是否正常;检查线路保险是否烧损,相序欠过压检测继电器是否损坏,损坏则需更换。

实践与训练:

工作项目	城市轨道交通车辆空调通风系统检修
任　　务	了解城市轨道交通车辆空调通风系统的组成;熟知各设备部件的结构、损坏形式及检测检修方法
【知识认知】	
1.简述车辆空气调节装置的作用及其结构组成	
2.简述车辆空调系统通风气流流动的方式	
3.试述制冷剂液体过冷和吸气过热对制冷循环的影响	
4.分析空调装置不制冷的原因及应采取的措施	
【能力训练】	
1.简述空调系统检修的主要内容	
2.简述空调通风系统的主要故障及处理方法	

单元小结

空调系统主要由通风系统、制冷系统、加热系统、加湿系统以及自动控制系统五大系统组成。考虑到城轨车辆实际运行区域的气候条件,有些车辆可不设专门的加热及加湿系统。空调(制冷)装置主要包括压缩机、冷凝器、节流阀(膨胀阀)和蒸发器4大部件。

空调通风系统在日常检修中主要应保证其结构的完整,在进行大修时要恢复其使用功能,确保能够安全舒适地为旅客提供服务。城市轨道车辆空调装置的主要故障可分为电气系统故障和制冷系统故障。

单元7　城市轨道交通车辆制动系统检修

任务1　城市轨道交通车辆制动系统的组成

【任务目标】

1. 掌握制动系统在城市轨道交通车辆运行中的重要意义。
2. 熟悉空气制动系统的组成和分类。
3. 掌握风源系统的种类和主要部件的工作原理。
4. 熟悉基础制动装置的组成和工作原理。

【任务分析】

通过本任务的学习,重点掌握城市轨道车辆制动系统的组成,掌握制动的种类,本任务的难点是制动优先原则的掌握。

【知识链接】

制动是指人为地使列车减速或阻止其加速的过程。使列车减速或阻止其加速的力称为制动力,而产生并控制这个制动力的装置叫做制动机,也称制动装置,制动装置是城轨车辆的重要组成部分。

制动控制装置由制动信号发生与传输装置和控制装置组成,有空气制动机、电控制动机、手制动机等种类。制动执行装置就是基础制动装置,主要有踏面制动、盘形制动、磁轨制动等形式。

【知识描述】

一、制动的概念

制动方式可按制动时列车动能转移方式、制动力获取方式或制动源动力的不同进行分类。

（一）按列车动能转移方式分类

按照制动时列车动能的转移方式不同可以分为摩擦制动和电制动。

1. 摩擦制动

通过摩擦副的摩擦将列车的运动动能转变为热能,逸散于大气,从而产生制动作用。城轨车辆常用的摩擦制动方式主要有踏面制动、盘形制动和磁轨制动。

（1）踏面制动

踏面制动又称为闸瓦制动，它是一种常用的制动方式，如图 7.1 所示。制动时闸瓦压紧车轮，轮、瓦间发生摩擦，将列车的运动动能通过轮瓦间的摩擦转变为热能，逸散于空气中。

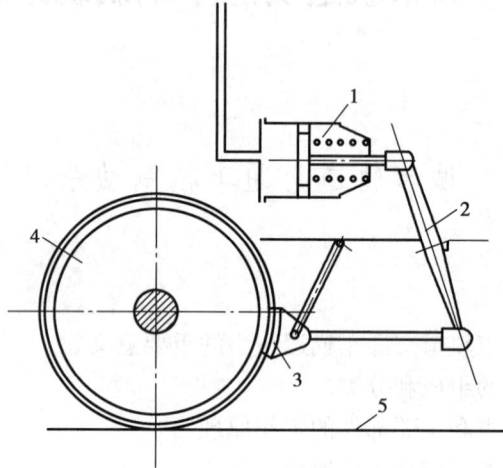

图 7.1　踏面制动

1—制动缸;2—基础制动装置;3—闸瓦;4—车轮;5—钢轨

在闸瓦与车轮这一对摩擦副中，由于车轮主要承担着车辆走行功能，因此其材料不能随意改变。要改善踏面制动的性能，只能通过改变闸瓦材料的方法，早期的闸瓦材料主要采用铸铁，为了改善摩擦性能和增加耐磨性，目前城轨车辆中大多采用合成闸瓦，但合成闸瓦的导热性较差，因此目前也有采用导热性能良好，且具有较好摩擦性能的粉末冶金闸瓦。

在踏面制动中，当制动功率较大时，有可能产生的热量来不及逸散于大气，而在闸瓦与车轮踏面积聚，使它们的温度升高，轮、瓦间摩擦力下降，严重时导致闸瓦熔化（铸铁闸瓦）和轮毂松弛等。因此，在采用踏面制动时，对制动功率要有限制。

（2）盘形制动

盘形制动如图 7.2 所示，有轴盘式和轮盘式之分。一般采用轴盘式，当轮对中间由于牵引电机等设备使制动盘安装发生困难时，可采用轮盘式。制动时，制动缸通过制动夹钳使闸片夹紧制动盘，使闸片与制动盘间产生摩擦，将列车的动能转变为热能，热能通过制动盘与闸片逸散于大气。

盘形制动方式能选择高性能的摩擦副材料和良好的散热结构，可以获得比踏面制动大得多的制动功率。

（3）轨道电磁制动

轨道电磁制动，也称磁轨制动，如图 7.3 所示。在转向架构架侧梁 4 下通过升降风缸 2 安装有电磁铁 1，电磁铁下设有磨耗板 5。制动时将电磁铁放下，使磨耗板与钢轨 3 吸住，列车的动能通过磨耗板与钢轨的摩擦转化为热能，逸散于大气。轨道电磁制动能得到较大的制动力，因此常被用作紧急制动时的一种补充制动手段。

2.电制动

电制动，也称动力制动，列车制动时，将牵引电机变为发电机，使动能转化为电能，对这些

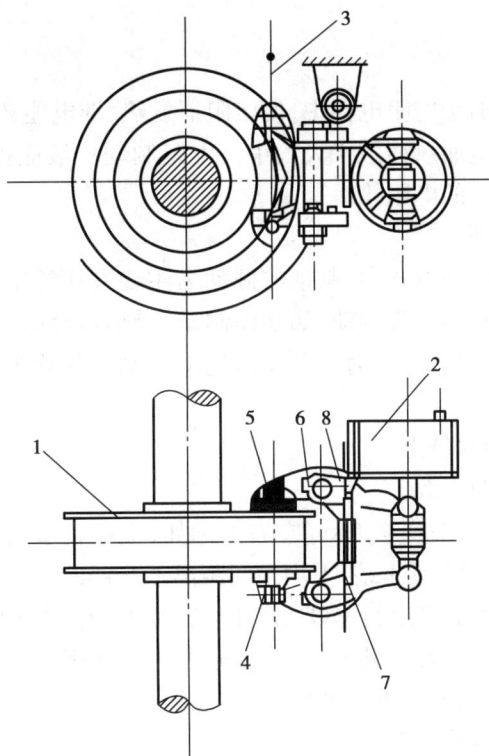

图 7.2　盘形制动结构

1—轮对;2—单元制动缸;3—吊杆;4—制动夹钳;

5—闸瓦托;6,7—杠杆;8—支点拉板

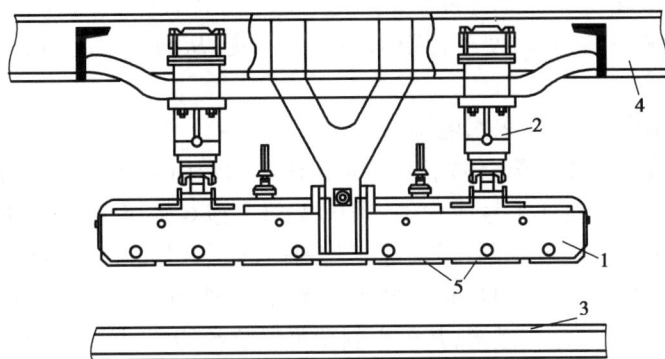

图 7.3　磁轨制动

1—电磁铁;2—升降风缸;3—钢轨;4—转向架构架侧梁;5—磨耗板

电能的不同处理方式形成了不同方式的动力制动。城轨车辆上采用的动力制动形式主要有再生制动和电阻制动,都是非接触式制动方式。

（1）再生制动

再生制动是把列车的动能通过电机转化为电能后,再使电能反馈回电网。显然这种方式既能节约能源,又能减少制动时对环境的污染,并且基本上无磨耗,因此是一种较为理想的制动方式。

（2）电阻制动

将发电机发出的电能加于电阻电器中，使电阻器发热，即电能转变为热能，也称能耗制动。电阻器上的热能靠风扇强迫通风而散于大气中。电阻制动一般能提供较稳定的制动力，但车辆底架下需要安装体积较大的电阻箱。

（二）按制动源动力分类

在目前列车所采用的制动方式中，制动的源动力主要有压缩空气的压力和电磁力。以压缩空气为源动力的制动方式称为气制动，如踏面制动、盘形制动等都为气制动方式；以电磁力为源动力的制动方式称为电制动，动力制动及轨道电磁制动等均为电制动；还有机械制动、液压制动等方式。

二、城市轨道车辆制动的特点

1. 制动速度快及制动功率大

城轨交通的站距很短，一般都在 1 km 左右。例如，重庆轨道交通 1 号线从朝天门到沙坪坝车站，全长 16.5 km，共设 14 座车站，平均站间距离 1.5 km。由于站间距离短，列车加速、减速及停车都比较频繁。为了提高运行速度，增加列车密度，必须使列车启动快、制动快、制动距离短。这就要求其制动装置具有操纵灵活、动作迅速、停车平稳准确、车组前后车辆制动、缓解作用一致、制动率及制动功率相对较大等特点。

2. 车辆制动根据载荷自动调整

城轨交通的客流量波动大，空载时列车质量仅为自重，而满载时列车质量却很大。例如，重庆轨道交通 1 号线地铁列车的每辆动车空车质量为 34.82 t，而满载（超员，载客 325 人）时总重为 54.2 t。因此，载客量对列车的质量有较大的影响，对列车制动时保证一定的列车减速度、防止车轮滑行及减轻车辆间纵向冲动都是不利的。因此，制动装置应具备在各种载荷工况下车辆制动力自动调整的性能，使车辆制动率基本不变，从而实现制动的准确性和停车的平稳性。

3. 使用独立牵引电机，适于采用电制动

城轨车辆在部分车辆或甚至全部车辆上具有独立的牵引电动机，这就为采用电制动提供了基本条件。以重庆轨道交通 1 号线为例，采用 4 动 2 拖 6 编组 B 型地铁车辆，牵引功率为 190 kW。电制动的功率大，尤其是在较高速度范围内，能承担大部分的制动负荷，可以满足城轨车辆制动功率大的要求；电制动是非摩擦制动，没有摩擦副零件的磨耗和噪声，减少了维护保养和对环境的污染，因而比较经济；其再生制动可以节约能源，具有一定的经济和社会效益，所以，采用电制动具有积极的意义。但电制动在低速时制动力小，而且要保证电制动失效和紧急情况下的行车安全，又要满足停车和停放的要求，所以摩擦制动是一种必备的制动方式。在几种制动方式同时安装和使用时，要充分发挥它们的最佳作用，故需要一套完善的制动控制装置来控制，使它们协调配合。

4. 制动系统安全可靠性高

城轨车辆一般运行在人口稠密地区，并用于承载旅客，行车安全非常重要。因而，要求其制动装置：

（1）具有紧急制动性能，遇有紧急情况时，能使列车在规定距离内安全停车。

（2）列车在运行中发生诸如列车分离、制动装置故障等情况时，应能产生紧急制动作用。

（3）紧急制动作用除可由司机操纵外，必要时还可由行车人员利用紧急按钮（紧急阀）等进行操纵。

三、城市轨道交通车辆的制动原理

城市轨道车辆运行特点为：站间距离短、启动快、制动距离短、停车精度高，而每节动车装备有 4 台交流电机等，同时考虑到电制动本身的特点（低速时电制动发挥不出来）以及安全要求，城市轨道车辆制动系统采用了电制动和空气（摩擦）制动的结合。

1. 电制动

电制动是车辆在常用制动下的优先选择，仅带驱动系统的动车具有电制动，分为再生制动和电阻制动两种形式。电制动具有独立的滑行保护和载荷校正功能，为此，每节动车或每个转向架装备有：一个三相调频调压逆变器（VVVF）、一个牵引控制单元（DCU）、一个制动电阻、4 个自冷式三相交流电机 M1、M2、M3、M4（每轴一个，相互并联）。

（1）再生制动

当发生常用制动时，电动机 M 变成发电机状态运行，将车辆的动能变成电能，经 VVVF 逆变器整流成直流电反馈于接触网，供列车所在接触网供电区段上的其他车辆牵引用和供给本车的其他系统（如辅助系统等）用电，此即再生制动。再生制动取决于接触网的接收能力，即取决于网压高低和负载利用能力。

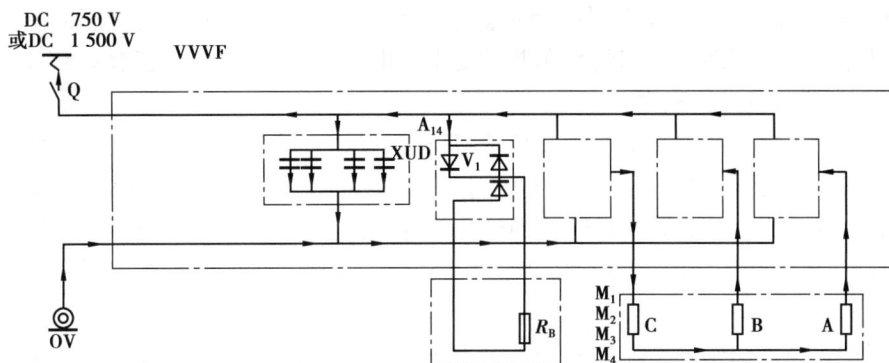

图 7.4　再生制动原理图

（2）电阻制动

如果制动列车所在的接触网供电区段内无其他列车吸收该制动能量，VVVF 则将能量反馈在线路电容上，使电容电压 XUD 迅速上升，当 XUD 达到最大设定值 1 800 V 时，DCU 启动能耗斩波器模块 A14 上的门极可关断晶闸管 GTO：V1，GTO 打开制动电阻 RB，制动电阻 RB 与电容并联，将电机上的制动能量转变成电阻的热能消耗掉，此即电阻制动（能耗制动），电阻制动能单独满足常用制动的要求。

电阻制动是承担电机电流中不能再生的那部分制动电流。再生制动电流加电阻制动电流等于制动控制要求的总电流，此电流受电机电压的限制。再生制动与电阻制动之间的转换由 DCU 控制，能保证它们连续交替使用，转换平滑，变化率不能为人所感受。当高速时，动车采用再生制动，将列车动能转换成电能；当再生制动无法再回收时（如当网压上升到 1 800 V

时），再生制动能够平滑地过渡到电阻制动。

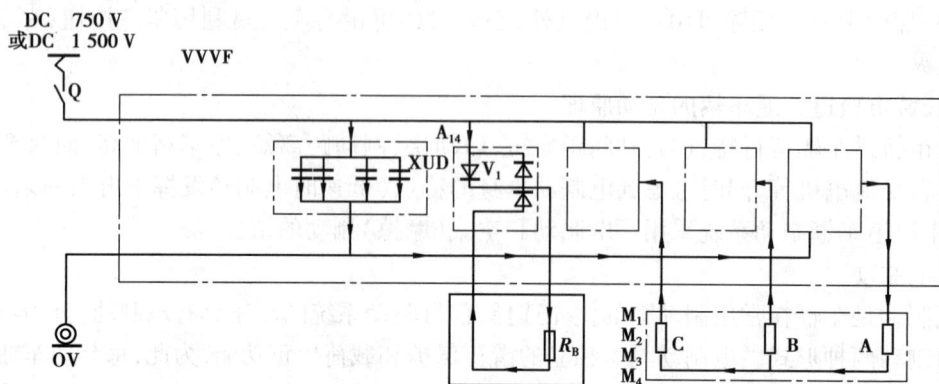

图 7.5　电阻制动原理图

（3）电制动滑行保护

电制动具有独立的滑行保护功能。由于 4 台电机是并联连接的，因此当 DCU 检测出任意一根轴发生滑行时，DCU 只能对 4 台电机进行同步控制，同时降低或切除 4 台电机的电制动力。

2.空气制动

空气（摩擦）制动用来补足制动指令所要求的制动力与最大电制动力之间的差额，以及没有电制动时完全由气制动来承担的列车制动要求。电制动和空气制动之间的混合制动是平滑的，并满足正常运行的冲击极限。

每节车设计有独自的气制动控制及部件，每根轴设计有独立的防滑装置，由制动控制系统实时监控每根轴的转速，一旦任一轮对发生滑行，能迅速向该轴的防滑电磁阀发出指令，沟通制动缸与大气的通路，使制动缸排气，从而解除该轮对的滑行现象。制动执行部件采用单元制动缸，有不带停放制动器的踏面单元制动缸和带停放制动器（也称弹簧制动器）的踏面单元制动缸两种。

空气制动系统采用微处理器控制的单管摩擦制动系统，包括供风设备、制动控制设备、基础制动装置、微处理器控制的车轮防滑保护装置、箱体通风设备、空气悬挂设备、汽笛及操作按钮、受电弓驱动设备、车钩操作设备。

四、城市轨道车辆制动模式

（一）弹簧停放制动

由于车辆在断电停放时，制动缸压力会因管路泄漏，在（空气压缩机停电、不工作）无压力空气补充的情况下，逐步下降到零，使车辆失去制动力。车辆停放制动不同于车辆运行中的制动作用，它是采用弹簧力来产生制动作用。在正常情况下，弹簧力的大小不随时间变化而变化，由此获得的制动力能满足列车较长时间断电停放的要求。停放制动系统应保证列车在最大载荷、最大坡道的情况下施加停放制动不会发生溜车。弹簧停放制动缸充气时，停放制动缓解；弹簧停放制动缸排气时，停放制动施加；还附加有手动缓解的功能。

（二）紧急制动

车辆设计有一个"失电制动，得电缓解"的紧急空气制动系统，贯穿整个列车的连续电源线控制该制动作用的发生,线路一旦断开(如接触网停电、列车分离),所有车辆立即实施紧急制动,以确保列车安全。紧急制动可不经过电子制动控制单元EBCU的控制,直接使制动控制单元BCU的紧急电磁阀失电而产生。具有以下特点:

①电制动不起作用,仅空气制动。

②高速断路器断开,受电弓降下。

③不受冲击率极限的限制,在1.7 s内即可达到最大制动力的90%。

④紧急制动实施后是不能撤除的,列车必须减速,直到完全停下来(零速封锁)。

⑤具有防滑保护和载荷修正功能。

(三)快速制动

当主控制器手柄移到"快速制动"位时,列车将实施减速度与紧急制动相同的快速制动。快速制动具有以下特点:

①电制动不起作用,仅空气制动。

②受冲击率极限的限。

③主控制器手柄回"0"位,可缓解。

④具有防滑保护和载荷修正功能。

(四)常用制动

在常用制动模式下,电制动和空气(摩擦)制动一般都处于激活状态。一般情况下[车载为定员AW_2以下,速度8 km/h(可调)以上],电制动能满足车辆制动要求,当电制动不能满足制动要求时,空气制动能够迅速、平滑地补充,实现混合制动作用。

(五)保压制动

保压制动是为防止列车在停车前的冲动,使列车平稳停车,通过制动控制系统内部设定的执行程序来控制。它分两个阶段实施:

第一阶段:当列车制动到速度小于8 km/h,牵引控制单元DCU触发保压制动信号,同时将保压制动信号输出给电子制动控制单元EBCU,这时,由DCU控制的电制动逐步退出,由EBCU控制的气制动替代。

第二阶段:接近停车时(列车速度<0.5 km/h),一个小于制动指令(最大制动指令的70%)的保压制动由EBCU开始自动实施,即瞬时地将制动缸压力降低。

如果由于故障,EBCU未接收到保压制动触发信号,EBCU内部程序将在8 km/h的速度时自行触发。

五、城市轨道车辆空气制动系统组成

以重庆地铁制动系统为例,空气制动系统主要包括空气供给系统、制动控制系统(包括:微机控制防滑器)、基础制动装置、车轮滑动保护装置(速度传感器和测速齿轮集成安装在转向架轴端)等部分。动车上装有电制动装置和机械制动(摩擦制动)装置,而拖车上只装有机械制动(摩擦制动)装置,动车上是踏面制动单元,拖车是轴盘制动单元。

(一)空气供给系统

空气供给系统主要包括:空气压缩机组、空气干燥器、主风缸、脚踏泵以及空气管路系统等。用风设备主要包括:制动装置、空气悬挂装置、车门控制装置以及风喇叭、刮雨器、受电弓气动控制设备、车钩操作气动控制设备等。空气供给系统制造的压缩空气为用风设备的驱动

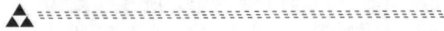

提供动力,而压缩空气的净化和干燥处理是不可或缺的,其目的是除去压缩空气中所含有的灰尘、杂质、油滴和水分等,保证制动系统及其他用风设备能长时间可靠地工作。城市轨道车辆通常以单元编组运行,所以其风源系统也是以单元来供气,每一单元设置一套风源系统,相邻车辆的主风管通过截断塞门和软管相连,由两个以上单元组成的列车就具有两套以上风源系统。如重庆地铁车辆 6 辆编组,基本的车辆单元为 2 动和 1 拖(2M1T 单元),在每单元的带司机室的拖车上设有空气供给装置。

1. 空气压缩机

空气压缩机(也称空压机)是用来制造压缩空气(也称压力空气)的装置。城轨车辆采用的空气压缩机要求具有噪声低、振动小、结构紧凑、维护方便、环境实用性强的特点,其直流驱动电机已逐渐被交流电机驱动所取代。目前,城轨车辆中采用的主要有活塞式空气压缩机和螺杆式空气压缩机两种。

重庆地铁车辆空压机采用螺杆式压缩机,带风冷装置。该空压机组可提供约 765 L/min 的供气量。电机额定转速为 1 460 r/min,其结构组成如图 7.6 所示。

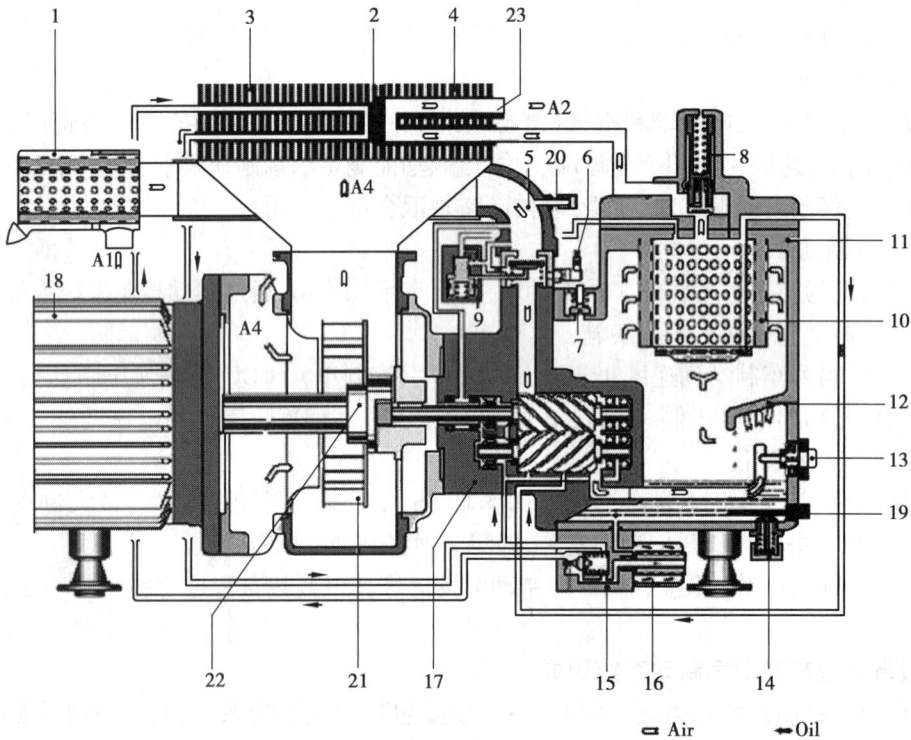

图 7.6 空气压缩机(气动回路)

1—空气滤清器;2—冷却器;3—后冷却器;4—油冷却器;5—进气阀;6—压力开关;
7—安全阀;8—压力维持阀;9—卸荷阀;10—油细分离器;11—油气筒;12—隔板;
13—温度开关;14—放油阀;15—温控;16—油过滤器;17—机头;18—电动机;
19—电加热器(可选);20—真空指示器;21—离心式风扇;22—联轴器;23—空气供给口;
A1—空压机空气入口;A2—压缩空气出口;A3—冷却空气

螺杆空气压缩机的螺杆组由两个互相啮合的螺旋形转子(或螺杆)组成,通常把节圆外具有凸齿的转子称为阳转子(或阳螺杆);把节圆内具有凹齿的转子称为阴转子(或阴螺杆)。阴、阳转子具有非对称的啮合型面,平行安装在一个铸铁壳体内作回转运动,如图7.7所示。

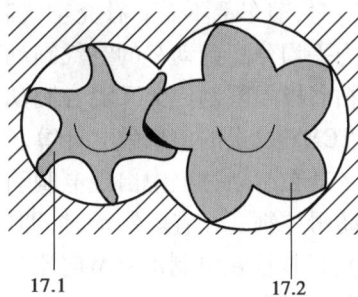

图7.7 螺杆式空气压缩机螺杆副
17.1—阴转子;17.2—阳转子

螺杆空气压缩机系统包括空气系统、润滑油系统和冷却系统。空气系统由空气滤清器、进气阀、主机、油气筒、油细分离器、压力维持阀和后冷却器组成。空气由空气滤清器滤去尘埃后,再由进气阀进入主机压缩室压缩,并与润滑油混合。与油混合的压缩空气由压缩机排至油气筒,经油细分离器、压力维持阀及后冷却器后送入干燥器中。

当空压机组超过设备工作压力时,其内部的安全阀具有泄压排风作用,以保护空压机组设备的安全,设定值为1 250 kPa。同时在总风管路上安装有安全阀,以保证总风压力不超过系统的工作压力,设定值为1 000 kPa。

空压机操作采用主/辅空压机概念,根据日期的单双日变化进行转换。当1号车的空压机作为主空压机运行时,6号车的空压机作为辅助空压机待命。如果主风缸压力下降到7.5 bar以下,那么主空压机启动,补充压力空气。当主风缸压力继续下降到6.8 bar时,6号车的辅助空压机也将启动,对主风缸的压力加以补充。在从6.8上升到9.0 bar的过程中,两台空压机同时工作。

2.干燥器

压缩空气从空压机出口流入双塔空气干燥器。压缩空气在一个塔中干燥,而在另一个塔中,干燥剂由回流的洁净空气再生。干燥器内的电子定时器对两个塔内的空气干燥和再生过程进行控制。该控制循环只有当空压机工作时才进行。这就保证了两个干燥塔使用机会均等。双塔干燥器将压力空气的湿度降低到相对湿度35%或以下,使风缸、车辆管路以及制动控制设备具有更长的寿命。在这样的湿度下,不会造成系统部件的腐蚀。

(二)制动控制系统

制动控制系统通过制动指令实施常用制动、紧急制动和停放制动控制。制动控制系统和防滑器采用微机控制。每车或每个转向架配有独立的制动控制装置。

1.系统工作原理

各种地铁列车控制系统原理略有不同,以重庆地铁制动控制系统为例,列车采用全列车交叉混合制动控制系统,即列车制动采用电制动与空气制动实时协调配合、电制动优先使用、空气制动延时投入的混合制动方式。当电制动不足时,优先在拖车上补充空气制动。全列车交叉混合制动时,当总电制动力能够满足全列车制动力的需求时,各车都不需要补充空气制动。

当总的电制动力不满足全列车的制动力需求时,则先在拖车上根据拖车载荷来补充剩余所需要的制动力。此时,如果总电制动力大于动车所需要的制动力时,动车上不需要补充空气制动;如果总电制动力不能满足动车所需要的总制动力时,拖车根据本车的载荷施加本拖车所需求的制动力,动车所需要空气补充的制动力也按拖车载荷比例分配到拖车上,即由拖车的空气制动进行补充,拖车上施加的总空气制动力受粘着极限限制,当拖车上的空气制动力未达到极限时,动车上不需要补充空气制动;当拖车上的空气制动力达到极限时,剩余所要补充的制动力平均分配到动车的空气制动上,每辆动车上所施加的电制动力和空气制动力的总和同样受粘着极限限制。交叉混合制动计算由各车的制动微机电子控制单元 EBCU 根据列车监控系统 TCMS 发送的信息独立计算。

若在制动过程中出现电制动滑行造成制动力的损失,空气制动不进行补偿,以便于电制动的防滑控制。在有电制动时,即使不需要施加空气制动,制动缸也要保留一定压力(30 kPa 左右),以补偿在电制动衰减时空气制动补充的滞后。当列车制动在电制动快要衰减时由牵引控制装置发出一个电制动退出(衰减)预告信号,制动控制装置收到电制动退出预告信号后,按预定速率预补空气制动。

2. 系统部件概述

制动控制装置(BCU)由制动微机电子控制单元(EBCU)和气动执行单元(PBCU)两部分组成,EBCU 和 PBCU 都有安装在制动控制装置机箱中。

EBCU 采用 6U 插件机箱,由制动控制插件板、防滑控制插件板、开关量输入/输出插件板及通信插件板等组成,EBCU 用于实现制动和防滑的控制计算及以与外部电气接口和通信。PBCU 主要由气路集成板及其上面的电磁阀、中继阀等气动执行部组成。

制动控制装置根据制动指令产生要求的制动缸预控压力,再通过中继阀输出制动缸压力,制动控制装置根据空气簧的压力信号实现不同载重的压力控制,并根据纵向冲击率的限制来控制制动缸预控压力的上升速率。中继阀采用双膜板结构,有紧急制动和常用制动两个预控压力输入,输出压力根据两者之间取高的原则,即由紧急制动和常用制动两个预控压力中压力较高的控制。制动气动执行部件集成在一个气动板上,易于维护和更换,与电子制动控制装置一起实现常用制动、紧急制动等功能。

制动控制板上有 4 路(或)压力传感器输入通道和 2 路电磁阀驱动输出。制动控制板用于制动力的实时计算,包括空电混合制动时的电制动力分配和空气制动力补充,并实施对制动缸压力的控制。

制动控制装置具有自诊断功能,可以对制动系统的关键部件和性能进行监测,并通过车辆总线及时将故障信息通知列车监控系统。同时 BCU 还可以把故障信息记录在 BCU 内部的存储介质上,并能通过测试软件将故障信息下载分析。

制动控制系统能够实现的制动功能有:常用制动、紧急制动控制、车轮滑动控制、状态监控。

(1)常用制动

常用制动包括常用摩擦制动控制和电制动混合功能。

常用制动采用减速度控制模式,制动控制单元根据指令的减速度和车辆载重来计算目标制动力。常用制动具有冲击率限制功能,以改善乘坐的舒适性能;常用制动采用空电混合制动并优先使用电制动。

BCU 根据目标制动力计算出本车应施加的制动缸目标压力。制动缸压力控制如图 7.8 所示,制动缸压力的控制是通过对作用风缸压力(预控压力)的闭环控制实现的。

微控制器的制动缸压力智能数字控制,是根据制动缸目标压力的和压力传感器检测的作用(预控)风缸压力以及制动缸压力,来控制 E/P 转换阀对作用风缸的充风或排风,实现对中

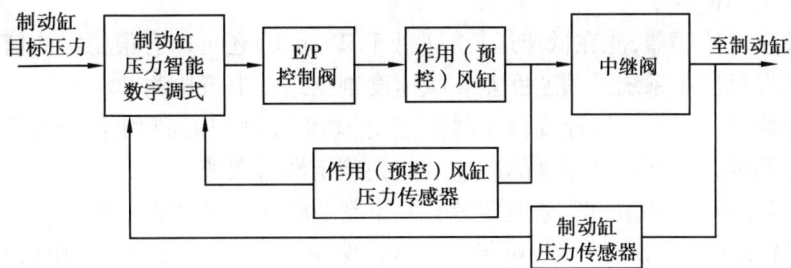

图7.8 制动压力控制原理

继阀预控压力的闭环控制。中继阀受预控压力控制输出大流量的制动缸压力,中继阀的输出压力滞后影响在智能数字控制时进行补偿。

(2)紧急制动控制

紧急制动采用纯空气制动,紧急制动是由紧急制动安全回路直接控制的,当紧急制动安全回路失电时,列车中的所有车辆即同时实施紧急制动。紧急制动一旦实施,其安全回路的控制电路可以保证紧急制动将一直保持施加状态直至列车完全停下。为了在应急情况下能缓解紧急制动,紧急制动环路中设有紧急制动旁路开关,但此旁路开关不会将紧急制动按钮开关旁路,以保证在需要时列车仍可实施紧急制动。

紧急制动电磁阀是一个两位三通常开电磁阀,正常情况下处于得电状态,切断了空重阀输出口与中继阀的紧急制动预控压力口的通路,同时将中继阀的紧急制动预控压力排向大气。当紧急制动电磁阀失电时,紧急制动电磁阀将接通空重阀输出口与中继阀的紧急制动预控压力口的通路,从而使中继输出紧急制动的制动缸压力,紧急制动作用原理如图7.9所示。

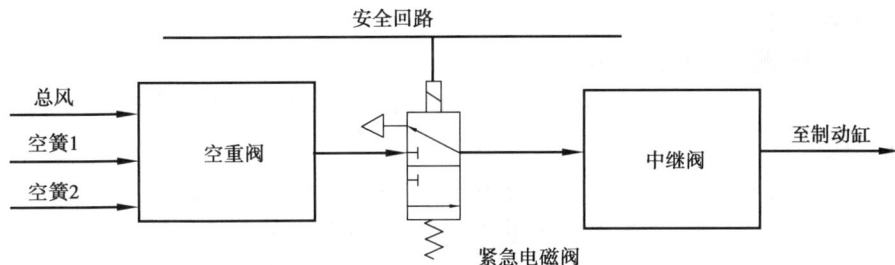

图7.9 紧急制动作用原理

(3)车轮滑动保护

空气制动防滑功能在紧急制动和常用制动时都可以起作用。该控制单元具有以下特点:

①采用微机控制,计算速度快,检测精度高。

②根据速度差、减速度等多个判据的变化进行防滑控制。

③具有自检和故障存储功能,自动监督速度传感器和排风阀状态及控制输出状态,同时控制单元进行自监督。

④能进行轮径补偿。

⑤具有临轴互补功能。

⑥能充分利用粘着等。

⑦具有冲击率控制功能。

⑧用有源速度传感器,能在低速运行时(低于 2 km/h)还可以有很稳定的信号输出。

空气制动滑行控制系统采用速度差和减速度判据进行滑行检测。

①速度差判据。当某一轴速度低于参考速度(基准速度)达到判定滑行数值。

②减速度判据。当某一轴速度的减速度达到判定滑行数值。

当出现以上任何一种情况时,就判定该轴发生制动滑行,防滑控制系统首先会通过防滑排风阀切断中继阀到该轴制动缸的通路,对制动缸进行保压,如果滑行较大或保压后滑行持续增大,防滑阀还可排出一部分制动缸的压力空气,减小该轴上的制动力,以减小该轴上的滑动程度,使该轴恢复到粘着状态。在粘着恢复再制动充风时,防滑控制系统首先会采用阶段充风方式,一方面可以限制粘着恢复时再制动的纵向冲击率,同时还可以减小粘着恢复过程中的再滑行概率。

当 4 个轴同时出现滑行时,或 4 个轴的减速度都远高于正常的制动减速度时,防滑系统会定期短时缓解某一基准轴的空气制动,以便对基准速度进行周期性的修正,减小基准速度的累加偏差,以准确地控制滑动程度,从而确保了在低粘着状态下最大限度地提高制动力,同时不会出现车轮擦伤。在发生严重滑行时,将切除电制动,以利于粘着恢复。防滑控制单元在进行滑行控制时会自动限制排风和保压的持续时间,以限制空气制动力的减少时间。防滑控制单元还具有独立于主微控制器的监控微控制器,当主微控制器出现异常时,监控微控制器能够切除主微控制器的防滑控制输出,以防止空气制动力的持续减少。

当空气制动滑行控制系统失效时,空气制动将维持运用而无滑行保护。当一个速度传感器出现故障时,受到影响的防滑阀会利用本转向架的另一个速度传感器进行防滑控制。

(5)制动系统故障诊断

制动控制装置(BCU)具有系统自动检测及故障诊断功能,自检方式包括上电自动检测(POT)、在线运行自检、命令自检等方式。

①上电自动检测是指在控制电源加电时自动进行的检测,上电自动检测的主要内容包括:CPU 外设接口自检、EEPROM 自检、E/P 控制阀检测、防滑排风阀检测、车辆多功能总线(MVB)通信接口等。

②在线运行检测是在系统正常工作时不需要外部干预也进行的自动检测,在线运行检测内容主要包括:压力传感器检测、速度传感器检测、MVB 通信故障检测等。

③命令自检是由列车监控系统(TCMS)通过车辆总线发出的系统检测指令,或由检修人员通过按压 EBCU 系统自检按钮启动的自检。命令自检内容可以包括上电自检和在线自检内容,同时还可以进行空气制动自动试验和故障诊断。

系统的故障诊断主要是对系统的功能进行诊断,如制动和缓解功能故障。当诊断系统有故障时,故障信息能够通过 MVB 总线发送给列车监控系统(TCMS),并能够在司机显示屏显示,根据故障的影响程度,提示司机进行适当的处理。系统故障信息及发生故障前后一段时间的数据同时在 BCU 中存储,BCU 中的存储显示卡采用大容量的记录存储介质,可以存储大量控制数据及故障信息,存储信息可以通过通信接口下载分析。

存储卡中存储的制动控制信息主要包括制动指令、作用风缸压力、制动缸压力、电制动力、E/P 控制阀状态等;存储的防滑控制信息包括各轴速度、减速度、参考列车速度、滑行检测和各防滑阀工作状态等。

表 7.1 制动系统常用术语

ATO	Automatic train operation	自动驾驶
ATP	Automatic train protection	自动保护
EBCU	electronic brake control unit	电子制动控制
BCU	pneumatic brake control unit	制动控制单元
ED	Electro-dynamic	再生
EP	electro-pneumatic	电—空
EP-converter	electro-pneumatic-converter	电—空转换
TCMS	train management system	列车监控系统

任务2 城市轨道交通车辆空气制动系统检修

【任务目标】

1.掌握城市轨道交通车辆制动系统日常检修及定期检修的主要内容及方法。
2.熟悉制动系统常见的故障类型。
3.掌握制动系统常见故障的分析处理方法。

【任务分析】

通过本任务学习,重点掌握城市轨道车辆制动系统的日常检修及定期检修的作业内容,本任务的难点是制动系统的故障分析。

【知识链接】

制动系统的安全正常工作对于车辆安全运行起着至关重要的作用。根据车辆的运行情况,为保证轨道交通车辆安全运行需要对其制动系统进行检修检查维护,发现故障问题及时进行处理。

【知识描述】

一、制动系统的日常检查维护

检查空压机油尺的油面。液面应在上、下油标之间,否则补加润滑油。

观察司机室压力表,空气管路泄漏检查。总风漏泄量应 <0.2 bar/5 min,否则检查各管路接头,用肥皂水确定泄漏点,并根据泄漏情况处理。

检查踏面单元制动器外观,所有螺钉、锁紧垫片的安装以及弹簧状态。踏面单元制动器及皮囊外观无损伤,所有螺钉、锁紧垫片安装紧固并完整。弹簧状态良好。

检查闸瓦在缓解时与车轮的间隙。间隙为 8 ~ 12 mm。

检查闸瓦磨损情况及开口销状态。贯穿整个闸瓦的裂损宽度大于 30 mm 时,或磨耗到闸瓦最低刻度线时,需更换闸瓦。开口销完好,安装牢固。

按"停放制动缓解"按钮。列车按钮(停放制动环缓解)指示灯应亮。

按"停放制动施加"按钮。列车按钮(停放制动应施加)指示灯应亮。

检查常用制动则是将方向手柄置前位,操纵主控制手柄拉到 100% 制动位。压力表红色指针读数为 (1.4 ± 0.2) bar。

在缓解停放制动及客室门关好后,方向手柄置前位,按住"警惕"按钮,将主控制手柄推向牵引位。压力表红色指针应为 0 bar,司机台气制动缓解灯亮,气制动施加灯灭,主控制手柄保持 5 s 后压力表红色指针读数上升为 (1.4 ± 0.2) bar。

方向手柄拉至前位,将主控制手柄置快速制动位。观察压力表红色指针读数上升为 (2.2 ± 0.2) bar。

将主控制手柄置零位。压力表红色指针读数为 (1.4 ± 0.2) bar。

将方向手柄拉至向前位,按下司机台上的"紧急停车"按钮,压力表红色指针读数为 (2.5 ± 0.2) bar。

逆时针旋转"紧急停车"按钮,缓解紧急制动。压力表红色指针读数为 (1.4 ± 0.2) bar。

按"停放制动施加"按钮,列车处于停放制动施加状态。按钮指示灯应亮。

二、制动系统定期检修

1. 风源系统检修

风源系统包括空压机及其启动控制装置、空气干燥器、过滤器、安全阀等。

风源系统的检修工作主要包括:

①检查确认风源系统各设备外观清洁、检查无积垢、无裂纹、无锈蚀、无脱漆,软管无老化、龟裂。

②检查空压机润滑油油位及颜色,油面应在上下油标之间,必要时加油或更换。

③清洁空气滤清器,定期更换滤芯。

④检查空气干燥器、过滤器、安全阀等空气处理、控制设备,无异常漏风、异响。

⑤空压机的拆卸和安装,按照空压机拆装作业指导书进行。

⑥分解空气干燥器,清洁并检查各零件。零部件无破损,无堵塞。

⑦组装空气干燥器,更换干燥剂及所有密封圈。各零件无变形。

⑧列车上进行双塞阀、空气干燥器功能测试塞阀每分钟排气 1 次,在列车主风压力大于 750 kPa 时,干燥器出风口相对湿度不大于 35%。

⑨排放油过滤器中的油水混合物,并更换滤网(偶次年检作业)。

⑩检查截断塞门的工作位置、检查铅封状态。截断塞门处于正常工作位置,铅封状态良好。

⑪检查电气连接插外壳及密封件,外壳无裂损、密封件无变形。

⑫安全阀外观清洁检查、功能测试、参数校准。表面无积垢,功能良好,参数准确。

⑬检查电子开关的接线并试验其功能:接线正确,无破损、腐蚀。能够正常接通外部风源。

⑭外接压力表组测试压力传感器的功能及设置值,如有异常则调节或更换。

⑮当主风管压力达到 750 kPa 以上时,采用耳听方式检查供风模块管路是否有漏气现象。

⑯检查空压机运转状态。空压机运转无异响及异常震动,电机转动方向与箭头方向一致。

2. 检查 EBCU

外观清洁、检查无积垢、无灰尘、无裂纹;检查接线、插头是否连接紧固;进行 EBCU 自检,确认自检通过;下载并清除故障数据。

3. 制动控制系统及管路检修

制动控制系统及管路的检修工作主要包括:

①检查电子控制单元的电气接线,确认无破损;检查确认各插件板指示灯状态正常。

②检查确认气动执行单元各阀等工作状态正常。

③检查确认辅助控制装置中各阀、压力开关等工作状态正常。

④检查汽缸、管路安装状态、工作状态正常,无异常漏风。

外观清洁、检查无积垢、无灰尘、无裂纹;检查电气连接插件外壳应无裂损、密封件无变形老化、安装状态紧固;检查制动模块的安装状态,安装紧固,固定螺栓紧固应无锈蚀,否则更换;打开风缸的排水塞门排放凝结水;清洁控制面板上的各阀件外观,清洁中继阀出气口;检查各风缸排水塞门的工作位置处于正常工作位。

4. 基础制动装置

基础制动装置的检修工作主要包括:

①检查确认盘形制动装置或踏面制动装置安装状态、外观正常。

②检查制动闸瓦、闸片安装状态,确认无过度磨耗,无裂纹、缺损,否则应更换新品。

③检查缓解状态下闸瓦与车轮、闸片与制动盘之间的间隙满足限度标准。

④检查制动缸、气管无异常漏气。

5. 防滑控制装置检修

防滑控制装置主要由防滑控制板、防滑放风阀、速度传感器组成,可根据速度差、减速度等多个判据的变化进行车辆防滑控制。

防滑控制装置的检修工作主要包括:

①检查防滑控制板电气接线,确认无破损;检查确认指示灯状态正常。

②检查防滑放风阀工作状态正常,无异常漏风。

③检查速度传感器电气接线,确认无破损,速度信号无异常。

三、空气制动系统常见故障处理

1. 空压机润滑油乳化

故障原因及分析:空压机润滑油使用时间过长或润滑油中水汽不能及时得到释放,将造成润滑油乳化、变色。

故障处理方法:空压机润滑油轻度乳化可通过启动空压机工作一定时间使油温升高从而释放油中水汽得到解决;空压机润滑油乳化较严重,运行空压机无法恢复则必须更换润滑油。

2. 空压机不能正常启动

故障原因及分析:空压机电源出现缺相、欠过压故障,空压机启动控制装置中电气接线、继电器、压力开关等故障均会造成空压机无法正常启动。

故障处理方法:检查空压机电源插头是否有异常,检查空压机启动控制装置中电气接线、继电器状态、压力开关状态是否正常,有异常则更换。

3. 空气制动不缓解

故障原因及分析:空气制动系统中空气制动缓解电磁阀、紧急制动电磁阀故障将造成空气制动不能正常缓解。

故障处理方法:检查空气制动缓解电磁阀、紧急制动电磁阀工作状态是否正常,不正常则更换。

4.车辆异常抖动

故障原因及分析:辅助制动控制装置中气阀故障造成空气弹簧无法正常充气,导致车辆出现异常抖动。

故障处理方法:测试辅助制动控制装置中各压力测试点压力值是否正常,检查辅助制动控制装置中各阀工作状态,不正常则更换。

5.防滑功能失效

故障原因及分析:防滑控制板、速度传感器、防滑放风阀故障可能造成车辆防滑功能失效。

故障处理方法:检查防滑功能失效车辆的防滑控制板工作状态是否正常,检查速度传感器接线及速度信号是否正常,检查防滑放风阀工作状态是否正常,不正常则进行更换。

实践与训练:

工作项目	城市轨道交通车辆制动系统检修
任 务	了解城市轨道交通车辆制动的种类,掌握城市轨道交通车辆制动装置的组成,工作原理,掌握系统各部件的检测方法,典型故障的处理
【知识认知】	
1.简述车辆制动的种类	
2.简述车辆制动的模式	
3.简述车辆制动系统的组成	
4.简述车辆制动控制系统的工作原理	
【能力训练】	
1.简述车辆制动系统日常检修的主要内容	
2.简述车辆制动系统定期检修的主要内容	
3.简述车辆制动系统的典型故障故障	

单元小结

城市轨道车辆制动的特点主要有制动速度快及制动功率大,车辆制动根据载荷自动调整,使用独立牵引电机,适于采用电制动,因其制动系统安全可靠性高。制动方式可按制动时列车动能转移方式、制动力获取方式或制动源动力的不同进行分类。城市轨道交通车辆制动的类型主要是电制动和空气制动的混合。城市轨道车辆制动模式包括:弹簧停放制动、紧急制动、快速制动、常用制动、保压制动。城市轨道车辆空气制动系统主要包括空气供给系统、制动控制系统(包括:微机控制防滑器)、基础制动装置、车轮滑动保护装置(速度传感器和测速齿轮集成安装在转向架轴箱上)等部分。

单元 8　城市轨道交通车辆检修基地及主要检修设备

任务 1　城市轨道交通车辆检修基地

【任务目标】

1. 熟知城市轨道交通车辆检修基地的基本功能。
2. 熟知城市轨道交通车辆的检修制度。

【任务分析】

通过本任务的学习,重难点是掌握城市轨道车辆检修制度及检修修程的工作内容。

【知识链接】

城市轨道交通车辆的检修维护基地称为车辆段与综合基地(简称"车辆基地"),作为城市轨道交通配套系统,城市轨道交通车辆基地大致可划分为 3 大层次:停车场、车辆段、车辆大修厂。本任务主要介绍车辆基地的基本功能及车辆检修制度,主要检修设备。

【知识描述】

一、车辆基地的基本功能

车辆基地作为地铁系统的运用、检修、材料/后勤保障和培训基地,其功能应体现为:整个地铁系统服务,因此,车辆基地应具备以下基本功能。

1. 停车场

停车场是城市轨道交通车辆停放的场所,是规模较小的车辆段,承担着城市轨道交通车辆的停放、清洁、维护和乘务工作。一般每条轨道交通线路按其配属车辆的多少,设置一处或多处停车场,规模较小的停车场仅设置停车列检设施,规模较大的停车场还设有定修、临修和月检设施。停车场主要有以下功能:

①承担城市轨道交通车辆的整备作业(包括运用、停放及检查、清洁、维修任务)。

②进行车辆定修(年检)及以下范围修程。

③通过静态调试和动态调试,对列车进行综合性能的测试。

④对车辆施行临修或采用部件互换修方式进行车辆检修。

⑤承担乘务员的换班及休息任务。

2. 车辆段

车辆段是城市轨道交通车辆更换损坏部件的场所,它在停车场的基础上增加车辆检修设

施,其中以大、架修设施为主,主要检修手段为互换修。车辆段主要有以下功能:

①承担多条由联络线互相沟通线路车辆的大、架修工作,其检修方式采用互换修。互换下的损坏部件直接送车辆大修厂进行维修。

②承担所属线路车辆的定修、月检及临修工作,其检修方式采用互换修。互换下的损坏部件直接送车辆大修厂进行维修。另外还需通过静调和动调,对列车进行综合性能的测试。

③承担所属线路的车辆停放和列检工作。

④承担乘务员的换班及休息任务。

⑤承担列车运行中出现事故时的救援工作。

⑥负责全线的材料供应和段内设备、机具的维修和调车机车、轨道车辆的日常维护、保养工作。

⑦负责段内的行政、技术管理、材料供应和后勤管理等工作。

车辆段主要划分为检修区和运营区。所有的检修工作均集中在检修区进行,运营区主要负责段属车辆的停放、列检和乘务工作。

3. 车辆大修厂

车辆大修厂是城市轨道交通线网中车辆互换部件(模块)的维修中心,规模较大,设备齐全,具有较高的车辆检修技术力量,承担线网中车辆段、停车场车辆互换部件的检修工作;同时具备到车辆段、停车场维修现场进行部件检查、简易维修的能力,在一定年限后还将承担列车的翻新和改造工作。车辆大修厂也是轨道交通网络中的物流(部件)供应中心。各停车场、车辆段互换下的损坏部件通过公路运输送大修厂检修,大修厂修复的部件再通过公路回送至各停车场、车辆段。车辆大修厂一般设在市郊土地较为充裕的地区,与某个车辆段合建。车辆大修厂主要承担以下功能:

①对车辆集中进行全面大修、翻新和技术改造工作。

②承担轨道交通网络车辆部件(模块)的维修,以满足停车场、车辆段互换修的需求。

③具备停车场、车辆段进行部件检查、维修的能力。

④作为部件物流中心。

4. 综合维修中心

(1)综合维修中心的功能

综合维修中心是地铁系统的重要组成部分,是工务、建筑、供电、机电、通信、信号、自动售检票、屏蔽门、电扶梯、防灾报警监控、空调通风、给排水等系统的运用维修、后勤保障、事故抢修基地和管理机构。根据总体设计,综合维修中心一般设置于车辆段内。

(2)综合维修中心的任务范围

维修工区隶属于综合维修中心,轨道交通各系统的工区在综合维修中心相应车间的调度和管理下,进行以下工作:

①承担各自辖区范围内轨道、道岔、路基和线路等工务设施的巡检、维修和养护任务。

②承担各自辖区范围内地下隧道建筑、桥梁、各种房屋建筑及室内附属设施、道路、车站装修和各种旅客引导设施的修缮和维护等任务。

③承担各自辖区范围内通信、信号设备等的检测和维护任务。

④承担各自辖区范围变电所设备、高中低压电缆线路及接触网和相关设备、电力监控设备

的检测和维护任务,承担全线杂散电流防护设备的维护任务。

⑤承担各自辖区范围空调设备、屏蔽门、自动门、水泵、电机、自动扶梯、电梯等各种机电设备,各低压电气设备及线路等的维护保养任务。

⑥承担各自辖区范围火灾报警系统(FAS)、环境监控系统(BAS)、自动售检票系统(AFC)等各种自动化设备的检测和维护任务。

5.物资总库

(1)物资总库的功能及任务

物资总库负责全线范围内所需的各种物资的采购、储存、发放及管理等工作。在本工程建设期间可作为建设物资及机电设备的临时仓储场地。同时应根据线网建设情况预留发展,为建立线网物流中心(物资流或物资信息流中心)创造条件。

(2)物资总库的任务范围

①承担车辆段车辆运用检修所需各种材料、配件等的计划编制、采购、保管及发放工作。

②承担车辆段生产工具、仪器、仪表、生产家具等的计划编制、采购、保管及发放工作。

③承担全线各系统所需各种机电设备、备品备件、配件、电缆、钢材、钢轨、导岔、建筑材料、劳保用品等的计划编制、采购、保管及发放工作。

二、车辆检修制度和检修作业方式

城市轨道车辆检修的目的是确保地铁车辆运营的安全性,并尽可能地延长车辆的使用寿命,从而降低城市轨道车辆的运营成本、提高效益。

1.检修制度

车辆检修制度的制订,一般应根据车辆的技术条件、线路条件、地区环境和运营条件,以及运用、检修人员的素质等多方面因素确定,并在实际运用中不断调整和完善。

车辆检修制度一般分为预防性计划检修制度和矫治性检修制度两种。由于城市轨道交通对车辆的安全性和可靠性要求非常高,考虑到目前我国车辆的总体运用检修水平,车辆检修宜采用按车辆运行周期进行计划检修的预防性计划检修制度。但在整体采用预防性计划检修制度的前提下,应对部分有条件的系统和部件(如电气和控制系统等)实行状态修,对低级修程(如双周检和三月检等)推广采用在线修,以提高车辆的利用率,降低购车和修车成本。

2.检修作业方式

车辆检修作业方式有现车修和换件修两种。

①现车修是将待修车上的零部件,经过修理消除其缺陷后,仍安装在原车上。这种作业方式,除报废零件需要更换外,其他零部件均等待修理后,装回原车。其优点是可减少备用零部件的数量,缺点是常因等待零件而延长停修时间。

②换件修又称互换修,是指将待修车上分解下来的零部件,用合格的备用零部件装上去。现车拆卸下来的零部件经修理后可以装到其他车辆上。换件修优点是能最大限度地缩短停修时间,提高修车效率,其缺点是要求有足够的备用零部件。

从提高修车效率出发,车辆检修宜采用以换件修为主,部分零部件现车修为辅的检修作业方式。

三、检修修程

我国现行大部分城市轨道车辆在设计和规划中,通常采用日常检修和定期检修相结合的

检修制度。根据车辆走行里程数和检修周期,可分为列检、周检、月检、定修、架修、厂修6个等级。其中列检、周检、月检为日常检修;定修、架修、厂修为定期检修。由于我国各城市轨道车辆不尽相同,车辆的检修修程尚未有统一规定,车辆检修修程指标(参考)见表8.1。

表8.1　车辆检修周期表

检修种类		定期检修			日常维修		
		厂修	架修	定修	月检	周检	列检
定检周期 /万 km	A、B	120 (10 年)	60 (5 年)	15 (1.25 年)	3.0 (3 月)	0.5 (15 天)	每日或 双日
	L_b	160	80	20	2	—	—
	单轨	全面检修	重点检修	换轮	三月检		列检
		60(6 年)	30(3 年)	10(1 年)	(3 月)	—	(3 日)

车辆修程关系如图8.1所示。

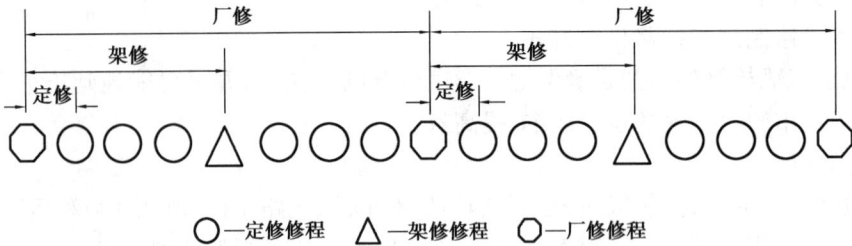

○—定修修程　△—架修修程　⬡—厂修修程

图8.1　车辆修程关系

①我国各城市检修修程见表8.2至表8.4。

表8.2　北京地铁车辆采用的检修修程

检修修程	修程周期/万 km	库停时间/(d·列$^{-1}$)	调试/(d·列$^{-1}$)	合计/(d·列$^{-1}$)
厂修	112~128	70	20	90
架修	56~64	17	7	24
定修	28~32	10	7	17
月检	2	2	0	2
列检	每日	—	—	—

表8.3　上海地铁车辆采用的检修修程

检修修程	检修周期		修时/d	库停时间/d
	时间	里程/万 km		
厂修	10 年	100	40	34
架修	5 年	50	25	19

续表

检修修程	检修周期		修时/d	库停时间/d
	时间	里程/万 km		
定修	1 年	10	10	8
双月检	2 月	2	2	2
双周检	2 周	0.4	0.5	0.5
列检	每日	—	—	—

表 8.4　港铁要求在北京地铁 4 号线车辆采用的检修修程

检修修程	检修周期/ $\times 10^4$ km	停修时间/d
厂修（半寿命修）	160	45
架修	40	14
B 列检	1.5	1
A 列检	0.5	0.5

②日本地铁检修修程见表 8.5。

表 8.5　日本地铁车辆采用的检修修程

检修修程	检修周期		停修时间 /(d·列$^{-1}$)
	东京营团地铁	东京都营地铁 名古屋市营地铁	
全面检查	≤6 年	≤6 年	18～25
重要部位检查	60 万 km 或≤4 年	40 万 km 或≤3 年	12～15
月检查	≤3 个月	≤3 个月	1.0
日检查	≤6 日	≤3 日	0.25

③车辆各检修修程的主要作业内容

a. 列检。主要对与车辆行车安全相关的部分进行日常性技术检查。

b. 双周检。主要对易损件和磨耗件进行检查,部分部件清洁、润滑。

c. 三月检。主要进行车辆的重点部件及系统状态检查,部件清洁、润滑,更换磨耗件。对车辆易损部件进行检查更换;对牵引、制动、控制系统进行全面检查、调试;对蓄电池根据需要进行检查,添加蒸馏水或离子交换水。

d. 定修。主要进行车辆的各系统状态检查、检测;各部件全面检查、清洁、润滑以及部分部件的修理及车辆的调试。主要检修内容是对受电弓、空调机、电气控制、牵引、制动、走行部等关键部件进行局部分解、检查、修理、测试,检修后进行静、动态调试。

e. 架修。对车辆的重要部件,特别是行走部进行分解,全面检查、修理,并更换部分部件。

对车辆各系统进行全面检测、调试及试验。架车后对转向架、受电弓、空调机、空压机、牵引电机、制动系统、车钩缓冲装置、车门、坐椅和各种电气控制装置等部件进行分解、检查、修理、更换、试验,对仪表仪器进行校验,对车体及其余部件的技术状态进行检查修理,检修后对车辆进行静、动态调试。

f. 大修。对车辆包括车体在内进行全面的分解、检查及整修,结合技术改造对部分系统进行全面的更换,对车辆各系统进行全面检测、调试及试验。车辆各修程均以整列车为一检修单元,采用定位检修作业,部分零部件根据检修工艺需要采用流水作业。

各城市检修修程主要内容见表8.6。

表8.6　北京、上海等城市采用的地铁车辆检修修程内容

检修修程	主要检修内容
列检	对受流器、控制装置、各种电气装置、转向架、制动装置、车钩缓冲装置、铰接装置、空调、车门、车体、车灯、蓄电池箱等主要部件进行外观检查;对危及行车安全的故障进行重点修理
月检	对受流器、牵引电机、控制装置,各种电气装置、转向架、制动装置、车钩缓冲装置、空调、车门、车体、车灯、蓄电池箱等主要部件的技术状态和作用进行检查和必要的试验,对危及行车安全的故障进行全面修理
定修	卸下受流器、牵引电机、控制装置、转向架、制动装置、蓄电池等部件,对其技术状态和作用进行检查和修理,并进行必要的试验;对计量仪器、仪表进行校验;对其余主要部件的技术状态和作用作相应的检查和修理;修竣车的静调和试车
架修	卸下受流器、牵引电机、控制装置,各种电器装置、转向架、传动装置、轮对、轴承、制动装置、车钩缓冲装置、空调、车门、蓄电池等部件,对其进行分解、检查和修理,并进行必要的试验;对计量仪器仪表进行校验;对车体及其余部件的技术状态和作用作相应的检查和修理,车体油漆标记,修竣车的静调和试车
厂修	架车,车辆解体,对转向架构架和车体进行整形,对所有部件全部进行分解、检查和修理,完全恢复其性能;重新油漆标记,修竣车的静调和试车

表8.7　港铁要求在北京地铁4号线车辆采用的检修修程内容

检修修程	主要检修内容
A列检	对关系到安全的车上重点部位进行检查,并负责车辆临时小故障的修复。详细内容如下:检查车底架结构及设备安装稳固,检查车钩,检查牵引电机,检查受流器,检查空压机及空气管路,更换空调系统滤尘网罩,检查紧急制动器,检查灭火器,检查空调系统功能,检查紧急通风功能,检查乘客报警和通信功能,检查司机室、客室照明和各种开关、雨刷器、指示灯等,检查主逆变器和辅助电源系统的故障记录等,测试车门、空气干燥器转换
B列检	对车辆重点项目进行检修、测试及小零件的更换;并负责临时小故障的修复。详细内容如下:检查/更换易磨损的元件,如闸瓦、受流器接触块、接地碳刷、空压机滤清器、照明灯管、灯泡等;设备加油,如空气压缩机、车钩锁销、电机轴承、齿轮箱等;制动功能测试,牵引系统功能测试,辅助电源系统功能测试,蓄电池维护,空压机测试,紧急门操作检查,清洁牵引电机滤尘网罩等,检查接触器

检修修程	主要检修内容
架修	每3年,车门控制继电器,车门传动装置,无线电通信及广播装置,空气压缩机,气动装置的调节器,空调机组,受流器,蓄电池,接触器,齿轮箱,转向架等分解、检查、修理;每6年,一般电控继电器,控制的电子印刷板,限压阀,制动系统阀,电子单元的电池,电容电感等检修;每12年,气动装置(储汽缸和控制阀等),空调控制装置,车间通道的机械装置,电磁阀及制动管路,车钩,空气管路,牵引电机等检修;每20年,气囊,中心枢轴等检修
厂修	车辆翻新工作,主要是车辆的外观和内装的更新,增加或提高车辆的一些功能和设施,随着轨道车辆及相关专业技术的发展,更新现有车辆的设备等

四、车辆段工作工艺流程

1. 车辆运用整备工艺流程

车辆运用整备工艺流程如图8.2所示。

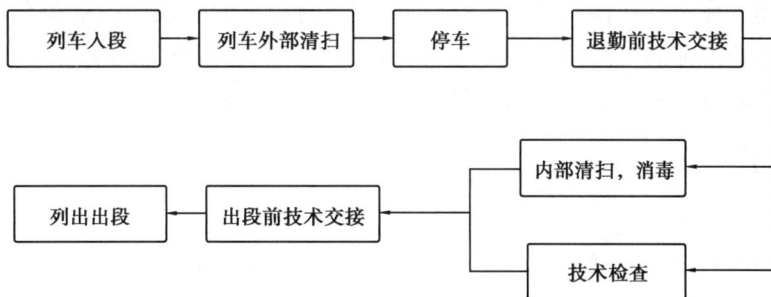

图8.2 车辆运用整备工艺流程

2. 列车检查、检修工艺流程

列车检查、检修工艺流程如图8.3所示。

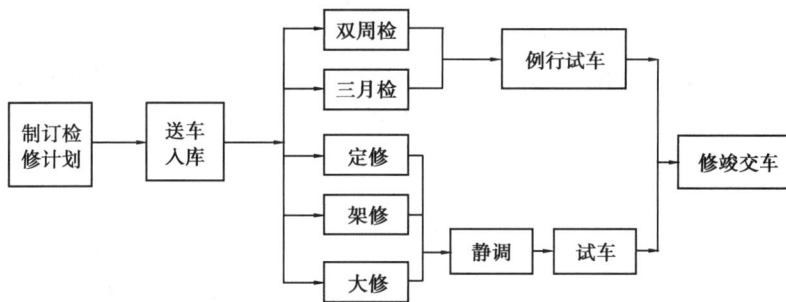

图8.3 列车检查、检修工艺流程图

(1)架修/大修工艺流程

车辆吹扫、冲洗—车辆由内燃机车推送入库解列—车辆预检—车辆架车—局部分解—落转向架—列车全部或局部解体—各零部件送检修间分解、检查、修理、更换、组装、试验—车体全面检查、除锈、刷漆、整修—各零件组装—落车调整—喷漆—单元或联挂静调—试车线动调—交验—出库。

（2）定修工艺流程

列车吹扫、冲洗—列车由调机推送入库—列车预检交接—列车架车局部解体—全面检查、测试—蓄电池检修充电—组装测试—落车调整—送不落轮镟库镟轮—送调试库单元/联挂静调—试车线动调—交验—出库。

（3）双周检或三月检工艺流程

列车整列入库—测试—全面技术检查—更换易损件—补充电或更换蓄电池—交验—出库。

（4）列车镟轮工艺流程

待镟轮列车自行牵引或由调机送入镟轮线—专用牵引装置与列车联挂—列车由牵引装置牵引停车轮对定位—轮对检测进行定位测量和磨耗测量—轮对镟修—轮对加工精度检测—其他轮对镟修—全部轮对镟修完成验交—列车出库。

（5）列车静调作业和动调作业

列车静调作业在专门的静调库或静调线内进行，主要对列车重要部件及联线进行低压通电检查，对车门、空调及列车控制等系统功能进行调试，各电器部件动作是否符合技术要求进行测试。列车动调作业是在试车线上对整列车的运行性能、状态及车载通信信号设备进行检测、试验，试车线长度需满足列车试验速度从 0 km/h ~ V_{max} ~ 0 km/h 的需要。

调试作业工艺流程：单元静调→联挂静调→联挂动调→验交。

【知识扩展】

列车救援策略

列车的一般性故障，如车门故障、部分失去动力等，列车应在前方车站清客，退出运营，在车站存车线上待避，等候返回车辆段，或立即返回车辆段处理。

列车在损失部分动力故障状态下有自行救援的运行能力：列车在超员状态下，当损失 1/4 动力时，列车仍然可以在 30‰的坡道上启动，并能以正常运行方式完成当天运营；列车在超员状态下，当损失 1/2 动力时，列车仍然可以在 30‰的坡道上启动，并完成一个单程运行。

列车在完全失去动力条件下的救援如下：

列车在完全失去动力的条件下，后面追踪运行的列车应在 ATP 作用下停车，在车站清客后慢速与故障列车联挂，推送故障列车至前方车站，待故障车清客后，继续推送故障列车到存车线或返回车辆段。

地铁列车牵引无动力故障列车实施救援的能力一般有如下要求：一列空车应能将另一列停在 30‰坡道上的超员故障列车牵引至最近的车站（上坡），乘客下车后返回车辆段；一列空车应能将另一列停在 38‰坡道（含曲线附加）上的故障空车牵引回车辆段。

以上两种情况，均不中断运营，不需要车辆段出动救援车辆。

在发生列车脱轨、颠覆、火灾、停电等重大事故时，正常运营中断，全线视故障情况可组织故障运营。乘务员和所在站（或邻近车站）站务员立即组织乘客疏散，车辆段出动救援。救援车辆和设备应在第一时间赶到所在站（或邻近车站），由救援人员携带设备器材进入事故现场，实施救援。若列车脱轨或颠覆，首先起复列车进行复位救援，并由次列车推送回车辆段。必要时在线路清空的前提下，也可由内燃调车开赴事故现场，牵引故障列车回车辆段。处理事故后，应尽快恢复正常运营。

任务2　城市轨道交通车辆主要运用检修设施及设备

【任务目标】

1.熟知城市轨道交通车辆检修设施及设备的种类。
2.熟知城市轨道交通车辆检修设施及设备的作用及使用。

【任务分析】

通过本任务学习,重难点是掌握城市轨道车辆设备的作用及使用。

【知识链接】

车辆运用检修设施主要有:停车列检库、洗车库、不落轮镟修库、静调库、双周检或三月检库、定临修库或临修库、大架修库、吹扫线、空压机站、内燃机车轨道车库、试车线以及设备维修车间、蓄电池检修库、救援办公室、备品备件库等。

据不完全统计,在全国各城市地铁车辆段与综合基地初步设计中,列明的工艺设备400～600项,累计1 000～1 380台(套、辆、组),总投资为1亿～1.5亿。车辆段工艺设备主要有:数控不落轮机床、列车自动清洗机、架车及转轨设备、内燃机车、起重运输设备、电源设备、专用工艺装备、机电检修检测设备、仪器仪表电器/电子检测设备、通用机电设备、清洗设备、转向架检修/检测设备以及救援设备等。

【知识描述】

一、检修工具

根据城市轨道车辆检修修程的不同,车辆检修工作内容及检修标准也会不同,这就要求车辆检修人员要根据不同的检修内容和标准领取或使用所需的检修工具、仪器仪表,主要包括以下种类。

1.生产安全防护用品

生产安全防护用品是车辆检修人员在生产过程中必须始终穿戴,用于保护检修人员人身安全的日常用品,主要包括工作服、安全帽、绝缘鞋、手套、安全带等。

2.常用检修工具

常用检修工具是指城市轨道车辆日常检修中常用的工具,主要包括手电筒、螺丝刀套装(平口和十字)、仪表螺丝刀套装、开口扳手、六角扳手、尖嘴钳、钢丝钳、斜口钳等。

3.常用仪器仪表

仪器仪表主要包括钢尺、卷尺、游标卡尺、千分尺、水平尺、弹簧秤、万用表、电流表、可调直流稳压电源、交流可调电源、双通道示波器等。

4.专用工具

①验电接地工具。绝缘手套、绝缘鞋、高压验电器、接地线、接地电阻测试仪。
②轮对检测工具。轮径尺、轮对内测距尺、第四种检查器。

③其他专用工具。噪声检测仪、照度检测仪、温度检测仪、超声波探伤仪等。

二、检修设备

(一)通用设备

1. 起重类设备

起重类设备包括电动单梁悬挂起重机、电动单梁起重机、电动双梁桥式起重机等设备,用于车辆段(场)内车辆分解、检修、组装作业及零部件维修、材料储存、发放作业等吊运作业。

2. 运输设备

运输设备包括蓄电池搬运车、蓄电池叉车、手动液压托盘搬运车、手推工具车等设备,用于车辆段(场)内及各库区的运输及装卸作业。

3. 机械设备

机械设备包括金属切削设备、切割断料设备、试压等设备,用于车辆段(场)内车辆检修作业及零部机加工、设备试压作业。

4. 焊接设备

焊接设备包括交直流方波焊机、气体保护焊机、气焊设备、整流弧焊机、便携式直流弧焊机等设备,用于车辆段(场)内车辆和设备维修作业的焊接。

5. 清洁、干燥设备

清洁、干燥设备包括电热鼓风干燥箱、清洗机、吸尘器等设备,用于车辆段(场)内车辆电子电气组件、其他机电设备等的干燥,设备清洁。

6. 空压机设备

空压机用于车辆段(场)内设备动力或其他用途的供气。

7. 台架类设备

台架类设备包括检修工作台、存放架、检修钳工台、移动抽屉式工具柜、焊接工作台等,用于车辆段(场)内日常工作及设备维护等的使用要求。

8. 救援及复轨设备

救援及复轨设备包括:泵及控制台、提升装置、横移装置、空气袋、破拆工具、照明器具、发电机等,用于车辆段(场)内及正线对故障列车的救援作业要求。

9. 工区专用设备

工区专用设备包括钢轨探伤小车、焊缝探伤仪、钢轨打磨机、拔道器等工区设备,用于车辆段(场)内及正线对故障列车的救援作业要求。

(二)专用设备

1. 轨道车

(1)设置地点

轨道车设置地点为工程车库。

(2)用途

地铁线路及供电设备施工、维修的牵引动力设备,以及运输施工器材、人员的专用车辆,可在标准轨距线路上牵引其他车辆或单机高速运行,主要用于牵引轨道平板车组及其他非动力工程车辆。

（3）主要技术性能和参数

①轨道车轴重≤14 t。

②轴式：B—B。

③传动方式：液力传动。

④制动方式：空气制动、停车制动。

⑤轨道车最高运行速度80 km/h。

⑥轨道车单机能牵引两辆40 t小轨道平板车（总重约90 t）能在35‰坡道上启动。

⑦轨道车单机牵引两辆40 t小轨道平板车（总重约90 t）在35‰坡道上停车不会下滑。

⑧轨道车按相关规定的要求设计，运行寿命至少30年。

⑨轨道在直线段以最高速度运行时具有良好的稳定性。

⑩轮对内侧距（空载）为（1 353±2）mm。

图8.4 GCY-220型重型轨道车

2.轨道平板车

（1）设置地点

轨道主板车设置地点为工程车库。

（2）用途

由轨道车牵引，用于线路施工、维修用物资、机具的运输。

（3）主要技术参数

①轨距：1 435 mm。

②转向架固定轴距：1 800 mm。

③最高运行速度：100 km/h。

④通过最小曲线半径：90 m。

⑤制动方式空气制动及停车手制动。

⑥自重：17.4 t。

⑦载重:40 t。

⑧车架面积(长×宽):13 000 mm×2 400 mm。

⑨中心线高度(距轨面):(880±10)mm。

图8.5　PC-40型轨道平车

3.液力传动内燃机车

(1)设置地点

液力传动内燃机车设置地点为工程车库。

(2)用途

用于车辆段内调车、正线事故列车救援作业、正线巡检抢修作业及其他无动力轨道工程车辆的牵引作业。

(3)主要技术性能和参数

①主要技术参数

a.轨距:1 435 mm。

b.轮径最小通过曲线半径:110 m。

c.最高运行速度:100 m/h。

d.持续速度:10 km/h。

e.输出功率:600 马力(1 马力=735 W)。

f.传动方式:液力—机械传动。

g.制动方式:空气制动及停车制动。

h.制动距离:≤400 m。

i.轴重:≤16 t。

4.不落轮镟床

不落轮镟床是地铁车辆段三大检修工艺设备之一,用于对地铁列车及工程车辆车轮踏面和轮缘的磨损、缺陷表面进行镟削加工的专用设备。

不落轮镟床主要具有以下检修功能:地铁列车在整列编组不解列、车下转向架轮对不落轮

图 8.6　GCY-450 型液力传动内燃机车

的条件下,对车辆单个轮对的车轮踏面和轮缘进行镟削加工;对已落架的转向架上的单个轮对的车轮踏面和轮缘进行镟削加工;对已落轮、带轴箱的单个轮对的车轮踏面和轮缘进行镟削加工;在不落轮条件下对工程轨道车辆(如内燃机车、磨轨车、接触网作业车等)单个轮对的踏面和轮缘进行镟削加工。

图 8.7　不落轮镟床

5. 移动式架车机

移动式电动架车机用于地铁车辆线检修时架车使用,由若干台移动式架车机组成,每 4 台组成一个车位起升单元,架升一辆车辆。若干起升单元完成一列车的举升。其是车辆拆装转向架或进行车下设备维修工作,更换作业的专用设备。

移动式电动架车机严格按照国家标准生产,保证设备的标准性和可靠性。移动式架车机电器设备采用先进的核心控制元件——西门子PLC,通过严格全面的程序编制,保障设备的安全运转。6寸TP177A文本液晶显示器,作为先进的人机触摸屏控制界面,易于观察,易于操作,易于处理,提高了设备的可视性以及人机界面操作的方便性。移动式架车机由传动装置、机架、托架、控制台组成,可进行单节车辆或两节车辆的同步举升作业。

(1)传动装置

传动装置采用带制动电动机的齿轮减速机直接传动承载丝杠旋转,通过承载螺母带动托架升降,减少了传动件,提高了传动效率。

(2)机架

机架为双立柱箱形焊接结构;立柱上部顶板与减速机安装座用螺栓相连接成门式结构,立柱下部与底板,立筋板等焊接。立柱导轨面电火花淬火,以提高耐磨性,架车机动作时托架的滚轮沿立柱导轨上下滚动。

(3)托架

托架由左右侧板、臂板、托头、横担梁、主螺母、保护螺母、滚轮等组成。托架直接承受机车载荷并通过承载螺母,丝杠旋转时带动托架上升或下降。

(4)控制台

控制台功能包括架车机的同步控制,记数传感器的测量,记数传感器的故障检测,电气安全保护,TP177A触摸屏显示等功能。

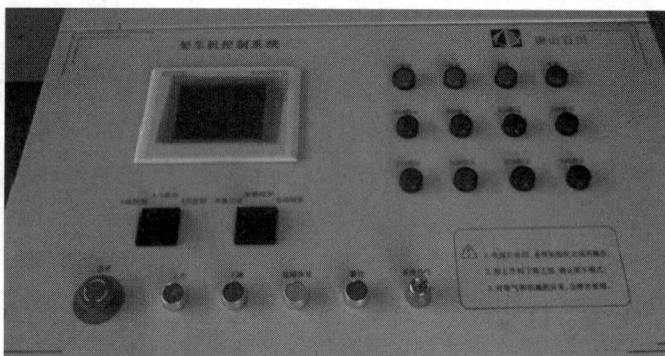

图8.8 移动式架车机控制台

6.列车清洗机

清洗机用于清洗地铁列车外表面的灰尘、油污及其他污渍。采用列车自行牵引,在不落受电弓的情况下,通过水、清洗剂和清洗刷的综合作用,清洗地铁列车的车头、车尾端面、两侧外表面(包括车窗和车门)及车顶圆弧角。清洗后车体外表面无灰尘、泥土、油污和其他附着物,清洗后的污水经过处理后能循环使用。

洗车机具有喷淋系统、侧面刷洗系统、侧顶弧面刷洗系统、端面仿形刷洗系统、实时监控报警系统、作业信号系统、控制系统、水供给系统、洗涤液供给系统、压缩空气吹干与供给系统、水循环系统、生化水处理系统及摄像监控系统等,能够自动完成列车车头、车尾、两侧的清洗工作,整个列车清洗过程实现自动化。可以采用自动与手动的操作控制,所有的清洗刷子可以选择正转或反转,并能选择是否使用洗涤剂。列车清洗机在无车时自动停机并处于待机状态,来车后自动启动,可实现设备无人值守。设备能准确辨别列车在设备中的位置,自动开始和结束洗车的程序,并给司机必要的提示信号。

设备能适应 6 辆编组长度列车的洗刷要求,清洗方式为自运行带电清洗,整个清洗过程如图 8.9 所示。

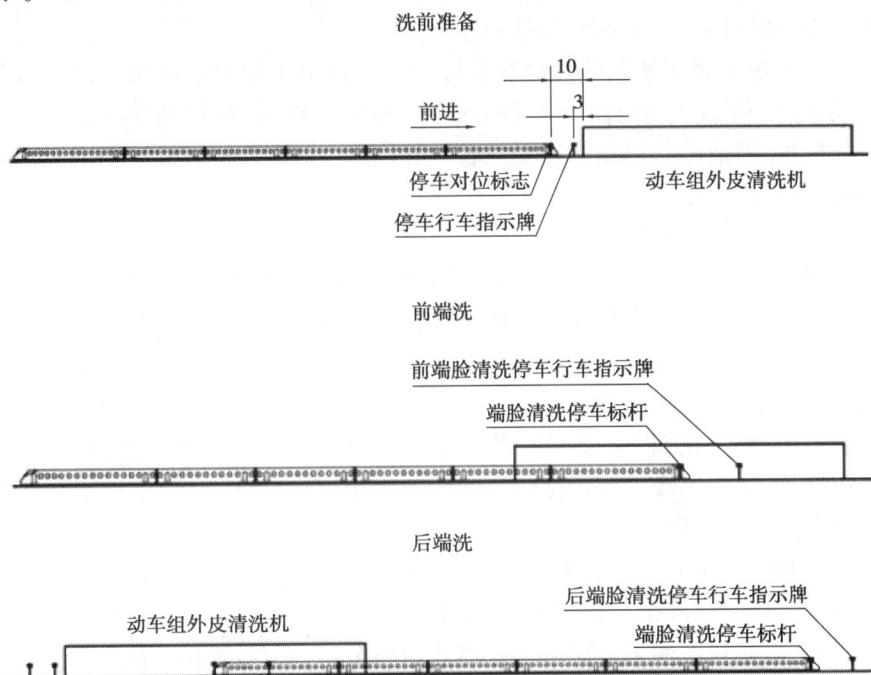

图 8.9　列车自动清洗机

图 8.10　列车前端清洗

7. 轮对诊断测量系统

轮对诊断系统是地铁车辆正常运行时的车辆走行部故障缺陷的自动检测系统。对正常运行车辆轮对踏面擦伤的数据进行实时检测。通过计算机分析,对车辆轮对安全状态进行预报,使列检工人能够及时处理车辆故障,保证列车安全运行。

该系统一般采用安装在轨边的高速数字摄像机动态拍摄轮对踏面情况,采用图像自动识别的方式对轮对踏面故障自动识别,计算踏面擦伤面积和深度,根据图像状态判断故障类型,按照相关技术标准,对故障状态给出定量报告,通过无线或有线方式将全列车检测报告上传至列检所,对超标故障给出报警信号。

8. 全自动智能充放电设备

全自动智能充放电设备用于维修基地地铁车辆及其他车辆的各类碱性及酸性蓄电池的维修、维护工作。设备同时具有电池容量监测、内阻测试、整组或单体电池恒流放电、智能充电等多种的功能。

9. 静调电源

静调电源的用途为:在列车静态调试作业中,落弓状态时,需要对辅助供电系统承担的交直流负载进行测试,故静调线旁侧应设置静调电源插头,与车载电源插座相配合,实现落弓状态时辅助逆变器的供电工作。

该设备分 1 500 V 直流电源系统和 380 V/220 V 交流电源系统两部分。其中 1 500 V 直流电源系统电源引自库内接触网隔离开关,380 V/220 V 交流电源系统电源引自车辆基地混合变电所。1 500 V 直流电源系统用电缆连接器向列车检修工位提供检修电源。380 V/220 V 交流电源系统通过电缆连接器向检修工位供电。

10. 在线式受电弓检查装置

在线式受电弓检查装置用途为:用于定点实时在线检测车辆受电弓磨耗、轮廓、中心线偏移、多向倾斜、接触网压力、车顶状态观测等情况,同时还能为用户制订受电弓维修计划,并预测滑板的替换时间。

该设备利用线激光传感器对正线上或入库车辆受电弓外轮廓自动监测;自动检测受电弓中心线偏移;自动检测受电弓倾斜;自动记录车辆编号及分析受电弓滑板的历史磨耗数据;利用高速、高分辨照相技术,实现列车受电弓状态的可视化;能以磨耗趋势预测滑板的更换时间,以便消耗品的正确计划管理;能对地铁车辆车号和端位进行自动识别;能提供检测结果的查询、统计、综合分析、打印、故障预警及网络共享管理;具有测量受电弓与接触网的接触压力功能,具备车顶状态观测功能。

11. 公铁两用车

公铁两用车主要用于地铁车辆镟轮作业时调车牵引和对位,以及车场内其他调车牵引和对位作业。该设备在车辆段与综合基地的准轨线路上,可牵引一列电动客车作地面调车运行,作业完成后即可在铁路与道路交叉的道口处下道,如同汽车一样在道路上行驶,避免机车调车作业必须经道岔转线的运转要求,使调车作业方便、灵活、省时。

实践与训练：

工作项目	城市轨道交通车辆检修基地及主要检修设备
任　　务	了解城市轨道交通车辆检修基地的基本功能，掌握城市轨道交通车辆制度的组成及作业方式，了解车辆段检修工艺流程，了解车辆检修常用的工具及检修设备
【知识认知】	
1.简述车辆基地的功能 2.简述车辆检修制度的组成和检修作业方式 3.城市轨道车辆检修修程的种类	
【能力训练】	
1.画出车辆运用整备工艺流程 2.画出列车检查、检修工艺流程 3.叙述车辆架修/大修工艺流程	

单元小结

　　城市轨道交通车辆的检修维护基地称为车辆段与综合基地（简称"车辆基地"），作为城市轨道交通配套系统，城市轨道交通车辆基地大致可划分为 3 大层次：停车场、车辆段、车辆大修厂。停车场是城市轨道交通车辆停放的场所，是规模较小的车辆段，承担城市轨道交通车辆的停放、清洁、维护和乘务工作。车辆段是城市轨道交通车辆更换损坏部件的场所，它在停车场的基础上增加了车辆检修设施，其中以大、架修设施为主，主要检修手段为互换修。车辆大修厂是城市轨道交通线网中车辆互换部件（模块）的维修中心，规模较大，设备齐全，具有较高的车辆检修技术力量，承担线网中车辆段、停车场车辆互换部件的检修工作；同时具备到车辆段、停车场维修现场进行部件检查、简易维修的能力，在一定年限后还将承担列车的翻新和改造工作。

　　车辆检修制度一般分为预防性计划检修制度和矫治性检修制度两种。我国车辆的检修按车辆运行周期采用计划检修的预防性计划检修制度。车辆检修作业方式有现车修和换件修两种。现大部分城市轨道车辆在设计和规划中，通常采用日常检修和定期检修相结合的检修制度。车辆运用检修设施主要有：停车列检库、洗车库、不落轮镟修库、静调库、双周检或三月检库、定临修库或临修库、大架修库、吹扫线、空压机站、内燃机车轨道车库、试车线以及设备维修车间、蓄电池检修库、救援办公室、备品备件库等。车辆段工艺设备主要有：数控不落轮机床、列车自动清洗机、架车及转轨设备、内燃机车、起重运输设备、电源设备、专用工艺装备、机电检修检测设备、仪器仪表电器/电子检测设备、通用机电设备、清洗设备、转向架检修/检测设备以及救援设备等。

参考文献

［1］严隽耄.车辆工程［M］.北京:中国铁道出版社,1999.

［2］曾青中,韩增盛.城市轨道车辆［M］.成都:西南交通大学出版社,2006.

［3］广州地下铁道总公司.车辆检修工［M］.广州:中国劳动社会保障出版社,2010.

［4］中国北方机车车辆集团公司科学技术协会.城市轨道车辆技术与应用［M］.北京:中国铁道出版社,2005.

［5］杨志强.城市轨道交通车辆总体［M］.北京:中国铁道出版社,2007.

［6］商跃进.动车组车辆构造与设计［M］.成都:西南交通大学出版社,2010.

［7］袁清武.客车构造与检修［M］.北京:中国铁道出版社,2008.